Joe Habraken & Matt Hayden

Les réseaux

3e édition

Publié par Pearson Education
47 bis, rue des Vinaigriers
75010 PARIS
Tél : 01 72 74 90 00

Mise en pages : Léa B.

ISBN : 978-2-7440-7266-6

Titre original : *Sams Teach Yourself Networking in 24 Hours, Third Edition*

Traduit de l'américain par :
Olivier Engler

ISBN original : 0-672-32608-6

Table des matières

Introduction

Les technologies liées au traitement de l'information ne sont pas près de stopper leur formidable évolution. Certains concepts restent peu ou prou en vigueur après de longues années (c'est le cas du modèle client-serveur qui est toujours la règle pour les services réseau). En revanche, les matériels informatiques, les applications et les possibilités de connexion ne cessent d'évoluer. Le bagage de savoirs que doit assimiler un administrateur réseau est en perpétuelle augmentation.

La mise en place de réseaux informatiques a d'abord concerné les grandes entreprises, puis celles de taille moyenne. Dorénavant, la plus petite entreprise comme le particulier peuvent mettre des ressources en réseau. Il en résulte que les professionnels capables de concevoir, mettre en place et entretenir des réseaux locaux continuent d'être demandés, alors même que le marché du travail en informatique connaît un ralentissement.

Ce livre réunit les informations indispensables à toute personne désireuse d'acquérir rapidement un minimum de maîtrise de la théorie des réseaux locaux et des technologies associées. Pour prétendre être exhaustifs, nous devrions proposer un livre comme celui-ci pour chacun des constituants matériels et logiciels d'un réseau. Nous nous contenterons ici de voir l'essentiel des concepts qu'ils partagent et que vous pouvez adopter pour construire un réseau local. Nous aborderons aussi les domaines de la planification avec des conseils pour le déploiement et l'administration d'un réseau pérenne et sécurisé.

Conventions typographiques

Nous avons adopté des conventions pour rendre la lecture plus agréable. Les termes nouveaux sont, par exemple, **en gras**.

Vous rencontrerez aussi quelques notes qui donnent des informations complémentaires : conseils, mise en garde, détail technique, etc. Voici comment elles se présentent :

À noter

Ce genre de note propose un complément d'information sur le sujet en cours. Sa lecture est facultative.

Astuce

Cette note vous donne différents conseils ou suggestions pour vous faciliter la tâche.

Attention

Ces encadrés contiennent des avertissements concernant la réalisation en cours de présentation. Ils servent à vous éviter des pièges au niveau du matériel ou du logiciel.

Structure du livre

Cette nouvelle édition aborde la version 2003 du système d'exploitation réseau Windows Server de Microsoft, alors qu'une section plus importante est consacrée à la plate-forme Linux et que nous verrons les récentes technologies des réseaux sans fil WiFi et Bluetooth.

Les chapitres s'organisent de la manière suivante :

- Les Chapitres 1 et 2 consistent en des considérations générales : ils présentent les réseaux locaux en montrant les interactions entre les équipements matériels et les logiciels qui les constituent.
- Les Chapitre 3 à 6 exposent les concepts de base, entrant dans les détails techniques des réseaux de données. Nous y découvrons notamment la commutation de paquets, le modèle OSI, les protocoles réseau, l'adressage IP, les interactions entre réseaux locaux (LAN) et réseaux globaux (WAN).
- Les Chapitres 7 à 11 guident dans la planification puis la mise en place d'un réseau : évaluation de la charge, choix des matériels, installation et connexion à Internet.
- Les Chapitres 12 à 15 détaillent les principaux systèmes d'exploitation actuellement utilisés comme serveurs de réseaux locaux : Microsoft Windows Server et Linux. Nous revenons aussi sur TCP/IP, DHCP et DNS dans le cadre des services à déployer sur votre réseau.
- Les Chapitres 16 à 18 s'intéressent aux tâches qui attendent l'administrateur d'un réseau local : dépannage, sécurité, intégration de nouveaux équipements, etc.
- Les Chapitres 19 et 20 abordent les principales tendances qui apparaissent dans le monde des réseaux informatiques : les réseaux locaux sans fil (WiFi), le système d'exploitation Linux et l'évolution d'Internet vers IPv6.

L'exploration du monde des réseaux informatiques et l'acquisition des compétences requises pour devenir administrateur réseau sont des activités passionnantes. Considérez ce livre comme votre premier guide au long de votre voyage personnel dans cet univers.

1

Initiation aux réseaux

Au sommaire de ce chapitre

- Qu'est-ce qu'un réseau informatique ?
- Pourquoi installer un réseau ?
- Organisation des réseaux informatiques
- Les différents types de réseaux
- Quel rapport entre Internet et votre réseau ?

De nos jours, les réseaux informatiques sont partout, surtout là où on ne les attend pas. Lorsque vous retirez des espèces au distributeur automatique de billets, vous dialoguez avec un ordinateur qui est connecté au système informatique d'une banque. De même, c'est un ordinateur relié au réseau de gestion du magasin qui se cache derrière chaque caisse enregistreuse. Et nous profitons tous du merveilleux système de communication planétaire qu'est Internet pour échanger des messages ou surfer sur le Web. Même les télévisions câblées sont des réseaux. Hors des réseaux, point de salut !

Malgré cette irruption des réseaux informatiques dans notre quotidien, nombreuses sont les personnes qui rechignent à se lancer dans la découverte active de ce domaine, prétextant que c'est trop complexe. Bien peu encore osent mettre en place leur réseau local.

Voici une bonne nouvelle pour tous : installer un réseau local n'a rien de sorcier.

Pour concevoir et mettre en place un réseau local, il suffit de comprendre quelques concepts essentiels et d'acquérir quelques tours de main pour installer et configurer la partie matérielle et logicielle de l'infrastructure du réseau.

Bien sûr, ce livre utilise quelques termes techniques, mais ne vous laissez pas intimider. Toute technique possède son jargon. Si vous assimilez une bonne dizaine de termes et d'acronymes, l'apprentissage sera très simple et vous aurez de bonnes bases garantissant votre réussite dans les réseaux locaux.

Astuce

Plus vous en lisez au sujet des réseaux informatiques, plus il vous sera aisé de gérer votre réseau.

1.1 Qu'est-ce qu'un réseau informatique ?

Pour simplifier, un réseau informatique est constitué dès lors que deux ordinateurs sont interconnectés. La nature physique de cette connexion est très variable, du câble réseau standard à la liaison radio ou infrarouge.

Pour disposer d'un réseau local opérant, vous devez, en plus de brancher un câble à la carte réseau de chaque machine, définir des règles pour assurer les échanges de données. En voici les principales :

- Toutes les machines hôtes (les terminaux) participant au réseau doivent exploiter les mêmes standards pour émettre et recevoir des données.
- Les informations doivent être transmises en garantissant leur intégrité.
- Il doit exister au moins une méthode pour que le destinataire puisse accuser réception des données qui lui sont destinées, et rien que celles-là.
- Chaque machine hôte doit pouvoir déterminer l'origine et la destination de chaque bloc de données circulant.
- L'attribution des adresses dans le réseau doit être conforme à un standard et permettre sa montée en charge.
- Chaque machine hôte doit pouvoir déterminer l'identité de chacune des autres machines hôte.
- Une méthode standardisée doit exister pour identifier et contrôler chaque équipement qui se connecte au réseau, afin d'assurer la sécurité et d'aider l'administration.
- Le réseau doit être suffisamment efficace pour ne pas perturber le travail normal des utilisateurs qui y sont connectés : ils ne doivent pas sentir de différence entre une application locale à leur machine et une application exploitée *via* le réseau.

Cette liste n'est pas exhaustive, mais elle donne une première idée des problèmes qu'ont eus à résoudre les pionniers des réseaux locaux. Un administrateur doit bien sûr gérer les accès aux ressources partagées et garantir, selon des règles strictes, la transmission des données pour qu'elles parviennent au destinataire dans leur état d'origine afin de pouvoir être exploitées.

Un réseau peut aussi bien être un programme de transfert de fichiers utilisant un câble reliant les ports imprimante de deux ordinateurs qu'un système complexe de transferts de données interbancaires, utilisant des impulsions lumineuses véhiculées par des câbles en fibre optique. En dépit de cette diversité, tous les réseaux se conforment aux mêmes règles.

Mais avant d'approfondir le sujet, commençons déjà par nous demander pourquoi installer un réseau local.

1.2 Pourquoi installer un réseau ?

Il existe bien des raisons de bâtir des réseaux, qu'ils mettent en liaison des ordinateurs ou des concessionnaires de voitures. Aussi diverses soient-elles, elles se résument à quelques considérations principales :

- Les réseaux permettent des communications qui modifient radicalement notre perception et notre interaction avec le monde extérieur.
- Ils accroissent l'efficacité (si l'entreprise est bien gérée).
- Ils facilitent l'adoption de politiques, de procédures et de pratiques chez leurs utilisateurs en permettant le partage des données qui sont structurées en fonction de la distribution des activités réelles et de leurs interactions.
- Ils permettent d'assurer une plus grande redondance de l'information, de telle sorte que celle-ci puisse exister dans plus d'un cerveau (ou d'un ordinateur) à un moment donné.
- Ils permettent d'exploiter des ressources en commun, économiquement impossibles à octroyer à chaque utilisateur, (par exemple, une imprimante couleur de haut de gamme).

Cela étant, il y a autant de raisons différentes que d'utilisateurs potentiels. Une famille qui dispose de plusieurs ordinateurs à domicile peut en constituer un, les reliant tous, de façon à partager le calendrier, le courrier, etc. Une personne peut avoir un petit bureau avec un seul compte Internet par modem téléphonique et quelques ordinateurs qu'elle peut souhaiter mettre en réseau. Sans parler des amateurs de jeux vidéo en réseau qui désirent relier leurs machines.

Dès que vous avez besoin de communiquer, d'accéder à Internet depuis plusieurs machines, de partager des données ou des applications sans avoir à courir d'une machine à une autre avec une disquette ou un CD-ROM, les réseaux offrent un grand nombre d'avantages.

1.3 Organisation des réseaux informatiques

Un réseau peut se ramener à deux composantes élémentaires. L'une est le réseau physique – le câblage, les cartes réseau, les ordinateurs et autres équipements permettant la transmission des données. L'autre est l'arrangement logique de ces éléments physiques, les règles qui leur permettent de fonctionner ensemble. Nous allons voir ces deux aspects qui seront traités de manière plus détaillée aux chapitres suivants.

1.3.1 La partie physique d'un réseau

Comprendre ce qu'est le **réseau physique** est aisé. Il s'agit tout simplement du matériel : le câblage, les cartes, les ordinateurs, les boîtiers et tout ce qui permet à un réseau de fonctionner. Des progrès remarquables ont été accomplis en faveur de la suppression du câblage : Ethernet sans fil se répand à une vitesse phénoménale (nous en parlons en fin de livre). Cela ne change cependant rien aux schémas d'organisation : un réseau sans fil se structure comme un réseau filaire classique.

Nous pouvons oublier pour l'instant les particularités de la nouvelle génération de réseaux sans fil pour nous consacrer aux matériels du réseau filaire. Vous découvrirez des règles qui doivent être observées, mais la partie purement physique est très simple.

Structure physique et topologies réseau

Nous avons dit précédemment que la partie physique du réseau englobe les composants qui permettent le dialogue entre les ordinateurs. Qu'il s'agisse d'un réseau filaire classique ou d'un réseau sans fil, chaque terminal (ordinateur) y est relié *via* une carte réseau ou carte NIC (*Network Interface Card*). Cette carte assure la connexion entre la machine hôte et le réseau.

Lors de la mise en relation des ordinateurs, le support de la connexion (le moyen physique de transmission des données et les règles associées) et l'architecture (Ethernet ou Token Ring) décident de la topologie à adopter. Pour du câblage filaire en cuivre, il n'existe de nos jours plus que deux possibilités de topologies : l'étoile et l'anneau.

La **topologie en étoile** est centrée sur un point de connexion central, normalement incarné par un équipement appelé commutateur (*hub*) ou concentrateur (*switch*). Toutes les machines du réseau viennent se connecter à ce point central. En revanche, la **topologie en anneau** fait circuler les données d'une machine à la suivante, toutes les machines étant reliées en cascade. Sur le plan physique, les différences ne sont pas aussi grandes que l'on pourrait le croire. Les réseaux en anneau possèdent en effet aussi un équipement central. La principale différence se situe au niveau des fonctions logiques, comme nous le verrons plus amplement dans la section "Choix d'une architecture" au Chapitre 9.

La topologie physique est donc la manière d'utiliser le médium de connexion (câble, fibre optique, ondes radio) pour interconnecter les machines. Bien que tous les réseaux que l'on installe de nos jours soient à topologie anneau ou étoile, le nombre de réseaux existants qui s'appuient sur l'ancienne topologie bus n'est pas négligeable. Un réseau bus est un long câble qui passe derrière chaque ordinateur à relier. À chaque poste correspond un point de branchement sur le câble commun. Il suffit qu'une seule machine tombe en panne pour que tout le réseau soit bloqué.

À noter

Les standards Ethernet 10BASE-2 et 10BASE-5 (les premières moutures d'Ethernet fondées sur un bus) sont en voie d'extinction. Nous en parlerons néanmoins un peu au Chapitre 9.

Voyons plus en détail comment se présentent les topologies en bus, étoile ou anneau. Nous verrons ensuite plus précisément les équipements réseaux qu'elles emploient.

Les topologies en bus

L'avantage d'une topologie en bus réside dans sa simplicité (voir Figure 1.1). Une fois les ordinateurs physiquement reliés au câble, tout ce qu'il reste à faire est d'installer le logiciel réseau sur chacun d'eux. En principe, tous les ordinateurs se reconnaîtront sans difficulté. En contrepartie, un réseau en bus est vulnérable du fait d'un grand nombre de points potentiels de coupure. Que l'une de ses connexions soit défectueuse et il tombe en panne. Aujourd'hui, les topologies en bus sont obsolètes : en raison même de leur simplicité, elles ne sont pas adaptées aux réseaux importants. Les câbles et les équipements requis sont désormais difficiles à trouver. Autrement dit, même agrandir un réseau en bus existant posera problème faute de composants.

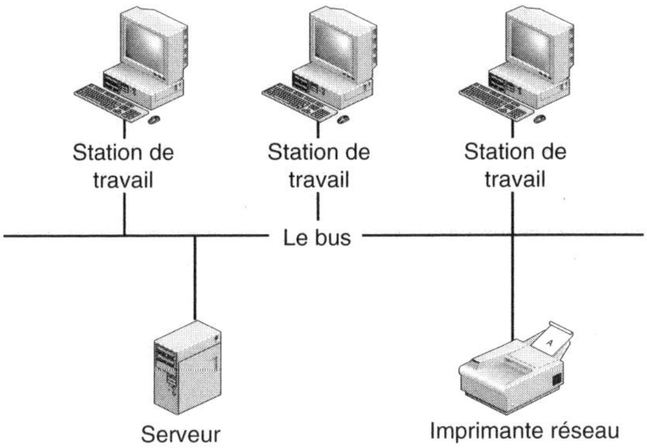

Figure 1.1 • Diagramme d'un réseau Ethernet simple, en topologie bus, montrant comment les ordinateurs sont reliés entre eux.

Les topologies en étoile

Les réseaux beaucoup plus complexes sont bâtis selon une topologie en étoile, plus robuste et moins sujette aux pannes que son homologue en bus physique. Contrairement à celle-ci, où le câble "court" d'un ordinateur à un autre, ils disposent d'une boîte de jonction, appelée *hub* ou **concentrateur**, pour relier les ordinateurs entre eux.

> ***À noter***
>
> Par rapport à un concentrateur (*hub*), un commutateur (*switch*) permet de mieux contrôler la bande passante disponible et d'accélérer les accès entre ordinateurs. Les prix des commutateurs baissent sans cesse, au point de rendre négligeable la différence de coût avec les concentrateurs.

Tous les ordinateurs se connectent au concentrateur *via* un câble distinct. L'architecture la plus répandue dans la configuration en étoile (voir Figure 1.2) est celle d'Ethernet 100BASE-T. Les lecteurs qui jouissent d'une connexion à Internet *via* un modem câble ou un routeur ADSL utilisent certainement cette technologie. La plupart des réseaux actuels sont fondés sur une variante ou une autre de ce modèle.

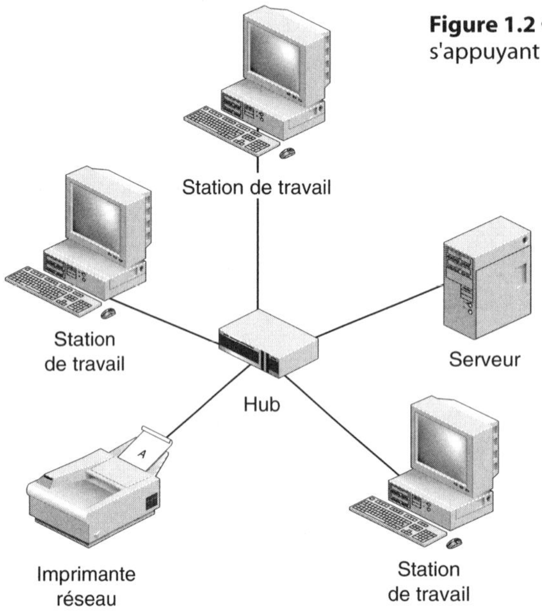

Figure 1.2 • Un réseau simple s'appuyant sur une topologie en étoile.

Les réseaux bâtis sur des topologies en étoile présentent de nombreux avantages par rapport aux variantes en bus et, notamment, le fait de pouvoir, pendant le fonctionnement, connecter et déconnecter des ordinateurs sans provoquer d'interruption.

> ***À noter***
>
> Ethernet sur cuivre n'est pas la seule architecture réseau à avoir adopté la topologie en étoile. Les câblages en fibre optique comme ceux de Gigabit Ethernet et d'ATM (*Asynchronous Transfer Mode*), dont nous parlerons plus loin, peuvent aussi s'en servir.

Les topologies en anneau

L'aspect physique des topologies en anneau (fondées notamment sur Token Ring ou sur FDDI) peut en réalité se rapprocher de celui des anneaux en étoile d'Ethernet. L'anneau qui permet aux données de circuler (comme si les machines étaient réunies en cercle) est un anneau logique mis en place par l'équipement de connexion centralisé sur lequel se branchent tous les terminaux.

Dans le cas d'un réseau Token Ring, le point central est une MAU (*Multistation Access Unit*), un équipement analogue à un concentrateur ou à un commutateur puisqu'il présente des connecteurs sur lesquels se branchent les ordinateurs à réunir. La Figure 1.3 montre que l'unité MAU déplace les données d'une machine à l'autre selon un schéma circulaire, d'où le nom d'anneau.

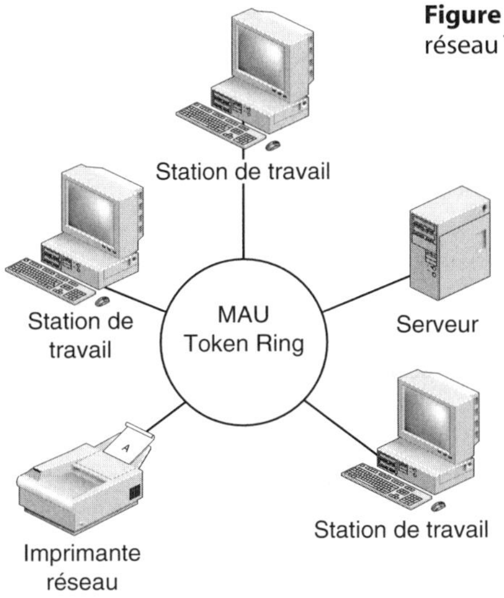

Figure 1.3 • Diagramme d'un réseau Token Ring simple.

Une autre architecture de réseau en anneau est **FDDI** (*Fiber Distributed Data Interface*). Contrairement aux autres, les réseaux FDDI fonctionnent sur des câbles en fibre optique au lieu de câbles en cuivre. Leur topologie est très proche de celle de Token Ring, à une exception près. Un seul ordinateur peut être connecté à deux concentrateurs MAU, de sorte que si l'une des connexions réseau tombe en panne, l'autre prend automatiquement le relais. On dit que les systèmes connectés à plus d'un concentrateur sont *biconnectés* (*dual-homed*, voir Figure 1.4). Ils sont effectivement reliés en simultané à deux anneaux. FDDI est très rapide. Mais son installation et son exploitation coûtent très cher. C'est pourquoi il est normalement réservé aux applications stratégiques telles que les terminaux boursiers et celles nécessitant beaucoup de bande passante (la *bande passante* d'un réseau est sa capacité à transmettre des données).

À noter

Nous verrons au Chapitre 3 ce qui distingue Ethernet, Token Ring et FDDI dans les échanges de données entre machines.

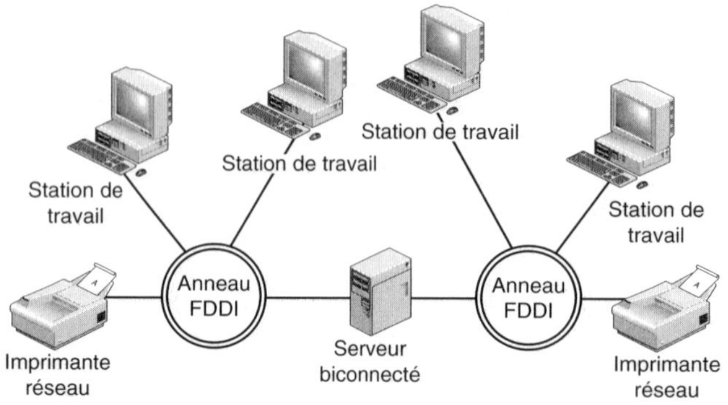

Figure 1.4 • Diagramme d'un réseau FDDI montrant comment des ordinateurs biconnectés peuvent être reliés à plusieurs concentrateurs.

Les équipements réseau

Nous avons présenté précédemment les principales utilisations d'un réseau local. Pour en bénéficier, vous devez prévoir un ensemble d'équipements capables de dialoguer entre eux. Sans entrer dans leurs spécificités, jetons-y un œil. Parmi eux, les ordinateurs et les imprimantes n'ont pas besoin de réseau pour fonctionner.

- Une **station de travail** est un ordinateur sur lequel travaille un utilisateur.
- Un **serveur** est un ordinateur dont les ressources sont partagées avec les autres ordinateurs.
- Une **imprimante réseau** est une imprimante connectée au réseau et partagée par tous les utilisateurs.
- Un **routeur Internet** est un équipement qui sert de point de connexion entre plusieurs ordinateurs et Internet. Cet équipement peut se présenter sous deux formes : routeur ADSL ou modem câble.

Les Figures 1.5 et 1.6 proposent une représentation visuelle de ces différents types d'équipements réseau.

Dans la présentation des topologies physiques, nous avons également cité d'autres équipements qui sont absolument fondamentaux :

- Les **routeurs** et les **ponts** (voir Chapitres 3 à 5) sont des équipements qui véhiculent les données entre plusieurs réseaux, afin de constituer des réseaux plus importants.
- Bien que les **fils** et le **câblage** ne fassent pas strictement partie de ces équipements, ce sont des éléments importants. Le câblage doit répondre à des normes très strictes, si bien qu'il est partie intégrante du réseau, au titre d'équipement périphérique.

Ne vous inquiétez pas si vous avez l'impression d'être submergé de nouveaux termes techniques. Nous reviendrons sur chacun d'eux aux chapitres suivants.

1.4 Les différents types de réseaux

La connaissance du matériel et des topologies ne constitue qu'une première étape dans la mise en œuvre d'un réseau. Une fois compris les concepts techniques élémentaires, vous devez vous familiariser avec les principaux aspects organisationnels des réseaux : les LAN (*Local Area Network*) et les WAN (*Wide Area Network*).

Il est important de se souvenir que tous les réseaux dont il est question ici sont des réseaux privés. En d'autres termes, ils sont utilisés par une seule organisation, même s'ils sont dispersés géographiquement. Ce critère est primordial pour les distinguer d'autres types de réseaux, comme nous le verrons plus loin dans ce chapitre dans la section consacrée à Internet.

1.4.1 Les réseaux locaux LAN

Un réseau local LAN est la forme la plus simple de réseau informatique. C'est un ensemble d'ordinateurs situés dans un même lieu et connectés à un réseau. Les LAN sont souvent très proches des descriptions des Figures 1.1 à 1.4. Ils présentent les caractéristiques suivantes :

- Ils occupent un emplacement physique et un seul, comme le suggère le mot "local".
- Leur vitesse de transfert de données est élevée, de 10 à 1 000 Mbit/s.
- Toutes les données circulent sur le câblage local.

Les LAN Ethernet transmettent souvent les données à 100 Mbit/s. Par comparaison, Token Ring fonctionne à 4 et à 16 Mbit/s, FDDI et Fast Ethernet à 100 Mbit/s ou plus. Les LAN les plus rapides (Gigabit LAN) peuvent atteindre 1 000 Mbit/s.

L'année 2001 a vu apparaître les premiers réseaux sans fil (normes 802.11b, 802.11g et 802.11a). Leur mise en place demande moins d'efforts que celle des réseaux filaires. Ils souffrent encore de quelques problèmes de sécurité, mais leurs performances sont étonnamment bonnes dès le départ (jusqu'à 54 Mbit/s théoriques).

À noter

C'est un organisme américain appelé IEEE (*Institute of Electrical and Electronics Engineers*) qui est chargé de définir de nouvelles normes électroniques. Les réseaux locaux filaires Ethernet correspondent aux spécifications de la famille 802.3 et les réseaux sans fil WiFi aux spécifications de la famille 802.11.

Bien que les LAN soient les réseaux les plus simples, ils n'en sont pas pour autant petits ou rudimentaires. La presse spécialisée évoque régulièrement des LAN de quelques centaines ou milliers d'utilisateurs.

1.4.2 Les réseaux globaux WAN

Lorsque les machines à connecter sont situées dans des établissements différents (plus d'un kilomètre de distance), un réseau local ne suffit plus, car l'affaiblissement du signal dans les câbles interdit d'aller au-delà de quelques centaines de mètres. C'est pour répondre à ce besoin qu'a été inventé le concept de **réseau global WAN**. Un réseau WAN est le résultat de l'interconnexion d'au moins deux réseaux locaux *via* une connexion à haut débit gérée par des routeurs. Rappelons que le routeur sert à gérer les flux de données entre deux réseaux locaux.

Comment faites-vous lorsque, touriste, vous êtes perdu ? Vous demandez sans doute votre chemin à un autochtone et essayez de comprendre ce qu'il vous indique. Dans un réseau informatique, c'est le routeur qui sert de guide, car il sait quel est le meilleur chemin pour aller d'un point A à un point B. De plus, il met sans cesse à jour sa table de routage.

L'accès aux ressources par un WAN est souvent limité par la vitesse de la ligne téléphonique (dont le débit numérique n'excède pas 56 Kbit/s). Même les artères de communication des opérateurs de télécommunications, appelées T1, ne supportent que 1,5 Mbit/s. Lorsque vous comparez ces chiffres aux 10 Mbit/s d'un LAN, le ralentissement dû aux lignes téléphoniques est d'emblée mis en évidence. Ces restrictions de vitesse sont également qualifiées de *problèmes de bande passante*. Bien sûr, si vos moyens vous le permettent, il est possible d'utiliser une liaison T3 qui fonctionne à 45 Mbit/s.

Le terme **bande passante** décrit la vitesse maximale à laquelle un équipement quelconque (tel qu'une carte réseau ou un modem) peut transmettre des données. La bande passante se mesure en Kbit/s ou en Mbit/s, selon l'importance du débit du réseau.

Les WAN sont souvent mis en place lorsque tous les utilisateurs doivent impérativement pouvoir accéder à des informations communes, telles que des bases de données de produits ou des serveurs vocaux bancaires. Dès lors que les objectifs du WAN sont clairement définis et limités, les restrictions de vitesse imposées par les lignes téléphoniques ne constituent plus un obstacle pour les concepteurs du réseau. Si le flux de données à transmettre est inférieur ou égal à la capacité de la ligne, le WAN fonctionne correctement.

Contrairement aux LAN, les WAN impliquent toujours des routeurs. Puisque la majeure partie du trafic d'un WAN se situe dans les LAN qui le constituent, les routeurs sont investis d'une mission importante : contrôler le trafic. Ils doivent être paramétrés avec des informations appelées *routes* (vous en saurez plus au chapitre consacré à TCP/IP, *Transmission Control Protocol/Internet Protocol*) qui leur indiquent comment acheminer des données entre réseaux. Il n'est pas très difficile de paramétrer un routeur. Le système d'exploitation IOS (*Internetworking Operating System*) de Cisco ne nécessite qu'une semaine de formation, que vous pouvez éviter, si vous connaissez un peu TCP/IP.

La Figure 1.5 présente une configuration de réseau WAN.

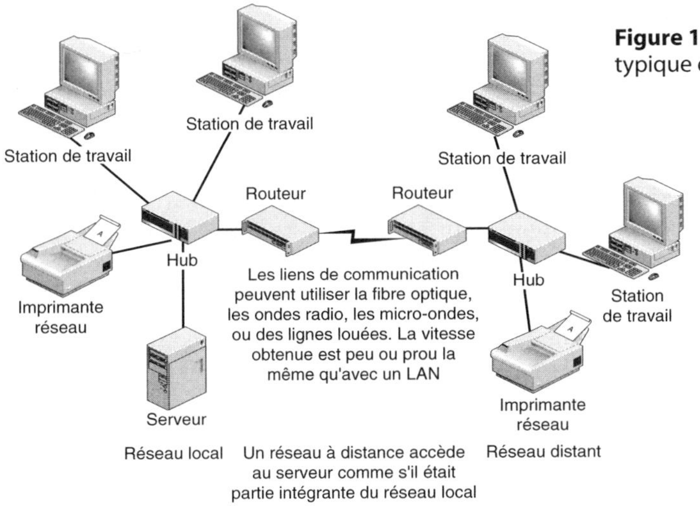

Figure 1.5 • Une configuration typique de réseau WAN.

1.5 Quel rapport entre Internet et votre réseau ?

En dix ans, Internet est passé d'un statut d'outil réservé à quelques chercheurs et militaires à celui d'un phénomène mondial, révolutionnant les interactions entre les individus. Vous avez constaté la prolifération d'adresses Web, échangé des adresses de messagerie et sans doute goûté aux joies du surf dans le cyberespace. L'ère du ".com" s'est ouverte dans un tel enthousiasme que la sanction n'a pas tardé : nombre de sociétés purement Internet ont disparu en quelques semaines lors du fameux krach des valeurs Internet de 2001. Mais cela n'a diminué en aucune façon l'intérêt pour ce nouveau moyen de relier les hommes et les entreprises.

Le but de cette section est d'expliquer en termes très simples ce qu'est Internet et quelle est son incidence sur votre réseau local.

1.5.1 Qu'est-ce qu'Internet ?

La réponse commune à cette question est souvent lapidaire : "Internet est le réseau des réseaux." Personne ne sait qui a inventé cette expression, mais l'auteur n'avait sans doute pas cherché à faire un effort de vulgarisation. Le terme "réseau des réseaux" n'est une bonne définition que pour les auditeurs qui ont déjà une bonne idée de ce qu'est un réseau. Or, ce n'est pas le cas de la plupart des gens.

D'ailleurs, cette définition n'est pas vraiment exacte. Elle suppose que tous les réseaux soient ouverts les uns aux autres, ce qui n'est pas vrai. Il existe sur Internet des espaces publics, mais aussi des espaces privés. Les relations entre eux sont contrôlées par des règles particulières.

Cela dit, voici une présentation plus élargie d'Internet :

- Internet est un ensemble de réseaux informatiques privés (LAN et WAN) reliés les uns aux autres *via* des réseaux de plus vaste échelle, gérés par des fournisseurs d'accès à Internet (FAI) : la plupart proposent également des services typiques des opérateurs téléphoniques.
- Chaque réseau privé individuel (appelé "système autonome" en langage DNS, *Domain Name Server*) est composé d'un ensemble d'ordinateurs au sein d'une entreprise. Chaque entreprise est responsable des ordinateurs de sa sphère d'influence.
- Généralement, les réseaux individuels sont connectés par des équipements spéciaux, les **routeurs** et les **pare-feu**, qui doivent faire un tri entre les données devant rester sur le réseau local et celles devant être transmises vers l'extérieur à d'autres réseaux.
- Chaque réseau privé est, en outre, chargé de faire connaître au reste du monde quels sont les systèmes qui le constituent, mais seulement s'il juge souhaitable en termes de sécurité de diffuser de telles informations.

En quoi cela concerne-t-il votre réseau local, privé ? Si vous installez un routeur sur votre réseau puis que vous le connectiez à un FAI, une partie au moins de votre réseau fera partie d'Internet.

La Figure 1.6 montre comment des réseaux locaux se connectent les uns aux autres pour constituer Internet.

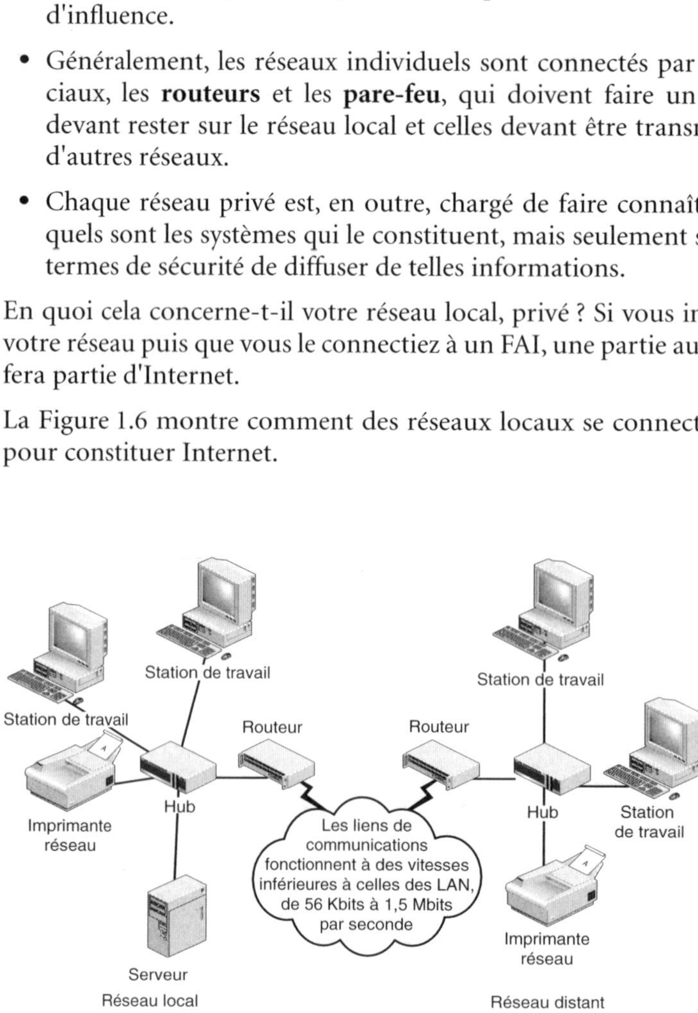

Figure 1.6 • Internet est le résultat de l'interconnexion entre des réseaux.

1.5.2 Qu'est-ce que la bande passante ?

En lecteur avisé, vous aurez remarqué que les Figures 1.5 et 1.6 sont pratiquement identiques. La différence importante est qu'à la Figure 1.5, le réseau WAN fait intégralement partie d'un seul réseau, et que celui-ci est sous le contrôle d'une entité. En revanche, les seules parties d'Internet qui lui soient strictement dédiées sont les liaisons extrêmement rapides (de bande passante élevée) qui constituent ce que l'on appelle l'épine dorsale d'Internet, abrégée en **dorsale**.

La dorsale (*backbone*) est un ensemble de lignes téléphoniques très rapides (de 155 Mbit/s à 1,5 Gbit/s), utilisées par les opérateurs de télécommunications pour transmettre de gros volumes de trafic.

1.5.3 Les types de connexions à Internet

La palette des technologies disponibles pour se connecter au réseau des réseaux ne cesse de croître. La solution minimale est celle connue de tous : le modem analogique sur ligne téléphonique (*dial-up connection*). La vitesse plafonne à environ 4 Ko/s (57 600 bit/s).

Actuellement, particuliers, artisans ou petites et moyennes entreprises adoptent une liaison plus rapide que le modem analogique : le câble ou l'ADSL, qui sont des liaisons numériques. Le débit théorique va de 128 à 1 024 Kbit/s. Notez que les liaisons de type T1, qui étaient considérées comme inaccessibles aux particuliers voici quelques années, sont atteintes et même dépassées dans les accès ADSL dégroupés.

Les connexions Internet les plus rapides, T1 et T3, sont celles adoptées par les institutions, centres de recherche et multinationales. (Certains opérateurs les appellent DS1, DS3, etc.) La liaison T3, présentement la plus répandue, permet un débit de 45 Mbit/s. Ces liaisons à très haut débit supposent bien sûr des équipements d'interconnexion spécifiques.

1.5.4 En quoi Internet concerne-t-il votre réseau ?

À mesure qu'Internet se développe, il devient une référence pour les concepteurs de réseaux du monde entier. Contrairement à beaucoup de réseaux de moindre importance, il est fondé sur des normes consensuelles, qui entrent toutes dans le domaine public. Aucune n'est la propriété d'un seul éditeur. Leurs spécifications exhaustives sont publiées dans des documents appelés RFC – *Request for Comment*, ou demande de commentaires – disponibles sur de nombreux sites Internet. Le résultat est que les logiciels créés à partir de ces normes sont faciles à programmer et peu onéreux : il n'y a pas de royalties à payer sur des brevets ou des copyrights.

L'avantage essentiel des standards Internet est que ce sont des **standards ouverts** : leurs spécifications sont librement accessibles à tous ; elles n'appartiennent pas à une société en particulier (un concurrent). Beaucoup de produits provenant d'éditeurs différents peuvent fonctionner les uns avec les autres s'ils sont conformes à ces normes. Leur coopération est appelée *interopérabilité*, ce qui signifie que le composant A travaille avec le composant B sans difficulté. L'interopérabilité implique également qu'un réseau local fonctionnera mieux et à moindre coût.

1.5.5 Intranet, extranet, réseau VPN et Internet

En construisant un réseau privé de type LAN ou WAN selon les normes d'Internet, vous créez un "Internet interne" ou **intranet.** Les intranets facilitent la mise en réseau de composants en provenance de plusieurs éditeurs. Définis convenablement, ils peuvent réduire les coûts et simplifier la vie des utilisateurs finaux. Par exemple, le site Web d'une entreprise diffusera ses informations de façon plus conviviale et moins onéreuse que par le biais d'un journal à distribuer à chacun de ses employés.

Si vous connectez votre intranet à Internet, et que vous permettiez à vos clients ou partenaires de l'utiliser en partie à des fins commerciales, vous passez au stade de l'extranet. Les **extranets** entrant dans la catégorie "B2B" (business-to-business, ou d'entreprise à entreprise) sont des intranets qui utilisent Internet comme support pour interagir avec les clients, les fournisseurs et les partenaires commerciaux. Avec quelques précautions en matière de sécurité, les extranets offrent une valeur ajoutée exceptionnelle. Ils réduisent les coûts nécessaires à la connexion de votre système informatique à ceux de vos partenaires commerciaux et exposent vos produits à un large public.

En règle générale, un extranet doit être sécurisé de sorte que les données de votre activité restent confidentielles. C'est à cet effet qu'ont été inventés les **réseaux privés virtuels VPN** (*Virtual Private Networks*) qui sont une des solutions pour sécuriser les communications entre le réseau local et les utilisateurs extérieurs.

2

Les avantages des réseaux

Au sommaire de ce chapitre

- L'informatique avant les réseaux
- La vie sans les réseaux
- Les avantages des réseaux

Avez-vous déjà imaginé ce que serait le monde sans ce désir qu'avait remarqué le Français Alexis de Tocqueville chez les hommes : leur inclination naturelle à organiser les choses et les activités ? Sans ce désir, tout serait resté local. Il n'y aurait pas de commerce entre les villages, pas de bureaux de Poste ni de monnaies différentes à emporter lors de nos voyages. Pourquoi ? Parce que tous ces services ne peuvent exister que si l'on met en place des réseaux d'activités très organisés : la collecte et la distribution du courrier, les réseaux commerciaux et même les systèmes éducatifs. Sans les réseaux, beaucoup de ce qui paraît banal aujourd'hui dans notre vie quotidienne n'existerait pas, des unités de mesures aux supports des échanges.

Un réseau est avant tout un système permettant de faire communiquer plusieurs personnes localisées à des endroits différents. Il crée également des synergies, qui assurent que le tout a un potentiel supérieur à la somme des parties. Dans ce chapitre, nous verrons quels sont les avantages des réseaux informatiques pour les utilisateurs.

2.1 L'informatique avant les réseaux

Il y a trente ou quarante ans, les ordinateurs utilisés par les entreprises et les administrations étaient volumineux, mais n'avaient pas la puissance des plus modestes machines actuelles. Ils ne pouvaient traiter que des programmes sommaires et leur mémoire (c'est-à-dire les composants électroniques stockant les 0 et les 1 correspondant aux programmes et aux données) était insuffisante pour tout prendre en charge.

Les imposantes bandes magnétiques dont ils étaient équipés servaient à stocker les données et les programmes qui n'étaient pas en cours d'exécution.

A cette époque, les ordinateurs offraient très peu d'options d'interaction entre l'utilisateur et le système. Rares étaient ceux qui disposaient d'écrans et de claviers permettant d'ouvrir une session directe. La plupart des utilisateurs soumettaient leur travail à l'opérateur du système, la seule personne autorisée à interagir directement avec la machine. Habituellement, le programme était soumis sous forme de bande de papier ou de cartes perforées.

En général, ces monstres étaient enfermés dans des salles à atmosphère contrôlée aux parois vitrées, nommées *aquariums* par certains. Les utilisateurs préparaient leurs travaux sur de grandes feuilles qui servaient ensuite à créer des cartes perforées que l'on transportait sur des chariots jusqu'à l'aquarium. Les traitements étaient faits par lots, l'un après l'autre, pendant que les demandeurs de ces travaux vaquaient à d'autres tâches (souvent, ces travaux étaient faits de nuit). De là, vient l'expression de "traitement par lots" (*batch processing*). Il n'y avait jamais d'interaction directe entre l'utilisateur et l'ordinateur. D'ailleurs, ce n'était pas "son" ordinateur. Il va sans dire que le débogage des programmes était très inconfortable !

Les ordinateurs pouvaient difficilement interagir. Un grand système IBM ne pouvait pas communiquer avec un grand système Honeywell-Bull ou Intertechnique. Cela arrangea d'ailleurs les constructeurs dans un premier temps, puisqu'ils pouvaient ainsi maintenir leurs clients captifs (comme c'est encore le cas de nos jours avec les formats bureautiques Office). La seule norme connue à cette époque était l'ASCII. Les ordinateurs auraient dû convertir leurs données avant de pouvoir les utiliser ce qui, sans normes, aurait pris autant de temps que de les saisir de nouveau. L'acronyme ASCII (*American Standard Code for Information Interchange*) désigne un code utilisé par l'ordinateur pour transformer les 1 et les 0 (le code binaire que lui seul peut comprendre) en caractères alphabétiques, en chiffres et en d'autres caractères compréhensibles pour l'être humain.

Même si les ordinateurs avaient été capables de se comprendre, les transferts de données auraient été relativement lents, parce que les machines n'étaient pas connectées entre elles. Même entre ordinateurs du même constructeur, la seule façon de transférer les données était de les envoyer au destinataire au moyen d'une bande magnétique ou d'un disque amovible. Cela signifiait le transport physique de disques vers chaque endroit où l'on avait besoin d'une copie des données.

Heureusement, BBN (*Bolt, Beranek and Newman*), une entreprise informatique et technologique du Massachusetts chargée de diriger le programme gouvernemental de recherche ARPA (*Advanced Research Products Agency*), a réussi à faire communiquer des ordinateurs. Elle y est parvenue en utilisant des lignes téléphoniques et des *modems*, qui peuvent convertir les 1 et les 0 des données numériques en signaux sonores transmissibles sur les lignes téléphoniques. Ces données étaient découpées en petits morceaux appelés *datagrammes* ou *paquets*. La technologie de conversions des données empaquetées, qui a marqué l'histoire des réseaux, a été appelée *commutation de paquets (packet switching)*.

2.1.1 Une avancée des réseaux : le découpage des données en paquets

Dans cette section, nous allons voir comment les réseaux échangent des données en utilisant la technique du découpage en petits paquets. C'est ainsi que fonctionne aussi bien votre réseau local que le plus grand des réseaux, Internet.

Le découpage des données en paquets est important car il permet :

- à plus d'un flot de données de parcourir le même support au même moment ;
- la *correction des erreurs*, c'est-à-dire que les données transmises sur un support soient exemptes d'erreurs ;
- aux données d'être envoyées d'un ordinateur à un autre en empruntant des routes multiples, en fonction de l'ouverture de celles-ci à un instant précis.

Au départ, la commutation de paquets semble complexe à comprendre, mais vous ne pouvez pas l'ignorer si vous désirez maîtriser les réseaux. Voici donc une présentation imagée qui montre comment cela fonctionne.

Supposez que vous êtes un auteur de livres. Votre dernier manuscrit doit être transmis à l'éditeur situé à l'autre bout de la France. Pour envoyer le manuscrit au tarif lettre, supposons que la Poste impose une limite de poids équivalant à 50 pages (enveloppe comprise), alors que votre manuscrit en compte 300. Il va falloir vous organiser pour soigneusement numéroter les pages et les distribuer en paquets de 50.

Le partage en lots va engendrer des ruptures en plein milieu de chapitre. Cela n'a pas d'importance, puisque le destinataire pourra tout reconstituer grâce aux numéros de pages et redemander un paquet précis en cas de perte.

Cette distribution des pages en blocs de taille identique correspond en informatique à l'**empaquetage** des données avant de les transmettre sur un réseau. Une *somme de contrôle* (*checksum*) permet de déterminer si toutes les données sont bien arrivées. Lorsque celles-ci sont empaquetées, l'ordinateur compte le nombre de 1 et de 0 qu'elles contiennent ; la somme obtenue est incluse dans le paquet.

Mais ce n'est pas fini. Chaque tas de feuilles doit être inséré dans une enveloppe. Toutes les enveloppes doivent être numérotées en ordre croissant : le premier bloc va dans l'enveloppe n° 1, le deuxième bloc dans la n° 2, etc. Les numéros des enveloppes ne souffrent aucune erreur, puisqu'ils servent à reconstituer la séquence d'origine.

Le nombre de pages de chaque enveloppe est indiqué sur cette enveloppe (c'est la taille du paquet de données). Si le paquet reçu ne contient pas le nombre de feuilles indiqué, c'est que des feuilles ont été perdues. Dans ce cas, tout le paquet est ignoré par le destinataire et sa retransmission est demandée.

Vous écrivez enfin sur chaque enveloppe l'adresse du destinataire et l'adresse de l'expéditeur puis vous les envoyez. La Figure 2.1 présente une des enveloppes avec les équivalences informatiques.

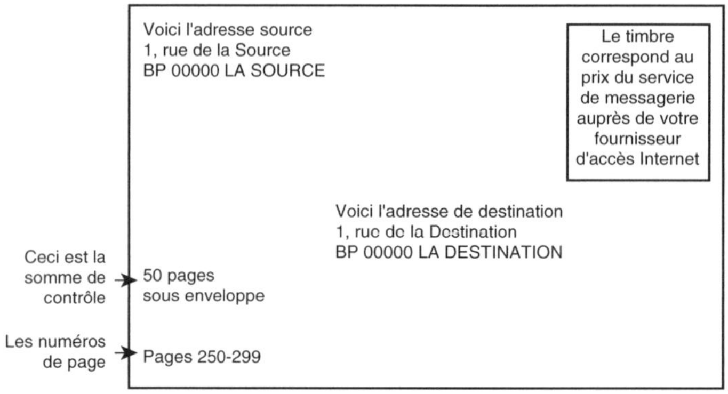

Figure 2.1 • Les différents constituants de l'enveloppe et leur correspondance aux parties d'un paquet de données.

La route qu'empruntent les données ainsi que l'ordre dans lequel elles arrivent n'ont donc aucune importance, pourvu qu'elles parviennent toutes à destination. Le chemin qu'emprunte le courrier postal peut varier selon les contraintes de charge du moment, mais cela ne vous concerne pas (voir Figure 2.2). Si un paquet arrive incomplet, c'est qu'il a subi une altération. Sur Internet, le chemin emprunté est encore plus libre, puisque les considérations de poids physique à déplacer n'existent même plus et de grands détours apparents peuvent aboutir à un acheminement plus rapide si les liaisons directes sont saturées.

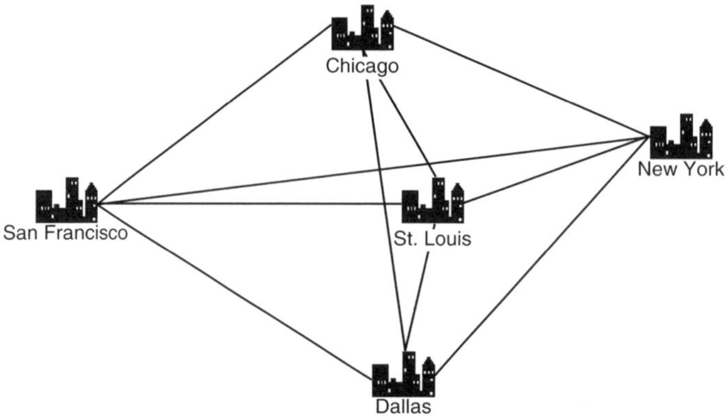

Figure 2.2 • Les paquets de données peuvent emprunter plusieurs chemins au travers d'Internet.

En termes informatiques, les paquets peuvent arriver chez le destinataire dans le désordre. L'ordinateur peut les assembler à partir de la somme de contrôle (le numéro indiqué sur l'enveloppe indiquant le nombre de pages qu'elle contient) et de numéros de séquences qui ont été spécifiés dans chaque paquet de données.

Pour chaque paquet complet reçu, le destinataire renvoie un accusé de réception. Lorsque l'expéditeur n'a pas reçu au bout d'un certain temps l'accusé pour un paquet, il suppose que le paquet a été perdu et le retransmet.

La commutation de paquets ne se déroule pas exactement comme dans notre exemple physique, mais elle est assez proche pour que vous puissiez vous en servir pour comprendre le processus.

Toute donnée que vous envoyez sur un réseau informatique est empaquetée, du plus petit courrier électronique (*e-mail*) au plus gros fichier. Pour les réseaux, l'avantage du découpage en paquets réside dans le fait que plusieurs ordinateurs peuvent transmettre en même temps des données sur un seul fil. Vous pouvez traiter sans problème un grand nombre de paquets de données, en provenance de plusieurs machines, parce que chaque paquet (comme chaque enveloppe de l'exemple précédent) dispose des éléments suivants :

- une adresse source : l'adresse de retour, c'est-à-dire l'adresse d'origine des paquets ;
- une adresse de destination, vers laquelle est acheminé le paquet ;
- un numéro de séquence qui permet de reconstituer l'ensemble dans le bon ordre ;
- une somme de contrôle qui permet de s'assurer que les données sont exemptes d'erreurs.

Puisque chaque ordinateur dispose d'une adresse différente (appelée adresse MAC, *Media Access Control*), la transmission des données s'apparente à l'envoi d'un message électronique entre deux composants.

Il faut souligner l'importance des standards dans cette technologie de commutation de paquets. Le succès des réseaux qui se fondent sur elle découle entièrement de la diffusion en masse de quelques standards. Dans le domaine des réseaux, toute initiative de coopération est récompensée. Quelle que soit l'ingéniosité d'un nouveau programme, s'il ne se conforme pas aux standards, il perd tout intérêt. De même, si un standard n'est pas librement accessible à tous les acteurs, il échouera.

2.2 La vie sans les réseaux

Avant l'avènement des réseaux, la transmission de données entre ordinateurs était difficile. Aujourd'hui, les réseaux sont omniprésents. Que serait votre quotidien sans réseaux ?

2.2.1 Un partage des ressources inefficace

Sans réseau, il vous est impossible de partager les ressources de votre ordinateur et des autres. Quelles sont les conséquences de cette limitation ?

Le réseau piéton

Lorsque Ethernet fut inventé, les utilisateurs connectés à un réseau trouvèrent un nom astucieux au concept de partage de fichiers impliquant des ordinateurs non connectés : ils l'appelèrent "réseau piéton" (*sneakernet*). Cela signifie que si un utilisateur voulait déplacer des fichiers entre ordinateurs non connectés, il devait les copier vers une disquette, se déplacer sur l'autre ordinateur (d'où le nom de réseau *piéton*), et les y copier.

Il va sans dire que ce n'est pas un moyen efficace de gérer des fichiers. Cela prend du temps, n'est pas fiable et ne fonctionne correctement que pour des fichiers suffisamment petits pour tenir sur une disquette. Le pire de tout, c'est la non-centralisation des données : chaque utilisateur peut avoir une version différente du même fichier sur son ordinateur. Il en résulte un chaos qui rend vite le travail impraticable. Si deux personnes modifient le même fichier chacune de son côté, le travail de l'une des deux devra être abandonné.

Pas d'applications partagées

Les ordinateurs déconnectés ne peuvent pas partager d'applications. Lorsqu'ils ne sont pas reliés, toutes les applications doivent être installées sur tous les ordinateurs impliqués, pour que les données puissent être transmises par le réseau basket. Un utilisateur qui ne dispose pas sur sa machine de l'application qui a créé tel ou tel fichier ne pourra pas le lire.

Si vous ne pouvez pas utiliser la même application à plusieurs, vous ne pouvez pas mettre en commun un agenda de groupe ou une liste de clients. L'absence de réseau est un gros obstacle à vos capacités de communication.

Pas d'imprimantes partagées

Si les ordinateurs ne sont pas en réseau, la seule façon pour eux de partager des périphériques, tels que les imprimantes, consiste à utiliser des commutateurs manuels. Ceux-ci sélectionnent l'ordinateur qui pourra disposer de l'imprimante à un moment donné. Non seulement c'est un inconvénient, mais cela impose des surcoûts non négligeables. Certains constructeurs ne garantissent pas que leur imprimante puisse être reliée à un commutateur, qui peut l'endommager.

Pas d'accès Internet partagé

Les ordinateurs non connectés au réseau ne peuvent pas partager une liaison à Internet. La popularité croissante du Web, combinée à la nécessité de réduire les coûts des comptes Internet, fournit à beaucoup de monde l'occasion de mettre en place de petits réseaux simplement pour pouvoir ouvrir à leurs utilisateurs l'accès à Internet par le biais d'une même connexion.

2.2.2 Des données lentes

Imaginez que le seul moyen d'acheter quelque chose d'aussi courant que du carburant vous oblige à passer commande par courrier et qu'il faille l'acheter par seaux. Il faudrait passer un temps effroyable pour planifier vos achats et remplir votre réservoir.

C'est pourtant ainsi que les choses se passaient lorsque le seul moyen d'échange entre ordinateurs était la disquette. Pour quelqu'un qui souhaite travailler correctement, l'échange de données sur disquettes est très frustrant. L'avènement récent de disques amovibles de grande capacité, tels que les périphériques Zip et Jaz d'Ioméga, améliore partiellement cette situation, mais ne résout pas le problème sous-jacent : l'absence de connectivité en temps réel fournie par un réseau.

2.2.3 Pas de gestion centralisée des données

Tant que les ordinateurs n'étaient pas reliés en réseau, il n'y avait aucun moyen de les gérer collectivement, ni de s'assurer qu'ils avaient tous la même configuration et le même accès aux données. Cela nécessitait une administration coûteuse, qui prenait beaucoup de temps. Les configurations ne pouvaient pas être standardisées, à moins que la personne en charge des ordinateurs ne répète les installations et les configurations sur chaque système ; dans le meilleur des cas, cela entraînait une perte de temps et la mobilisation de ressources considérables.

2.2.4 Le coût

L'informatique sans réseau est chère. Par exemple, si vos ordinateurs ne sont pas en réseau, pour que tous vos utilisateurs puissent imprimer, vous deviez jusqu'ici acheter une imprimante par utilisateur. Dans le cadre d'un réseau, une seule imprimante peut servir à une vingtaine d'utilisateurs...

2.3 Les avantages des réseaux

Après ce sombre tableau de l'ère préréseau, voici les avantages offerts par une informatique en réseau.

2.3.1 Partage simplifié des ressources

Sur un réseau, le partage des ressources est simplifié, qu'il s'agisse d'une configuration de poste à poste (pair à pair) ou client-serveur.

L'espace disque partagé

Les ordinateurs en réseau peuvent partager leur espace disque. De prime abord, cela ne paraît pas extraordinaire. Après tout, beaucoup d'ordinateurs disposent de disques durs avec de grandes capacités de stockage, mais ce n'est pas ici la capacité qui importe, mais le partage des applications et des fichiers.

Les applications partagées

Si le partage de fichiers est une bonne raison de mettre en place un réseau, le partage des applications en est une autre. Il peut s'agir d'une copie de Microsoft Word, stockée sur le disque dur d'un autre utilisateur, ou d'une application de groupware élaborée, routant les données d'un utilisateur à un autre.

Un **logiciel collaboratif** (*groupware)* permet aux utilisateurs de travailler ensemble avec des ordinateurs en réseau. De telles applications peuvent fonctionner en mode sérialisé, dans lequel un document est transmis automatiquement d'une personne A à une personne B, dès que la première a fini de le modifier. Il peut également s'agir de logiciels permettant une collaboration en temps réel. Lotus Notes d'IBM ainsi qu'Office 2000 de Microsoft disposent de telles fonctionnalités.

Parmi les applications partagées, l'*agenda de groupe* permet à votre encadrement de planifier des réunions et des tâches en utilisant un agenda centralisé plutôt que vingt agendas personnels ; le courrier électronique (bel exemple d'*application tueuse*) peut de même être géré en réseau.

À noter

Le terme "application tueuse" (*killer app*) désigne un programme qui répond tellement bien à un besoin important qu'elle élimine automatiquement tous les concurrents actuels et à venir dans ce créneau.

Les imprimantes partagées

Le partage des imprimantes est le troisième aspect du partage de ressources (voir Figure 2.3). Comme nous le disions précédemment en évoquant les inconvénients des ordinateurs non connectés au réseau, les imprimantes isolées représentent une dépense supplémentaire non négligeable. De plus, elles coûtent cher à l'emploi – elles consomment de l'encre ou du toner, et les cartouches de consommables sont onéreuses.

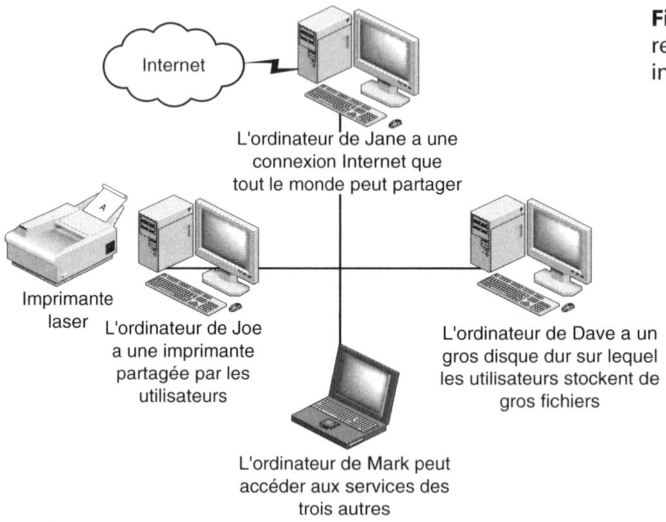

Figure 2.3 • Partage de ressources avec un réseau informatique.

2.3.2 Le travail en réseau est plus rapide

D'après ce que nous avons vu au cours de ce chapitre, il semble évident que le travail est plus rapide au sein d'un réseau que sur des ordinateurs isolés. Cela se vérifie dans les faits. Pensez simplement à ceci :

- En utilisant le courrier électronique, il n'y a plus besoin d'imprimer de notes de services.
- Inutile de courir d'un bureau à l'autre pour connaître la disponibilité de chacun pour une réunion, il suffit d'utiliser l'agenda de groupe.
- Plus besoin de savoir dans quel fichier papier se trouve le nom de la personne que vous devez appeler ; vous pouvez l'obtenir dans la base de contacts.
- Vous pouvez récupérer le fichier qu'il vous faut, le copier ou l'ouvrir simplement à partir du disque réseau.

2.3.3 La gestion centralisée

Si vous étiez un instituteur chargé d'une classe de 30 bambins de trois ans, vous ne proposeriez jamais une activité individuelle à chacun d'eux. Vous choisiriez des activités de groupe, car le suivi de tant d'activités différentes deviendrait vite un casse-tête.

Pourtant, face à un réseau informatique (et aux dizaines de machines qui y sont généralement raccordées) certains s'évertuent à gérer les utilisateurs comme si le réseau n'existait pas. Trop souvent, les administrateurs système s'obligent à courir à droite et à gauche pour installer, corriger et gérer des installations logicielles personnalisées. Cela est particulièrement inefficace, et générateur de frustration, tant pour les utilisateurs du réseau que pour le technicien chargé de les assister.

Une bonne administration de réseau passe par sa gestion centralisée. Il existe une multitude d'utilitaires (*Tivoli* d'IBM, *OpenView* de HP, *System Management Server* de Microsoft et *Norton Administrator for Networks* de Symantec, entre autres) qui permettent à l'administrateur de diagnostiquer et de corriger les problèmes, d'installer et de configurer les logiciels. Grâce à ces suites d'utilitaires, l'administrateur peut collecter et uniformiser des configurations à travers le réseau et, très souvent, installer des logiciels sur les ordinateurs des utilisateurs à distance.

Pour en savoir plus sur l'administration de réseau, consultez le Chapitre 17.

L'installation initiale et la formation représentent beaucoup de travail pour l'administrateur, mais ces étapes franchies, sa tâche s'en trouvera nettement simplifiée. L'administration centralisée fait gagner du temps et de l'argent (ce qu'apprécient les comptables), suscite la bienveillance des utilisateurs et accroît la crédibilité de l'administrateur (ce qu'il apprécie). Les gains obtenus grâce à la mise en place d'un réseau sont sans commune mesure avec l'investissement qu'il implique.

3

Comment les ordinateurs partagent-ils des données ?

Au sommaire de ce chapitre

- Les topologies logiques (Ethernet, Token Ring, FDDI, ATM)
- Les protocoles réseau (modèle OSI, TCP/IP, IPX, NetBIOS)

Au chapitre précédent, nous avons brièvement décrit la commutation de paquets et entrevu son importance pour les réseaux. Nous allons développer maintenant le processus de transfert des données entre ordinateurs. Il sera présenté en liaison avec des topologies physiques – Ethernet, Token Ring et ATM –, et des protocoles réseau que nous n'avons pas encore abordés.

Pourquoi la commutation de paquets est-elle si importante ? Rappelez-vous qu'elle permet à plusieurs ordinateurs de dialoguer sur le même support, donc en utilisant le même chemin. Elle est inhérente aux réseaux informatiques.

Nous avons vu, Chapitre 1, et précisé, Chapitre 2, les topologies physiques telles que la 10BASE-2 et les fibres optiques qui ont contribué à la naissance des "autoroutes de l'information". Cependant, avant de passer à la mise en place d'une topologie physique, vous devez comprendre comment sont aiguillées les données sur le réseau. C'est le travail de la topologie logique.

3.1 Les topologies logiques

La **topologie** n'est rien de plus que la disposition d'un réseau. Elle peut faire référence à la couche physique (dont nous avons parlé au Chapitre 1) ou à la couche logique du réseau.

Les règles de transmission des données dépendent des topologies logiques. Comme vous le savez déjà, en matière de réseau, un seul ordinateur peut transmettre sur un segment à un moment donné. Les choses seraient simples si chaque ordinateur pouvait se contenter de demander à émettre, mais il n'en va pas ainsi. Les ordinateurs participant au réseau n'ayant aucune patience, il a fallu définir des règles pour éviter que l'anarchie s'installe.

Si les topologies physiques peuvent être déclinées en termes d'équipements concrets, tels que les cartes réseau et les types de câblage, les topologies logiques sont essentiellement le "code de la route" des réseaux. C'est donc du logiciel.

3.1.1 Ethernet

Lorsque la commutation de paquets était à ses prémices, elle n'était pas très efficace. Les réseaux ne pouvaient pas éviter les envois simultanés de données en provenance de plusieurs machines. Autrement dit, ils étaient incapables de gérer les collisions de paquets.

Ethernet, inventé en 1973 par Bob Metcalfe (qui venait de fonder 3Com, une des entreprises les plus performantes en matière de réseaux), trouva un moyen de pallier les limitations des premiers réseaux. Fondé sur une norme IEEE (*Institute of Electronics and Electrical Engineers*) appelée 802.3 CSMA/CD (*Carrier Sense Multiple Access Collision Detection*), il permit dès lors de gérer ces collisions.

Présentation de CSMA/CD

La norme CSMA/CD constitue les fondations d'Ethernet. Ce terme recouvre une réalité relativement simple :

- Tous les ordinateurs partagent un même segment de réseau, appelé *domaine de collision*. Ce dernier regroupe l'ensemble des ordinateurs qui communiquent *via* le même câble réseau. Ce segment est qualifié ainsi parce que, s'il est constitué de plusieurs ordinateurs, tôt ou tard, deux d'entre eux essaieront de transmettre des données exactement au même moment, ce qui provoquera une collision.
- Tous les ordinateurs du réseau analysent toutes les données transmises.
- Un ordinateur ne peut commencer une transmission que si aucune autre transmission n'est en cours.
- Chaque ordinateur écoute le segment dans l'attente d'un moment d'inactivité (cette écoute de la porteuse est la partie *Carrier Sense* de CSMA/CD). Dès que le segment est disponible (les durées en jeu sont de l'ordre de la nanoseconde), un ordinateur peut émettre ses paquets de données. Si aucun autre ordinateur n'émet à cet instant, le paquet parviendra à destination.
- Lorsque deux ordinateurs transmettent un paquet en même temps, il se produit une collision qui est alors détectée. Cela correspond à la partie CD (*Collision Detection*) de CSMA/CD. Les deux machines arrêtent alors d'émettre et attendent un bref laps de temps pseudo-aléatoire avant de réessayer. L'attente est volontairement choisie plus ou moins au hasard (dans des limites) pour éviter de redéclencher un conflit. Il y a peu de risque que les deux machines choisissent le même temps d'attente.

Plus le domaine de collision est grand, plus la probabilité d'une collision est importante ; c'est pour cette raison que les concepteurs d'Ethernet se sont efforcés de limiter le nombre d'ordinateurs par segment (voir Figure 3.1).

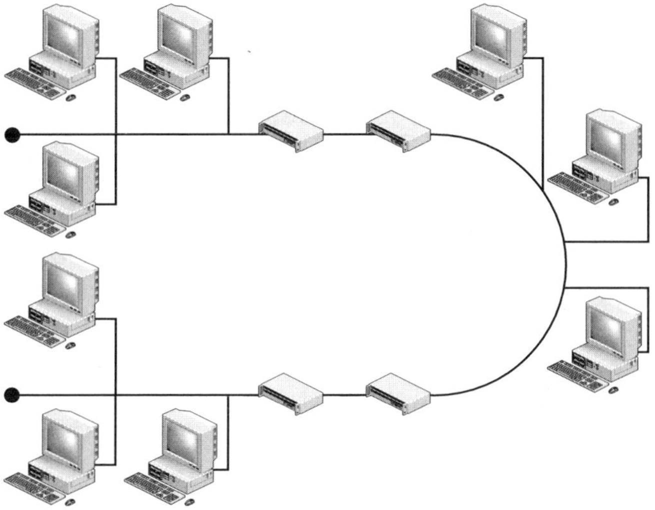

Figure 3.1 •
Une topologie Ethernet. Un seul ordinateur à la fois peut émettre des données.

Comme toute technologie, CSMA/CD peut souffrir de quelques problèmes. Parfois, une carte réseau n'obéit plus au protocole et émet tout le temps : cela s'appelle un *jabber*, en général provoqué par un logiciel ou une carte réseau défectueux. Si un même segment réunit trop de machines, le nombre de collisions devient insupportable et cause une tempête de diffusion (*broadcast storm*). Heureusement, les nouvelles techniques employées (et notamment la commutation que nous revoyons plus loin) permettent de contourner ces limitations en procédant à une segmentation fine du réseau.

La famille Ethernet

Le terme Ethernet est courant, servant autant à décrire la topologie logique ayant recours à CSMA/CD que les topologies physiques sur lesquelles sont installés les réseaux CSMA/CD. Ces topologies Ethernet de base sont décrites dans la norme IEEE 802.3.

En voici quelques-unes :

- 10BASE-2 ou réseau coaxial. La longueur maximale d'un segment 10BASE-2 est de 185 mètres. Il s'agit d'une technologie obsolète, à proscrire dans de nouvelles installations.
- 10BASE-5 ou Thicknet, appelée également AUI pour *Attachement User Interface.* Les réseaux AUI constituent une étape intermédiaire entre la 10BASE-2 et la 10BASE-T. C'est une interface à bus un peu plus redondante que la 10BASE-2, d'une longueur maximale de segment de 500 mètres. C'est aussi une technologie obsolète, à rejeter pour de nouvelles installations.

- 10BASE-T, qui utilise deux ou quatre paires torsadées non blindées en cuivre. La longueur maximale entre le hub et la station de travail est de 100 mètres. Cette topologie existe encore dans les réseaux mais plus aucune nouvelle installation ne l'adopte.

En effet, des médias plus rapides, en fibre optique, sont aujourd'hui utilisés. Les nouveaux membres de la famille Ethernet sont décrits dans la norme 802.3u de l'IEEE :

- 100BASE-T, également appelée *Fast Ethernet*, dans laquelle les données transitent à 100 Mbit/s sur deux paires torsadées de câble non blindé. La longueur maximale des câbles entre le hub et la station de travail est de 20 mètres. Les câbles doivent être de qualité catégorie 5. (Nous parlons des standards de câbles plus loin.)
- 100BASE-FX, Fast Ethernet sur fibres optiques. Elle n'a pas de longueur maximale puisque les fibres optiques peuvent véhiculer les données beaucoup plus vite que la paire de cuivre.
- 1000BASE-T, la plus récente, qui s'appelle aussi Gigabit Ethernet, offre un débit de 1 000 Mbit/s. Les premiers à l'adopter ont été les serveurs et les dorsales internes d'entreprises, mais ce standard va se répandre. Dans peu de temps, même les particuliers pourront en jouir. Ce format utilise des câbles de cuivre de qualité catégorie 5E ou catégorie 6 ou de la fibre optique.

3.1.2 Token Ring et FDDI

Les réseaux CSMA/CD constituent un moyen relativement simple de véhiculer des données. Cependant, beaucoup d'observateurs notent, à juste titre, que CSMA/CD ploie sous la charge exercée par le grand nombre d'ordinateurs d'un segment de réseau. Les conflits d'accès à la bande passante qui compose Ethernet sont évidemment un frein à son bon fonctionnement.

En attendant de résoudre ce problème, IBM et l'IEEE ont créé une autre norme de réseau appelée 802.5 ou, plus souvent, *Token Ring* (anneau à jetons). Elle équivaut à l'appellation Token Ring. FDDI s'y appuie aussi pour transmettre les données.

Token Ring et Ethernet fonctionnent de manière très différente. Avec Ethernet, tout ordinateur appartenant à un segment de réseau particulier peut transmettre des données jusqu'à ce qu'il rentre en collision avec un autre. *A contrario*, dans les réseaux Token Ring et FDDI, un paquet spécial appelé *jeton* est généré au démarrage du réseau ; il est ensuite transmis sur le réseau. Lorsqu'un ordinateur a des données à transmettre, il vérifie d'abord si le jeton est disponible, il en prend alors le contrôle et transmet ses données. Lorsqu'il a fini, il restitue le jeton au réseau, afin que d'autres ordinateurs puissent se l'approprier à leur tour (voir Figure 3.2).

Ces deux topologies logiques, Token Ring et FDDI, ne connaissent pas de collisions puisque chaque station attend d'avoir le droit unique d'émettre.

À noter

Une tradition ancestrale qui devient une technique pédagogique ? Le "bâton de parole" permet de réguler la prise de parole dans des groupes et les professeurs des écoles s'en servent en classe. Seul l'enfant qui possède le bâton peut parler. C'est exactement le principe du jeton dans les réseaux Token Ring.

Token Ring souffre des mêmes problèmes de contention de bande passante qu'Ethernet – il supporte mieux la charge, bien qu'il puisse être ralenti si trop d'ordinateurs tentent d'émettre des données simultanément.

IBM a peut-être fait l'erreur de conserver la technologie Token Ring en tant que standard fermé pendant trop longtemps. Lorsque la société a enfin autorisé d'autres fabricants à produire des équipements pour son anneau à jeton, la bataille était déjà perdue. L'essentiel du marché avait basculé vers Ethernet et produisait des équipements aux prix imbattables. De plus, Token Ring n'a jamais pu rivaliser en vitesse de transfert avec Ethernet, ce qui a scellé son sort. De nos jours, on voit les utilisateurs de cette topologie se désengager l'un après l'autre. L'auteur de ce livre n'a par exemple plus installé aucun réseau en anneau à jeton depuis quatre ans.

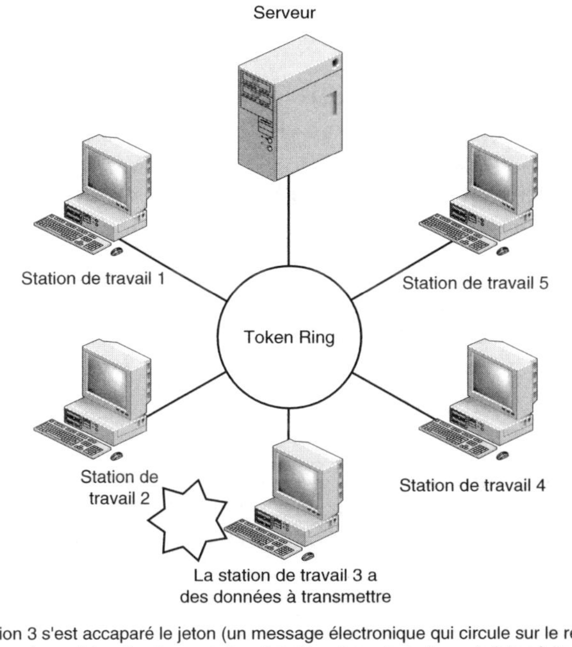

Figure 3.2 • Une topologie Token Ring (FDDI fonctionne de la même façon). Le seul ordinateur qui peut transmettre est celui qui s'est approprié le jeton.

3.1.3 Le mode de transfert asynchrone (ATM, *Asynchronous Transfer Mode*)

ATM est la plus récente des topologies réseau classiques. Son objectif était de résoudre les limitations de ses prédécesseurs. Contrairement à Ethernet, Token Ring ou FDDI, il s'agit d'une technologie entièrement nouvelle, pouvant véhiculer à la fois la voix et les données sur un réseau en cuivre ou en fibres optiques. ATM transmet tous les paquets sous la forme de *cellules* de 53 octets, disposant d'une panoplie d'identificateurs pour déterminer des caractéristiques telles que la **qualité de service** (QoS, *Quality of Service*) – en d'autres termes, quels paquets doivent être routés en priorité.

À noter

La qualité de service pour un paquet de données est assez proche de celle d'un service postal. Lorsque vous envoyez un courrier avec garantie de délai, il est traité en priorité, et parvient plus tôt à destination.

Dans un paquet de données, seuls quelques bits déterminent la qualité de service qui lui est attribuée. Lorsque la qualité de service est activée, comme c'est le cas dans ATM et dans la future version du protocole Internet (*IPv6*), vous pouvez envoyer des paquets en fonction des besoins en bande passante. Par exemple, le courrier électronique pourra être traité avec une priorité inférieure à celle de données en temps réel, comme des animations vidéo.

ATM est rapide. Dans sa version la plus lente, il fonctionne à 25 Mbit/s. Dans la plus rapide, il peut aller au-delà de 1,5 Gbit/s. C'est pour cette raison que les opérateurs de télécommunications l'utilisent pour leurs dorsales longues distances. En plus de sa vitesse, ATM est considérablement plus complexe qu'Ethernet ou que Token Ring. La plupart du temps, ses 155 Mbit/s sont affectés à des applications exigeant une qualité de service et d'excellents temps de réponse.

Aujourd'hui, les équipements ATM sont chers et paraissent parfois énigmatiques. Fore Systems et IBM ont investi fortement dans cette technologie pour relier les serveurs aux stations de travail et parient sur les besoins des réseaux multimédias des prochaines années. Néanmoins, sa standardisation et son interopérabilité sont encore hasardeuses.

Hélas pour lui, tout comme Token Ring, ATM subit les assauts des nouvelles moutures du bon vieil Ethernet : le Gigabit Ethernet offre le même niveau de performances à un coût inférieur et sans remettre en cause les habitudes acquises avec ses prédécesseurs.

3.2 Les protocoles réseau

La topologie physique constitue l'infrastructure des réseaux. La topologie logique se greffe par-dessus, elle-même couronnée par les *protocoles*. Si l'idée de stratification que nous évoquons ici vous étonne, ne vous inquiétez pas. Nous allons présenter le modèle théorique qui explique tout cela : le modèle OSI (*Open Systems Interconnect*).

Tout comme une topologie logique, un protocole est un ensemble de règles régissant l'émission et la réception de données sur un réseau. Les topologies logiques indiquent au matériel comment empaqueter (créer des *frames*) et faire transmettre les données par une topologie physique. Les protocoles assurent également la translation des données entre les applications et la topologie logique.

Les pages qui suivent évoquent le fonctionnement et l'organisation des protocoles et recensent les plus populaires d'entre eux. Voici une liste des protocoles les plus usités :

- TCP/IP (*Transmission Control Protocol/Internet Protocol*) ;
- IPX (*Internetwork Packet eXchange*) ;
- NetBIOS (*Network Basic Input/Output System*) et NetBEUI (*NetBIOS Extended User Interface*).

Pour comprendre ce que sont les protocoles, vous devez d'abord savoir ce qu'ils accomplissent et comment ils s'intègrent à l'ensemble du réseau. Pour commencer, examinons le plus répandu des modèles théoriques de réseau : le modèle OSI.

3.2.1 Le modèle OSI (et pourquoi vous devrez l'assimiler)

Au cours des années 1980, un groupe appelé *Open Systems Interconnect*, ou plus simplement *OSI*, a tenté de définir un assemblage logique des différents composants d'un réseau. A long terme, ses efforts n'ont pas été couronnés de succès (pratiquement aucun composant ne respecte ses protocoles), mais ils ont contribué à clarifier la façon dont un réseau devrait fonctionner. Il est appelé modèle OSI à sept couches et c'est un pilier de la théorie des réseaux (voir Figure 3.3). Il est intéressant à connaître, mais ce n'est pas nécessaire de le retenir. Il représente simplement un modèle théorique utile pour les architectures réseau, qu'il s'agisse de la conception ou de la résolution des problèmes de connexions.

Le modèle OSI n'est pas particulièrement complexe. Son niveau d'abstraction s'accroît à mesure qu'on s'élève dans les couches OSI de 1 à 7 et, donc, plus on descend dans les couches (de 7 à 1), plus on atteint des zones concrètes. Une couche ne communique qu'avec celles qui lui sont immédiatement supérieure et inférieure. À l'inverse, les données sont converties de signaux électriques sur un fil en données sur votre écran en montant au travers des couches successives. Si vous utilisez la métaphore du service postal du Chapitre 2, le modèle OSI devient plus simple à comprendre :

- **La couche 7 (application)** concerne les applications, comme l'accès aux fichiers et le transfert de fichiers. Si vous avez déjà utilisé des applications telles que FTP ou Telnet, vous avez travaillé avec un exemple de couche 7. Dans le modèle postal, cette couche peut s'assimiler à l'écriture de la lettre. C'est à ce niveau qu'opèrent les applications (traitement de texte, tableur, etc.).
- **La couche 6 (présentation)** concerne la façon dont des systèmes différents représentent les données. Par exemple, elle définit ce qui se passe lorsqu'on essaie d'afficher des données provenant d'Unix sur un écran MS-DOS.

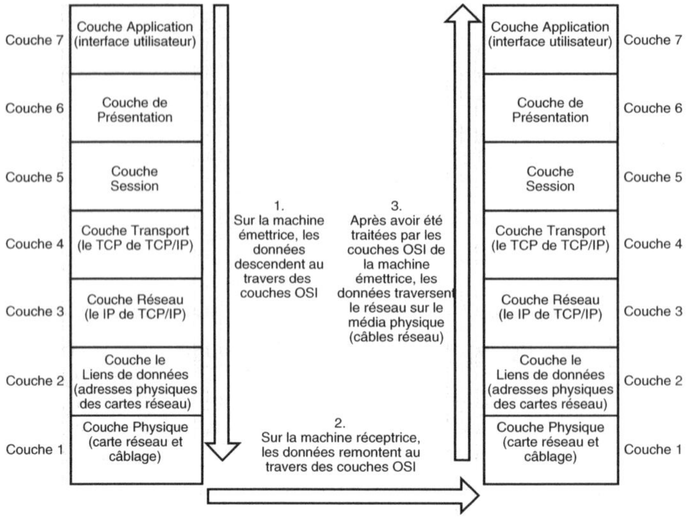

Figure 3.3 • Le modèle OSI montre comment les données circulent dans un réseau.

Cette couche n'a pas d'équivalent réel dans le monde postal mais, si elle devait en avoir un, ce serait la réécriture de la lettre de façon que tout le monde puisse la lire. La meilleure analogie est sans doute celle d'un traducteur : supposez que votre lettre doive être envoyée à Mexico ; un traducteur (l'équivalent d'un logiciel de couche de présentation) peut convertir les données contenues dans votre enveloppe en espagnol. Comme la lettre de cet exemple, les données sont changeantes et peuvent être réorganisées pour se conformer au type d'ordinateur sur lequel elles sont utilisées.

- **La couche 5 (session)** gère les connexions courantes entre systèmes. Elle tient compte de l'ordre des paquets de données et des communications bidirectionnelles. Dans la métaphore postale, elle aurait pour équivalent la division d'un gros document en parties plus petites, leur mise sous plis et leur affranchissement dans l'ordre où les enveloppes devront être ouvertes pour reconstituer l'ensemble. C'est à cet endroit que les flux de données sont transformés en paquets.
- **La couche 4 (transport)** est l'équivalent du système de courrier recommandé. Elle s'assure que le courrier est bien remis à son destinataire. Si un paquet n'atteint pas sa destination, elle gère le processus consistant à prévenir l'expéditeur et à solliciter l'émission d'un autre exemplaire. En fait, elle s'assure que les trois couches situées au-dessous d'elle (c'est-à-dire les couches 1, 2, et 3) font leur travail correctement. À défaut, le logiciel de la couche 4 peut intervenir et gérer la correction des erreurs en renvoyant les paquets altérés ou manquants (les paquets altérés sont écartés, *dropped*). C'est à ce niveau qu'opère la partie TCP (*Transmission Control Protocol*) de TCP/IP.
- **La couche 3 (réseau)** fournit un schéma d'adressage. Si vous envoyez une lettre à quelqu'un, vous employez une adresse contenant un code postal, en conformité avec les normes des services postaux concernés. Lorsqu'un ordinateur émet un

paquet de données, il l'envoie à une adresse logique, correspondant au numéro dans la rue pour le courrier conventionnel. C'est à ce niveau qu'opère la partie **IP** (*Internet Protocol*) de TCP/IP. Pour Novell, c'est ici que s'exécute le protocole **IPX** (*Internetwork Packet eXchange*).

La couche 3 fonctionne de concert avec la couche 2, afin de traduire les adresses logiques des paquets de données (analogues aux adresses IP, que nous verrons plus loin) en adresses MAC (*Media Access Control*, adresse physique de l'équipement, équivalant au code postal) et en numéros de cadres de données (*data frames*) et les émettre vers leur destination. La couche 3 correspond aux salles de tri postal. Les employés ne se soucient pas de voir le courrier arriver à destination, mais sont chargés de le trier pour qu'il puisse être acheminé vers le bureau distributeur adéquat. La couche 3 est également celle de plus bas niveau qui fasse partie du système d'exploitation réseau. Les couches inférieures sont gérées par les puces des équipements.

- **La couche 2 (liens de données)** n'est pas physique au sens strict, contrairement à ce que l'on pourrait croire. Il s'agit d'un ensemble de règles logicielles gravées dans les circuits mémoire des équipements (concentrateurs, cartes réseau, routeurs, etc.) qui stipulent comment le courrier doit être acheminé et distribué. C'est à cet endroit que sont stockées les règles de fonctionnement d'Ethernet, de Token Ring, de FDDI et d'ATM. Elle s'applique à trouver un chemin pour que la couche 1 puisse dialoguer avec la couche 3. C'est l'endroit où les adresses des cartes réseau (adresses MAC) deviennent importantes. La couche 2 se charge en outre de reconditionner les paquets dans des cadres (*frames*), qui correspondent au format de transmission des données par les équipements matériels opérant aux niveaux inférieurs à la couche 3.
- **La couche 1 (physique)** est l'équivalent des camions, des trains et des avions transportant le courrier. En termes de réseau, cette couche n'en traite que les aspects physiques – les cartes, les câbles et les hubs véhiculant les paquets de données. Elle spécifie ce que sont les aspects physiques, ce qu'ils sont capables de réaliser correctement, et comment ils s'y prennent. Cette couche regroupe donc les spécifications des câbles et des connecteurs.

Pour que les paquets puissent traverser le réseau, celui-ci (comme le service postal) doit accomplir certaines tâches et notamment :

- transmettre les données sur un média physique (fils de cuivre, fibre optique ou, dans le cas de réseaux sans fil, air) ;
- router les données vers la bonne destination en se basant sur l'adresse MAC, une adresse sur 48 bits, unique pour chaque équipement réseau dans le monde entier ;
- reconnaître les données lorsqu'elles parviennent à destination ;
- tester l'intégrité des données transmises ;
- envoyer des messages d'acquittements prévenant qu'un paquet particulier a bien été reçu ;
- interagir avec les utilisateurs *via* une interface affichant les données.

Les différentes couches du modèle OSI permettent de distribuer les tâches et les responsabilités de façon remarquablement claire. Cependant, ce modèle n'a jamais été implémenté directement en tant que protocole réseau mais il a servi de référence aux protocoles existants, principalement TCP/IP.

3.2.2 TCP/IP

Si vous avez lu le moindre article de presse un tant soit peu technique au sujet des réseaux, vous avez rencontré ce terme TCP/IP. Il recouvre une série de protocoles véhiculant des données sur Internet, et c'est de très loin le plus populaire.

Mais son succès ne s'explique pas uniquement par la popularité d'Internet. Bien avant le "boom" de ce dernier, il avait acquis ses lettres de noblesse auprès des professionnels des réseaux, des universitaires et des organismes scientifiques. La raison est qu'il s'agit d'un **standard ouvert** : ses spécifications ne sont pas cachées dans le coffre-fort d'une entreprise. Tout le monde peut les analyser dans les moindres détails. TCP/IP fait partie d'un ensemble de normes créées par un organisme appelé **IETF** (*Internet Engineering Task Force*), dont les normes sont définies par des groupes de travail, puis soumises à l'ensemble de la communauté réseau, dans des documents appelés RFC (*Request For Comments*, ou demande de commentaires).

Les RFC sont des brouillons qui circulent sur Internet. Toutes sont considérées comme des avant-projets parce qu'elles peuvent être remplacées à tout moment par des plus récentes. La raison de cet engouement pour les RFC est qu'elles fondent la majeure partie des normes qui ont fait d'Internet ce qu'il est aujourd'hui. Vous pouvez voir à quoi ressemblent des RFC en tapant dans votre moteur de recherche favori une expression telle que "RFC français". Voyez aussi directement le site **http://abcdrfc.free.fr/**. Leur lecture n'est pas toujours aisée, mais la masse d'informations fournie est énorme. Cette liberté d'accès a déjà par le passé permis à des esprits indépendants d'apporter des commentaires novateurs qui ont ensuite été pris en compte. Pourquoi pas vous ?

Définition de TCP/IP

La désignation *TCP/IP* est inadéquate ; il s'agit de l'appellation abrégée d'une *suite de protocoles* ayant des interactions diverses. TCP et IP partagent le nom d'une série de protocoles dont ils constituent le fondement. Ce sont respectivement les couches de transport (couche 4, qui régule le trafic) et réseau (couche 3 qui gère l'adressage) de la suite de protocoles TCP/IP. Cette suite inclut, mais ce n'est pas limitatif, les façons de transmettre des données sur les réseaux répertoriés par le Tableau 3.1.

Tableau 3.1 • Les membres de la suite de protocoles TCP/IP

Nom	Fonction
TCP	*Transmission Control Protocol.* S'assure que les connexions entre ordinateurs sont établies et maintenues.
IP	*Internet Protocol.* Gère les adresses logiques des ordinateurs.
ARP	*Address Resolution Protocol.* Etablit une correspondance entre les adresses IP et les adresses matérielles (MAC). L'opération inverse est réalisée par **RARP**.
RIP	*Routing Information Protocol.* Trouve la route la plus rapide entre deux ordinateurs. Autorise un maximum de 16 sauts entre routeurs avant de déclarer le paquet comme non livrable. Suffisant pour un petit réseau, mais pas pour Internet.
OSPF	*Open Shortest Path First.* Un descendant de RIP qui accroît sa vitesse et sa fiabilité. Très employé sur Internet parce qu'il autorise jusqu'à 256 sauts entre routeurs avant d'abandonner.
ICMP	*Internet Control Message Protocol.* Gère les erreurs et envoie des messages d'erreurs à TCP/IP. D'abord utilisé par la commande système **ping** qui sert à tester l'établissement d'une connexion entre deux équipements réseau.
BGP/EGP	*Border Gateway Protocol/External Gateway Protocol.* Permet de gérer les tables de routage et les communications entre sous-réseaux.
SNMP	*Simple Network Management Protocol.* Permet aux administrateurs réseau de gérer les équipements réseau.
PPP	*Point-to-Point Protocol.* Permet de se connecter par téléphone. PPP est utilisé par les fournisseurs d'accès Internet.
SMTP	*Simple Mail Transport Protocol.* Protocole permettant d'échanger du courrier électronique sur un réseau TCP/IP.
POP/IMAP4	*Post Office Protocol version 3/Internet Message Advertising Protocol version 4.* Les deux permettent de se connecter à des serveurs pour récupérer du courrier électronique.

Comme vous le constatez, la suite TCP/IP rassemble un certain nombre de protocoles, et ce n'est qu'un début : il en existe bien d'autres que nous ne verrons pas ici (nous vous renvoyons aux RFC). Tous sont nécessaires au transport et à la livraison à bon port des données. Les protocoles du Tableau 3.1 sont tous des normes de fait, mais ce processus de normalisation est loin d'être terminé.

À la différence du modèle de référence OSI, TCP/IP n'utilise que quatre couches, dont certaines regroupent plusieurs couches de fonctions OSI. Le Tableau 3.2 compare les couches OSI et TCP/IP.

Tableau 3.2 • Les différences entre TCP/IP et le modèle OSI

Couche OSI	Couche TCP/IP	Les applications TCP/IP et les protocoles mis en œuvre
7 (Application)	Couche 4 de TCP (Application)	*FTP* (*File Transfer Protocol*)
6 (Présentation) 5 (Session)		*Telnet* (émulation de terminal), SMTP (transfert de courrier), POP3 et IMAP4 (clients de messagerie)
4 (Transport)	Couche 3 de TCP *	TCP *UDP* (*User Datagram Protocol*)
3 (Réseau)	Couche 2 de TCP (Internet)	*IP*
2 (Liens de données) 1 (Physique)	Couche 1 de TCP (interface réseau)	Matériel (cartes réseau, câbles, hubs, etc.)

* La couche 3 est aussi appelée hôte à hôte. Un hôte est tout équipement qui exécute le protocole TCP/IP.

Dans ce tableau, vous pouvez constater que TCP/IP répond aux exigences du modèle de référence OSI.

Principes de l'adressage IP

Les adresses IPv4 sont constituées de 32 bits qui s'écrivent en notation décimale pointée, sous forme de 4 octets au format x.x.x.x. Les plages d'adresses utilisables pour identifier de manière unique chaque équipement d'un réseau (en excluant les deux classes d'adresses techniques D et E) sont divisées en trois classes :

- **Classe A.** Destinée aux réseaux de très grande taille, avec un très grand nombre d'ordinateurs, la classe A autorise 16 millions d'adresses différentes. Il ne peut exister que 127 réseaux de ce type sur l'ensemble de la planète. L'exemple majeur en est le réseau ARPANET.
- **Classe B.** Classe intermédiaire destinée aux réseaux de grande taille tels que ceux des multinationales et des organismes de recherche. Il peut y avoir jusqu'à 16 384 adresses, et chaque réseau correspondant à une adresse en classe B peut gérer 65 000 adresses de machine.
- **Classe C.** Destinée aux petits réseaux, la classe C autorise plus de 2 millions d'adresses réseau, mais chacun de ces réseaux en classe C ne peut proposer que 255 adresses différentes pour les machines qu'il réunit.

Il n'existe plus d'adresse IP libre en classe A : elles sont toutes réservées. Le seul cas d'utilisation d'une telle adresse dans un réseau interne est l'utilisation du mécanisme NAT avec un serveur proxy. Les adresses en classe B servent aux très grosses entreprises (Microsoft par exemple est en classe B). Dans la plupart des cas, à moins d'être dans une très grosse société, vous allez avoir à gérer des adresses en classe C.

Pour identifier rapidement la classe d'une adresse IP, il suffit d'analyser la valeur décimale du premier octet de l'adresse. À chaque classe correspond une valeur différente pour le premier octet :

- Classe A : entre 1 et 126
- Classe B : entre 128 et 191
- Classe C : entre 192 et 223

À noter

Vous avez sans doute remarqué que les adresses en classe A s'arrêtent à 126 alors que celles en classe B commencent à 128. Et le 127 ? La plage correspondant à 127 est réservée pour les tests locaux appelés loopback utilisés pendant la configuration IP d'un ordinateur ou d'un équipement réseau.

Un ordinateur considère une adresse IP comme une succession de bits valant 0 et 1. Voici comment l'adresse IP en classe B 130.1.16.1 est représentée en binaire :

10000010 00000001 00010000 00000001

Vous constatez que les bits sont regroupés en quatre blocs qui correspondent à quatre octets, en relation directe avec la notation décimale de l'adresse.

Voici comment convertir une valeur décimale en binaire. Chaque octet contient 8 bits. Le poids décimal de chaque bit d'un octet de gauche à droite se calcule ainsi :

128 64 32 16 8 4 2 1

Avec notre exemple, la valeur décimale 130 du premier octet équivaut à 128 + 2. Il en résulte que, en lisant à partir de la gauche, le premier bit et le septième valent 1, et tous les autres 0. L'adresse résultante pour le premier octet est donc 10000010.

Une adresse IP n'a aucun sens sans son masque de sous-réseau correspondant. En effet, les équipements d'un réseau doivent pouvoir déterminer quelle est la partie de l'adresse IP qui contient des informations d'adressage du destinataire et quelle est celle qui correspond au réseau dans lequel se trouve le destinataire. C'est le rôle du masque de sous-réseau, lequel sert effectivement à dissimuler la partie de l'adresse IP correspondant au réseau sur lequel se trouve l'ordinateur ou l'équipement désiré.

Voici le masque de sous-réseau par défaut pour chaque classe :

- Classe A : 255.0.0.0
- Classe B : 255.255.0.0
- Classe C : 255.255.255.0

Nous n'allons pas expliquer en détail comment les équipements réseau l'utilisent pour extraire les informations dont ils ont besoin. Considérons le masque de sous-réseau de la classe A : vous constatez que la valeur 255 n'apparaît que dans le premier octet. En binaire, 255 équivaut à `11111111` (les 8 bits sont à 1). Le fait que ces bits soient à 1 permet de masquer la valeur des bits du premier octet d'une adresse IP. Nous pouvons en déduire que le premier octet contient les informations du réseau destinataire.

Vous constatez que les trois autres octets valent `0`. C'est normal, puisqu'ils servent à définir quel est le destinataire.

Dans un réseau en classe A, 8 bits servent à déterminer les informations réseau et 24 bits les informations du nœud. Vous comprenez pourquoi il est possible d'y gérer plus de 16 millions d'adresses IP (2^{24}).

Dans le cas d'un réseau en classe B, 2 octets servent au nœud et 2 au réseau (le masque de sous-réseau masque les deux premiers octets). Nous ne disposons donc que de 16 bits pour coder le destinataire, soit environ 65 000 nœuds (2^{16}).

Nous pouvons facilement comprendre pourquoi un réseau en classe C n'offre que 254 possibilités d'adresses IP. En effet, seul le quatrième octet est disponible pour l'adressage du nœud, les trois autres servant à désigner le réseau. Le masque de sous-réseau `255.255.255.0` cache les trois premiers octets.

Pour résumer, chaque équipement d'un réseau qui doit pouvoir être identifié par une adresse IP doit posséder une adresse unique et le masque de sous-réseau approprié. Il nous reste à savoir d'où viennent les adresses IP et comment en obtenir ?

Attribution des adresses IP

Si vous utilisez le mécanisme NAT pour protéger votre réseau derrière un pare-feu ou un serveur proxy, vous n'avez pas à vous soucier d'obtenir une adresse IP officielle pour chacun de vos équipements. L'organisme chargé de l'attribution des adresses IP a réservé une plage d'adresses dans chacune des classes réseau pour cela :

- Classe A : 10.0.0.0 à 10.255.255.255 avec un masque de sous- réseau égal à 255.0.0.0
- Classe B : 172.16.0.0 à 172.31.255.255 avec un masque de sous- réseau égal à 255.255.0.0
- Classe C : 192.168.0.0 à 192.168.255.255 avec un masque de sous- réseau égal à 255.255.255.0

Il ne vous reste qu'à demander une adresse IP publique pour votre pare-feu ou votre serveur proxy. Vous pouvez l'obtenir auprès de votre fournisseur d'accès. Le coût varie d'un fournisseur à l'autre, de 20 à 50 euros par mois et par adresse.

À noter

La plupart des fournisseurs d'accès utilisent un serveur DHCP qui distribue dynamiquement des adresses IP aux personnes qui se connectent. Pour obtenir une adresse IP statique (qui reste toujours la même), vous devez le demander expressément à votre fournisseur d'accès.

Si vous installez un réseau pour une très grande entreprise, vous contacterez directement l'organisme chargé de l'attribution des adresses en gros, qui est RIPE en Europe. Le minimum d'adresses que vous pouvez louer auprès de cet organisme est de plus de 4 000, avec un coût de 2 000 euros par an.

À noter

L'attribution des adresses IP est gérée aux Etats-Unis par l'organisation ARIN. En Europe, c'est RIPE (www.ripe .net). En Asie, c'est APNIC.

3.2.3 IPX

Novell a conçu IPX, en réponse à la complexité d'IP, au début des années 1980, avant l'engouement actuel pour IP et Internet. IPX est un protocole relativement efficace, dont les fonctions contentent les administrateurs réseau :

- Il peut configurer sa propre adresse. C'est très utile, particulièrement lorsqu'il faut installer de nombreuses machines.
- C'est un protocole "bavard". C'est-à-dire qu'il signale sa présence sur le réseau. Cette caractéristique est intéressante sur des réseaux aux frontières bien délimitées, dont la bande passante n'est pas trop mauvaise. Sur un réseau étendu (un WAN, par exemple), la nature bavarde de IPX devient gênante, car elle peut surcharger les connexions de faible bande passante.

En fait, IPX est facile à installer et à utiliser. Malheureusement, ce n'est pas une norme ouverte ; elle reste sous le contrôle de Novell. En dépit de sa simplicité d'utilisation, IPX a perdu son combat contre IP. Le seul système d'exploitation qui s'en serve encore est NetWare de Novell. Et dans ses dernières versions, NetWare supporte parallèlement IP.

3.2.4 NetBIOS et NetBEUI

NetBIOS (*Network Basic Input/Output System*) et NetBEUI (*NetBIOS Extended User Interface*) sont des protocoles destinés aux réseaux locaux. NetBEUI est basé sur un protocole de transfert de données appelé SMB (*Server Message Block*), qui s'appuie sur les noms de machines pour résoudre les adresses de destination.

NetBIOS fait toujours partie des systèmes d'exploitation Windows, en revanche NetBEUI est tombé en désuétude. Microsoft n'assure plus le support technique de ce protocole dans ses plus récentes versions de Windows. Vous pouvez l'adopter à vos risques et périls en téléchargeant le protocole depuis le site de Microsoft. Il n'est pas bien sécurisé. Pour un petit réseau poste à poste sous Windows sans accès à Internet (qui en voudrait de nos jours ?), vous pouvez opter pour NWlink (IPX/SPX) ou choisir une série d'adresses IP internes. (Nous parlons de configuration TCP/IP au Chapitre 12.)

4

Les outils de base du réseau

Au sommaire de ce chapitre

- De quoi les réseaux sont-ils faits ?
- La partie logicielle : les systèmes d'exploitation réseau
- Client-serveur ou poste à poste

Dans ce chapitre, nous allons aborder le matériel et les logiciels propres aux réseaux.

4.1 De quoi les réseaux sont-ils faits ?

Découvrons comment assembler ce matériel et ces logiciels (ainsi que les hubs et les MAU, *Multistation Access Unit*) en un ensemble cohérent.

4.1.1 Le matériel spécifique d'un réseau

Le matériel réseau est classé en deux catégories. La première concerne les ordinateurs qui ont été spécifiquement, mais non exclusivement, conçus pour fonctionner en réseau. La seconde recense le matériel spécifique tel que les hubs, les commutateurs, les câbles et les routeurs, qui n'ont aucune fonctionnalité en dehors d'un contexte réseau.

Les serveurs

Dans les deux premiers chapitres, vous avez vu que le terme de *serveur* désigne un ordinateur qui partage des ressources avec d'autres ordinateurs d'un réseau. Dans les sections suivantes, nous allons préciser cela.

Qu'est-ce qu'un serveur ?

Un *serveur* est un ordinateur puissant, partageant ses ressources avec d'autres ordinateurs du réseau. C'est sa raison d'être. Mais il est à la fois beaucoup plus et, paradoxalement, beaucoup moins que votre station de travail. Le matériel d'un serveur répond à deux besoins principaux : déplacer rapidement des données et s'assurer de leur sécurité et de leur intégrité.

Un serveur est généralement beaucoup plus puissant qu'une station de travail. Même si cette dernière est équipée d'un super-processeur dernier cri, il y a de grandes chances pour que ses temps d'accès aux disques – appelés parfois débits d'entrées-sorties (*throughput*) ou bande passante – soient insuffisants pour répondre correctement aux besoins d'autres ordinateurs. Quelle que soit sa puissance CPU, si votre ordinateur de bureau ne peut pas déplacer assez rapidement des données entre ses disques et le réseau, il ne mérite pas le qualificatif de serveur. Cela ressemble à ce qui se passe avec les roues de secours fines (galettes) : cela dépanne, mais vous n'en feriez pas vos pneus habituels.

Pour simplifier, un serveur doit disposer d'un processeur puissant, plusieurs parfois, et d'autant de mémoire que possible, mais ce ne sont pas les seuls critères à prendre en compte.

Habituellement, un serveur fournit une certaine sécurité en cas de désastre ; la plupart des stations de travail n'en disposent pas. Les camions à dix-huit roues sont équipés de doubles pneus. Si l'un de ces pneus explose, l'autre peut continuer à supporter la charge et le camion à rouler. Le "pneu de secours" d'un serveur s'appelle *redondance* ou *tolérance de pannes* ; c'est la pierre angulaire de son architecture. En fait, la tolérance de pannes signifie simplement que votre système risque moins de subir une panne totale en cas de problème matériel. Dans les pages qui suivent, vous verrez les entrées-sorties et la tolérance de pannes appliquées aux serveurs. Nous parlons plus loin de la redondance.

Le besoin de vitesse

La vitesse d'un serveur peut être mesurée de bien des façons. La plupart exploitent la fréquence du processeur, ce qui n'a pas grande signification pour les utilisateurs du réseau. Les seuls tests de vitesse dignes d'attention sont ceux qui sont effectués en charge réelle, c'est-à-dire les tests de débit de données.

Puisque les tests de vitesse pure n'offrent pas beaucoup d'intérêt, ce qu'il y a de plus important dans le choix d'un serveur compatible Intel est la vitesse de son processeur. Le type de carte mère n'est plus le critère déterminant puisque la plupart des serveurs disposent d'un bus PCI. L'espace maximal de disque disponible et le nombre maximal d'emplacements de disques sont le deuxième critère discriminant. Les systèmes stratégiques (dont l'interruption met à mal toute l'entreprise) doivent être dotés d'une protection contre les avaries des systèmes de stockage disque afin d'empêcher qu'une panne disque entraîne l'écroulement du serveur.

Quelle que soit la vitesse d'un serveur, les autres ordinateurs du réseau ne voient que les performances avec lesquelles il communique les données. Un serveur qui se révèle incapable de transmettre efficacement des données à plusieurs clients sera perçu comme lent, même si son processeur est très rapide. C'est surtout le débit des entrées-sorties qui en détermine la rapidité. Les serveurs sont tributaires de deux goulets d'étranglement potentiels : la vitesse de la carte réseau et celle des accès en lecture et en écriture sur le disque dur.

La vitesse de la carte réseau

La vitesse de la carte réseau est déterminée par deux facteurs : le **type de bus** et les **performances de la carte**. Pour les serveurs, les cartes réseau à bus PCI sont préférables, parce que celui-ci permet de transmettre les données entre l'ordinateur et la carte réseau beaucoup plus vite que tout autre bus.

La vitesse à laquelle les données sont transmises est limitée par le type de réseau. Si la topologie du vôtre est de type Ethernet 10BASE-T, vous ne pouvez pas dépasser 10 Mbit/s. Si votre topologie est en 100BASE-T ou ATM, vous pouvez transmettre des données à 100 ou 155 Mbit/s. Avec la nouvelle norme Gigabit, vous accédez au monde du million de bits par seconde.

Si vous avez du mal à vous rendre compte de ce que représentent ces vitesses de réseau, imaginez un fichier de 10 Mo ; à 10 Mbit/s (la vitesse standard d'Ethernet), il est copié en environ quinze secondes ; à 100 Mbit/s, il le sera en moins de deux secondes. À des vitesses très élevées (ATM ou Gigabit Ethernet à 1 Gbit/s), la même transaction sera tellement rapide qu'elle passera inaperçue. Les réseaux que vous allez rencontrer seront principalement de type Ethernet 100BASE-T. Vous ne devriez donc pas souffrir de problèmes de performances à moins que le réseau ait été mal conçu et que de nombreux utilisateurs cherchent à exploiter les mêmes ressources en même temps.

Les performances des disques durs

Les performances des disques durs d'un serveur dépendent de deux facteurs. Comme avec une carte réseau, le facteur premier est le type de bus du contrôleur de disque dur. À configuration équivalente, un bus de contrôleur plus rapide permet à l'ordinateur de lire et d'écrire plus rapidement sur le disque. Le second facteur réside dans l'interface du disque dur. Même si, au cours des dernières années, la vitesse des disques de type IDE s'est accrue, cette interface reste en retrait par rapport à celle des disques SCSI ; c'est d'ailleurs la raison de la popularité du standard SCSI. Lorsque vous achetez des disques durs, la vitesse de rotation en tours par minute (RPM) et les temps d'accès en millisecondes sont des critères de choix à considérer. Recherchez des disques tournant au moins à 10 000 tours/minute et dont les temps d'accès sont les plus réduits possibles.

La disponibilité : RAID, redondance et tolérance

Si vos données sont stockées sur un seul disque dur, c'est bien. Si elles sont recopiées (sauvegardées) sur un deuxième disque, c'est encore mieux. Si vous pouvez relier au minimum trois disques, de telle sorte que si vous en perdez un, les disques restants puissent rebâtir les données, c'est vraiment l'idéal. Rappelez-vous que la redondance est synonyme de fiabilité. C'est pourquoi elle est si souvent utilisée sur les serveurs, lorsqu'on ne peut pas se permettre de perdre des données.

Une configuration existe dans laquelle les cartes de contrôleurs disque SCSI peuvent supporter plus de sept périphériques connectés sur une chaîne. Cela signifie que vous pouvez utiliser certains contrôleurs SCSI spéciaux (il y a un grand nombre de constructeurs, mais Adaptec est le plus connu d'entre eux) pour bâtir des unités de disques bien protégées contre la perte de données. Ce type d'unités s'appelle RAID (*Redundant Arrays of Inexpensive Disks*, ou système redondant de disques durs standard). Ce système dispose de contrôleurs SCSI spéciaux, les contrôleurs RAID. La technologie RAID se décline en six niveaux (de 0 à 5) ; mais, dans la plupart des cas, il suffit de connaître les niveaux 0, 1 et 5 (celui qui est le plus fréquemment employé).

RAID 0

Le système RAID 0 comprend plusieurs disques durs connectés à un même ordinateur, sans aucune redondance. Son objectif est l'accroissement du débit. Les données sont réparties sur plusieurs disques, et peuvent être lues et écrites plus rapidement. Si les serveurs nécessitent un certain niveau de redondance, les niveaux 1 à 5 sont plus indiqués. Dans ce cas, RAID 0 usurpe son nom de famille, puisqu'il n'apporte aucune redondance.

RAID 1

RAID 1 fonctionne en disque "miroir" (*mirroring*) ou "dupliqué" (*duplexing*). En *mirroring*, deux disques SCSI de tailles identiques sont connectés à la même carte contrôleur RAID, et l'ordinateur ne voit qu'un disque unique. Par exemple, si vous connectez deux disques de 4 Go, l'ordinateur ne voit qu'un espace disque de 4 Go et non de 8 Go. Le contrôleur RAID gère les disques de façon telle que les données soient dupliquées à l'identique sur les deux. Dans une configuration RAID 1, si l'un des disques tombe en panne, l'autre continue de fonctionner sans que les utilisateurs s'aperçoivent que le réseau est défaillant. Dans certains systèmes, chaque disque est connecté à une carte SCSI séparée, de telle sorte qu'il n'y a aucun risque de panne ; que ce soit un disque ou une carte contrôleur qui tombe en panne, les données et les fonctionnalités resteront intactes.

RAID 1 est utile pour un grand nombre de raisons. Il procure un niveau de sécurité des données raisonnable, et évite toute indisponibilité. Néanmoins, il présente plusieurs défauts : il n'accroît pas la vitesse de lecture des données, ne permet pas de rebâtir les données manquantes et il est assez onéreux. Ce coût provient du fait que tout le matériel est redondant et appartient à une configuration à tolérance de pannes. Cela signifie que le serveur devra disposer de deux disques pour chaque unité logique. Voici comment il fonctionne : pour disposer de 4 Go, vous devrez acheter deux disques de 4 Go chacun et les cloner de telle façon que chaque disque contienne les mêmes informations.

En dépit de son coût, le *mirroring* est souvent la façon la plus simple d'obtenir un espace disque redondant. Lorsqu'un disque tombe en panne, le simple fait de le remplacer par un disque neuf sur lequel on recopie les données suffit souvent à faire repartir un serveur.

Les performances de RAID 1 sont correctes parce que chaque fois que l'ordinateur lit des données, il le fait simultanément depuis deux disques. L'écriture est un peu ralentie parce que les données sont écrites sur deux disques que l'ordinateur doit synchroniser.

RAID 5

RAID 5 corrige admirablement les lacunes de RAID 1. Il nécessite trois disques interchangeables de capacité identique, mais le jeu en vaut la chandelle. Dans cette configuration, toutes les données sont distribuées sur plusieurs disques. Le processus de répartition (*striping*) est réalisé par un contrôleur de grappe RAID. L'information concernant le fichier, appelée *données de parité*, est également sauvegardée sur les trois disques. Si une unité tombe en panne, les deux autres seront utilisées pour reconstruire les données du disque défectueux.

RAID 5 présente un autre avantage : une vitesse de lecture supérieure. Chaque fichier est divisé en petits blocs qui sont stockés sur plusieurs disques. À chaque requête d'un utilisateur, les éléments du fichier sont lus à partir des trois disques simultanément. Le fichier lu en mémoire est donc plus rapidement disponible sur le réseau, ce que les utilisateurs apprécient.

Les capacités des contrôleurs RAID sont très variables. Certains nécessitent une configuration complexe, d'autres (tels que les unités AutoRAID de HP) n'ont besoin que de quelques paramètres.

RAID 7 et échange à chaud (Hot Swapping)

Au-delà de RAID 5, il existe un pseudo-standard appelé RAID 7 ou JBOB (*Just a Bunch Of Disks*, littéralement : *une simple grappe de disques*), dans lequel les données et les informations de parité sont réparties sur plus de trois disques. JBOB n'est pas tout à fait un standard, mais il renforce la sécurité des données en cas de défaillance de l'un des disques.

Le système RAID est très satisfaisant, mais il ne traite pas encore totalement le problème de la redondance. Un disque qui tombe en panne lorsqu'il est en service doit être réparé. Mais bien souvent, le fonctionnement du réseau ne peut pas être interrompu, sinon pour de très rares opérations de maintenance planifiées. Comment l'administrateur réseau pourra-t-il alors remplacer un disque défectueux sur un serveur en production (lequel est censé continuer de fonctionner normalement, de façon transparente pour les utilisateurs) ?

La réponse définitive à ce problème est le mécanisme d'échange à chaud (*Hot Swapping*) ce qu'autorisent de nombreux contrôleurs RAID (voir Figure 4.1). C'est ce que l'on dit d'un système dans lequel un des disques peut être logiquement déconnecté puis physiquement extrait et remplacé par un autre sans arrêter l'exploitation. L'expression "à chaud" signifie que le système reste sous tension pendant l'échange. Lors de l'extraction puis du remplacement du disque, de nombreux contrôleurs RAID savent recopier automatiquement les données vers le nouveau disque. Pour les utilisateurs, il n'y a aucun effet, hormis un léger ralentissement.

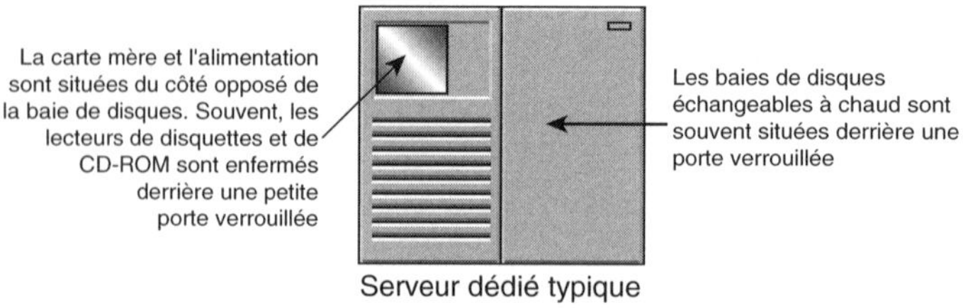

Figure 4.1 • Un serveur doté de disques échangeables à chaud dans des baies de disques extractibles.

L'échange à chaud n'est pas possible sur votre ordinateur personnel. *Primo*, la plupart des ordinateurs personnels ne possèdent pas de contrôleurs RAID. *Secundo*, leurs baies ne sont pas adpatées pour acueillir des disques échangeables à chaud, c'est-à-dire qui pourraient être installés et retirés en exploitation. Les constructeurs de serveurs tels que Digital, Hewlett Packard et Compaq offrent des baies échangeables à chaud sur leurs serveurs. La plupart d'entre eux nécessitent que vous montiez votre disque dur dans un boîtier spécial qui le protége et permet la connection à la baie.

Disponibilité et tolérance de pannes

Certains systèmes informatiques sont dits "stratégiques" parce qu'ils assurent des prestations dont l'entreprise ou l'organisation ne peut pas se passer sauf à subir des pertes financières ou autres très importantes. C'est le cas des transactions bancaires, de la gestion des appels d'urgence, du contrôle du trafic aérien, etc. Ces systèmes ne doivent jamais tomber en panne, ni même être stoppés pendant des périodes de maintenance.

Mais chacun sait que la machine est encore plus faillible que l'homme. Nous avons tous connu la déception d'un plantage de la machine sur laquelle nous étions en train de travailler, entraînant dans le néant ce fameux document important qu'il nous fallait livrer dans l'heure et qui était presque achevé.

Comment font les administrateurs système et réseau pour se prémunir de ces inévitables pannes informatiques ? La réponse consiste en deux expressions : tolérance de pannes et haute disponibilité. Elles correspondent à deux approches très différentes pour garantir qu'un système informatique reste opérationnel quelle que soit l'avarie matérielle ou logicielle qu'il puisse subir.

Tolérance de pannes

Par principe, la **tolérance de pannes** signifie que chaque composant actif du système est **doublé** (il existe en deux exemplaires). C'est le cas par exemple des serveurs *ftServer* de la société Stratus Computers. Lorsqu'un composant tombe en panne, son double entre automatiquement en service sans que les utilisateurs ressentent une gêne quelconque : il n'y a aucune interruption du service.

Nous ne décrirons pas ici les techniques utilisées dans les systèmes à tolérance de pannes pour détecter et commuter les composants défectueux, mais vous devinez aisément que cette fiabilisation entraîne un surcoût important. Lorsque le système est véritablement stratégique, les clients sont prêts à payer pour ce surcoût.

Presque tous les composants peuvent être doublés. En général, les serveurs de production sont conçus pour offrir le doublement des disques, des alimentations et parfois même des cartes mères. La fiabilité n'est ensuite qu'une question de budget.

Haute disponibilité

L'objectif de haute disponibilité suppose de mettre en place plus d'une configuration informatique complète (au moins deux) pour garantir la permanence des services applicatifs. Dans une telle architecture, on installe par exemple deux serveurs complets qui se connectent à un sous-système disques partagé. Un seul des deux systèmes exécute l'application depuis les disques partagés. S'il tombe en panne, l'autre le relaie, prend le contrôle des disques et assure l'exécution de l'application. Bien sûr, les disques sont fiabilisés par une méthode RAID. À la différence d'un système tolérant (on dit également "durci"), un système à haute disponibilité entraîne une brève interruption du service pendant la transition entre machines.

Parmi les systèmes à haute disponibilité du commerce, citons *Windows Clusters* de Microsoft, *HACMP* d'IBM, *MC/ServiceGuard* de Hewlett Packard et *SunClusters* de Sun. L'avantage de ces systèmes est qu'ils sont moins onéreux que ceux à tolérance de pannes, puisqu'il n'est pas nécessaire d'organiser les composants pour assurer une relève à la nanoseconde près.

Le choix entre les deux architectures dépend des contraintes d'exploitation et du budget disponible. L'approche choisie pour construire le réseau joue aussi.

Le Tableau 4.1 donne une comparaison entre systèmes à tolérance de pannes et systèmes à haute disponibilité.

Tableau 4.1 • Comparaison entre tolérance de pannes et haute disponibilité

Tolérance de pannes (aucune interruption du service)
En service --
Hors service
Haute disponibilité (courte interruption avant restauration du service)
En service ---------- Brève interruption -------------------------
Hors service   ---------------------

En service (*Runtime*) est l'état de fonctionnement du système, lui permettant d'offrir les services prévus aux utilisateurs (servir des pages Web, des fichiers, collecter et distribuer des messages électroniques, etc.).

Hors service (*outage*) est l'état de dégradation ou d'arrêt du système, qui ne rend plus alors les services pour lesquels il est prévu. Cela peut être volontaire, lors d'une maintenance, ou bien sûr involontaire.

Dans un système à haute disponibilité, les périodes hors service sont prévues : si le serveur principal tombe en panne, le serveur de secours ne prend le relais qu'après un petit temps de basculement.

Astuce

Si vous faites l'acquisition d'un serveur destiné à l'entreprise, faites confiance à des constructeurs majeurs – IBM, Hewlett Packard, AST, Compaq ou tout autre grand fabricant. Ce raisonnement n'est pas fondé sur une confiance aveugle, mais sur des constats. Ces constructeurs semblent les mieux placés pour concevoir, construire et dépanner leurs propres systèmes. Les serveurs sont trop stratégiques pour être composés d'éléments hétéroclites. Si un serveur "fait maison" tombe en panne, la responsabilité de sa réparation incombera à son assembleur, qui n'est pas nécessairement compétent en la matière. Au contraire, les services de support technique des grands constructeurs et leurs intervenants connaissent parfaitement leurs produits et peuvent collaborer avec les concepteurs du système. De plus, ils découvrent les bogues et les corrigent plus rapidement que ne le feraient des constructeurs plus petits ou anonymes, ce qui accroît la fiabilité de votre serveur.

4.1.2 Concentrateurs, commutateurs et MAU

Au Chapitre 1, vous vous êtes familiarisé avec les hubs, les switches et les MAU (*Multistation Access Unit*). Dans les pages suivantes, vous apprendrez comment, des plus simples aux plus complexes, fonctionnent les réseaux.

Ethernet 10BASE-2

Comme vous vous en souvenez sans doute, il existe une topologie de réseau n'utilisant aucun hub, switch ou MAU : la 10BASE-2, également appelée *thinnet* (coaxial fin), qui utilise un câble coaxial pour relier les ordinateurs. Une étude de son fonctionnement nous aidera à comprendre le rôle joué par les hubs dans des technologies telles que 10BASE-T, Token Ring et FDDI.

Ethernet 10BASE-2 utilise un câble coaxial reliant les ordinateurs (voir Figure 4.2). Toutes les données transitent par ce seul lien, que l'ordinateur de destination soit situé à côté ou à l'autre extrémité du câble. Ce lien s'appelle un segment. Chaque segment se comporte comme le ferait un seul fil. Les conditions nécessaires au fonctionnement d'un réseau 10BASE-2 sont les suivantes :

- Toutes les données doivent passer par ce lien, quelle que soit la destination.
- Tous les ordinateurs doivent être raccordés à ce lien de façon à pouvoir "écouter le réseau" et savoir si d'autres ordinateurs leur transmettent des données.
- Seul un ordinateur sur un segment peut transmettre à un moment précis. Les ordinateurs ne peuvent transmettre des données que si aucune autre station n'émet à cet instant.

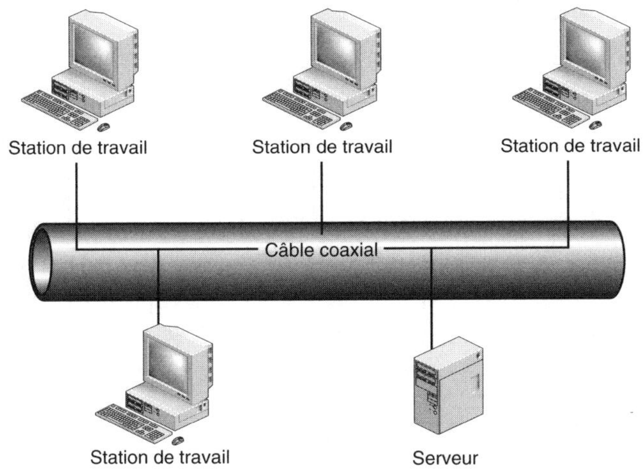

Figure 4.2 • Un réseau Ethernet 10BASE-2.

Le câble reliant tous les ordinateurs n'est pas, en réalité, constitué d'un seul câble. Il est composé d'un ensemble de petits câbles dont chaque extrémité est reliée à un ordinateur. À chaque extrémité du segment se trouve un composant appelé *terminateur* qui permet aux ordinateurs de savoir où s'arrête le réseau. (Les terminaisons contiennent notamment des circuits résistifs pour atténuer les effets d'écho électrique, mais c'est une théorie qui n'entre pas dans le cadre de ce livre.)

Si l'un ou l'autre des câbles d'un réseau 10BASE-2 est défectueux ou si (dans certaines conditions) un ordinateur est en panne, le réseau tout entier ne fonctionne plus. Pourquoi ? Parce que la terminaison du segment étant absente, les ordinateurs ne peuvent plus savoir si des données circulent sur le réseau. Puisque les machines ne peuvent plus dialoguer, elles perdent toutes les connexions qu'elles avaient avec d'autres systèmes du réseau.

La technologie Ethernet 10BASE-2 est fragile puisque à la merci de la défaillance d'un seul câble. C'est vrai, mais les trois conditions édictées plus haut sont remplies. De fait, le défi consiste à concevoir un *segment logique*, c'est-à-dire un segment de réseau qui simule le comportement d'un seul câble, sans en avoir la fragilité.

Les réseaux 10BASE-2 ont depuis longtemps été remplacés par Ethernet sur paires torsadées non blindées UTP, tels que 10BASE-T et 100BASE-T, et vous risquez peu d'en rencontrer de nos jours. Mais nous les présentons dans cette nouvelle édition du livre parce que les fonctions élémentaires d'Ethernet (la topologie bus avec toutes les machines reliées en chaîne, équipées de terminaisons et exploitant CSMA/CD) sont plus aisément décrites avec le modèle 10BASE-2 qu'avec le modèle 1xxBASE-T. Les principes des deux types de réseau sont les mêmes, mais la structure physique de 10BASE-2 est plus simple à relier aux caractéristiques d'Ethernet.

À la recherche d'un segment logique : concentrateurs et commutateurs

Les concentrateurs ou les commutateurs peuvent s'appeler hubs, switches ou MAU, en fonction de la topologie du réseau. Tous ces équipements ont un point commun : *ils servent à créer des segments logiques de réseau.* Dans les réseaux utilisant les concentrateurs, les câbles individuels reliant les machines entre elles n'existent plus. Ils vont du concentrateur à l'ordinateur en constituant ce que l'on appelle des *brins de réseau.* Cette configuration est également dite *en étoile* (voir Figure 4.3).

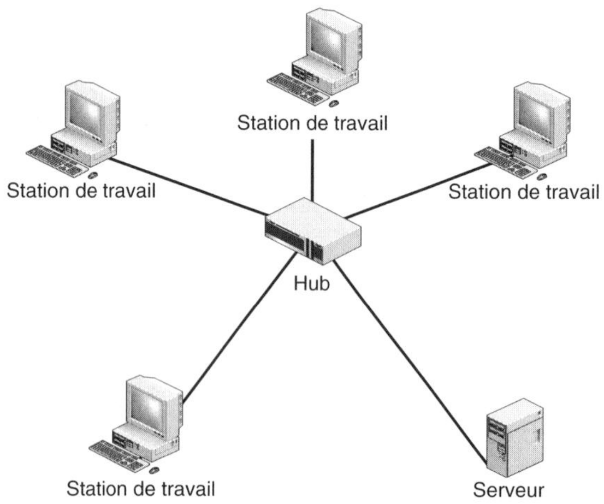

Figure 4.3 • Une configuration en étoile avec un concentrateur (hub) en son centre.

La présence d'un équipement réseau (concentrateur, routeur, MAU, etc.) garantit qu'aucune rupture d'un brin individuel ne puisse mettre à mal l'ensemble du réseau. Un concentrateur est essentiellement un segment entier dans une boîte. Si un câble provenant d'un terminal DTE (*Data Terminal Equipment*) – tout ce qui est susceptible de se connecter à un réseau : ordinateurs, imprimantes, routeurs, etc. – est connecté à un port du concentrateur, celui-ci peut communiquer avec le port. Si un port n'est relié à rien, le concentrateur le court-circuitera (contrairement à ce qu'il se passe avec Ethernet 10BASE-2) et n'assimilera pas l'absence de connexion de ce port à une rupture du réseau.

La complexité de cette configuration nous invite à envisager une autre analogie. Imaginez un chauffeur de poids lourd dont le camion a été chargé dans l'ordre inverse de ses points de livraison. Il doit d'abord livrer la société A, puis la B, puis la C, etc. Supposons que la route d'accès à la société B soit en travaux. Personne ne peut recevoir la livraison, et le voilà bloqué. Supposez aussi qu'il ne soit pas autorisé à décharger temporairement une partie du camion. Il ne peut plus continuer. Cette anomalie correspond à une rupture du bus 10BASE-2

Une approche plus sûre consiste à permettre le déchargement de chaque lot de livraison indépendamment des autres. Dans ce cas, les livraisons peuvent se poursuivre. Dans un réseau, c'est le concentrateur qui sait contourner les blocages.

Les concentrateurs accroissent la fiabilité d'un réseau en vérifiant que le segment ne soit pas interrompu ou cassé. En général, les concentrateurs sont suffisamment "intelligents" pour savoir si un équipement est connecté ou non. Ils ont ainsi amélioré la fiabilité d'un réseau au point d'en faire une technologie grand public.

Mais la technologie associée aux concentrateurs n'est que le commencement de l'histoire. La troisième condition à respecter – un seul ordinateur d'un segment peut émettre à un instant donné et les ordinateurs ne peuvent transmettre que lorsque nul autre n'émet à cet instant – amène de nouveaux problèmes.

Contention des équipements

La possibilité qu'un seul ordinateur, à un moment donné, puisse accaparer le segment réseau suffisamment longtemps pour transmettre des paquets de données décroît à mesure que le nombre d'ordinateurs du segment augmente. Lorsque plusieurs ordinateurs ou équipements réseau doivent transmettre simultanément des données, des conflits interviennent et le réseau connaît un ralentissement. Ce processus s'appelle *contention des équipements*, et il signifie qu'une seule ressource partagée – dans ce cas, le segment de réseau – ne peut pas répondre de manière satisfaisante à toutes les requêtes qu'elle reçoit.

La plupart des petits et moyens réseaux fonctionnent sur une seule ressource partagée, sur un seul câble, de telle sorte qu'un seul ordinateur peut émettre à un instant quelconque. En même temps, les ordinateurs sont devenus de plus en plus rapides et donc de plus en plus exigeants en *bande passante*. Ainsi, beaucoup de réseaux souffrent de contentions trop importantes et sont moins rapides que le souhaiteraient les utilisateurs.

La solution au problème de la contention passe par deux conditions supplémentaires :

- Tout équipement pouvant réduire la contention doit être rétrocompatible avec les équipements existants.
- Toute norme permettant de réduire la contention doit respecter les normes existantes.

Les équipementiers réseau, confrontés à une demande sans cesse croissante de bande passante et aux besoins d'assurer la compatibilité avec le parc installé de cartes réseau et de concentrateurs, arrivaient à une impasse. Ils devaient réduire le nombre de stations accaparant la bande passante d'un segment particulier, tout en augmentant la vitesse de la connexion.

Pour cela, ils ont inventé la *technologie de la commutation*. Un commutateur de réseau (qui est disponible dans toutes les topologies : Ethernet, Token Ring, FDDI ou ATM) crée avant tout un segment séparé pour chaque port d'un commutateur (voir Figure 4.4). Parce qu'un seul ordinateur par segment peut transmettre à un moment précis, cela permet aux ordinateurs d'établir des connexions avec d'autres ordinateurs reliés au commutateur et de transmettre des données avec bien moins de contention de bande passante.

Les commutateurs peuvent également être utilisés conjointement avec de vieux concentrateurs à *média partagé* (monosegment) afin de créer plusieurs petits segments de réseau, accroissant ainsi la bande passante par ordinateur et améliorant les temps de réponse du réseau.

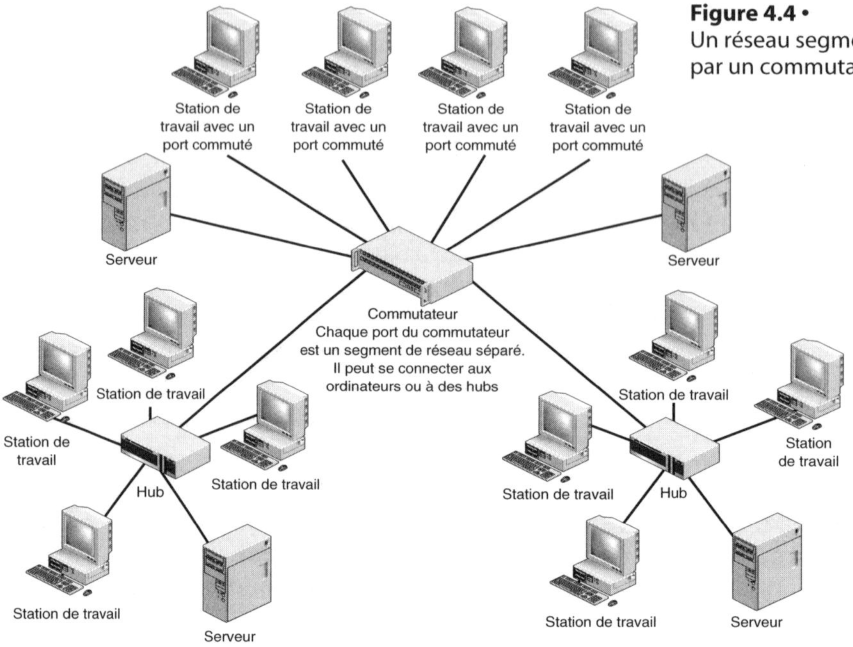

Figure 4.4 • Un réseau segmenté par un commutateur.

4.1.3 Principes de câblage

Si le câble qui relie les ordinateurs entre eux n'est pas installé correctement, quelles que soient la qualité de ses composants individuels et la conception du réseau, ce dernier ne fonctionnera pas correctement. Le câblage est le travailleur de l'ombre du réseau. Quand tout va bien, personne n'y fait attention ; en revanche s'il présente la moindre défaillance, le problème est difficile à diagnostiquer sans outils spécifiques.

En général, il existe trois types de câblages réseau, le coaxial, la paire torsadée et la fibre, et chacun doit se conformer à des normes, pour pouvoir fonctionner correctement. La section suivante liste ces règles et explique ce qu'elles signifient.

Le coaxial

Le coaxial, utilisé pour les réseaux Ethernet 10BASE-2 (donc obsolète), a la simplicité pour lui. Lorsqu'il s'agit d'interconnecter deux ou trois machines, il est difficile à battre. Ne nécessitant aucun concentrateur, il est moins cher qu'Ethernet 10BASE-T, que Token Ring, FDDI ou ATM. Cependant, pour les raisons que nous venons de décrire dans ce chapitre, Ethernet 10BASE-2 n'est pas souhaitable pour les réseaux où la fiabilité est une contrainte forte. Avec cette topologie, plus de 255 équipements peuvent être attachés à un seul segment même si ce maximum n'est pas à recommander. La longueur totale d'un segment est de 185 mètres.

Le câble généralement utilisé pour les réseaux coaxiaux est du RG-58, qui ressemble beaucoup à celui de votre antenne de télévision. Il est composé d'une âme centrale en cuivre et d'une gaine extérieure tressée (voir Figure 4.5), et offre 50 ohms d'impédance, caractéristique qui nécessite une résistance de terminaison de 50 ohms à chaque extrémité (appelée *terminateur*). Chaque ordinateur est relié au segment à l'aide d'un *connecteur en T*, sur la face arrière de la carte réseau (voir Figure 4.6).

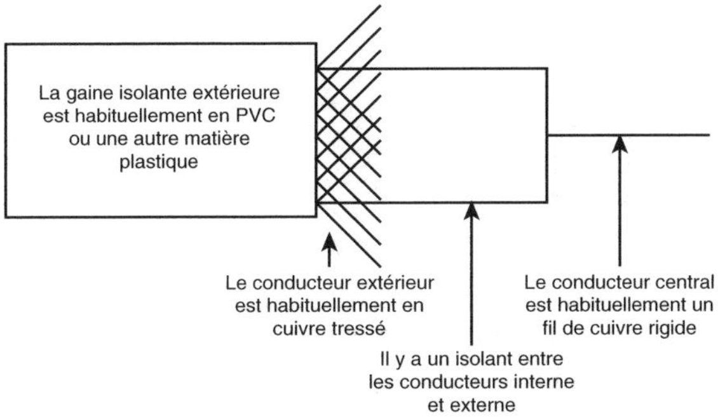

Figure 4.5 • Une représentation simplifiée d'une section de câble coaxial.

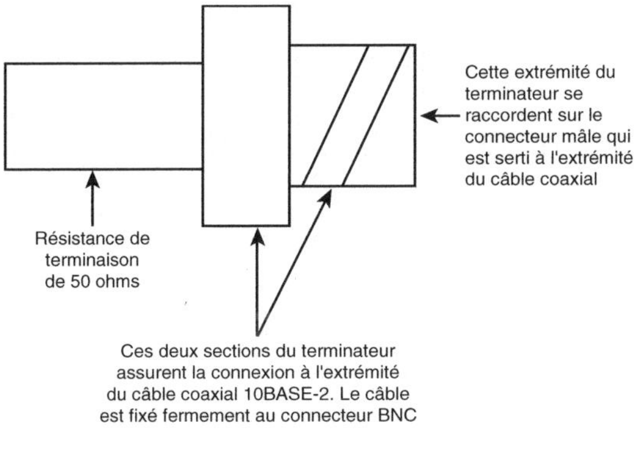

Figure 4.6 • Une représentation simplifiée d'un connecteur en T et d'un terminateur.

La paire torsadée non blindée

Les câbles UTP (*Unshielded Twisted Pair*) sont les plus utilisés dans les réseaux. Constitués de huit fils de cuivre, torsadés deux par deux, et formant ainsi quatre paires torsadées, ils ressemblent à ceux des modems, sauf que ces derniers ne comptent que deux paires de fils. Le câble doit être muni à ses deux extrémités de connecteurs *RJ-45*. Des normes de câblage très strictes (*EIA 568B*) spécifient l'ordre dans lequel les fils sont raccordés aux connecteurs.

Voici le brochage d'un connecteur réseau UTP :

Broche	Couleur du fil
1	Blanc et orange
2	Orange
3	Blanc et vert
4	Bleu
5	Blanc et bleu
6	Vert
7	Blanc et marron
8	Marron

Si les câbles ne sont pas raccordés dans cet ordre, ils ne véhiculeront pas les données correctement. Les broches impaires sont toujours reliées à des fils blancs combinés à une autre couleur.

De plus, les câbles à paires torsadées se déclinent en six catégories, de la catégorie 1 utilisée pour le téléphone à la catégorie 6, (niveau 5) certifiée pour 350 Mbit/s, dont voici quelques caractéristiques :

- La catégorie 1 n'est pas conçue pour offrir des performances suffisantes pour un réseau.
- La catégorie 2 est utilisée pour le câblage téléphonique et peut fonctionner à 1 Mbit/s.
- La catégorie 3 commence à pouvoir être utilisable pour le câblage réseau. Elle est employée pour Ethernet 10BASE-T et son débit maximal est de 16 Mbit/s. Cependant elle est supplantée par la catégorie 5, aujourd'hui la plus courante, car elle supporte à la fois la 10BASE-T et les vitesses plus élevées, telles que celle de la 100BASE-T.
- La catégorie 4 est utilisée pour Token Ring et Ethernet 10BASE-T. Son débit maximal est de 20 Mbit/s.
- La catégorie 5 est utilisée pour Ethernet 100BASE-T et son débit maximal est de 155 Mbit/s. C'est aujourd'hui le câblage le plus courant, que beaucoup d'entreprises utilisent intégralement pour leurs bureaux (à la fois le téléphone et les données), car il sert aussi bien pour les services téléphoniques habituels que pour ATM.
- La nouvelle catégorie 6 est destinée à Ethernet 1000BASE-T (Gigabit Ethernet). Elle est prévue pour 350 Mbit/s sur câble à quatre paires torsadées non blindées.

Pour maintenir le taux de transfert maximal, les câbles doivent être en conformité avec les normes EIA 568B.

Attention

Si vous avez l'intention de mettre en place un réseau en cuivre, faites-le en catégorie 5, ce qui permettra d'en augmenter la durée de vie. Les normes de la catégorie 5 stipulent que les torsades des fils doivent être maintenues sur toute leur longueur, et qu'à l'extrémité de celles-ci la longueur non torsadée destinée au raccordement des connecteurs ne doit pas dépasser 1 cm. De plus, le rayon de courbure doit être contrôlé.

Une autre bonne raison d'installer le meilleur câble possible est son coût négligeable : environ 0,10 euro le mètre. L'installation est ce qui coûte cher ; aussi, ne lésinez pas sur le câble. Passez toujours deux câbles au lieu d'un seul. Cela ne grèvera pas trop votre budget et, en contrepartie, vous serez en mesure de répondre immédiatement à une extension éventuelle.

La distance maximale pour Ethernet 10BASE-T sur des paires torsadées est de 200 m entre le concentrateur et l'ordinateur. Pour Ethernet 100BASE-T, elle n'est plus que de 20 m entre stations !

La paire torsadée non blindée équipe aujourd'hui la grande majorité des réseaux. Elle est relativement bon marché, simple à installer, très fiable et facile à entretenir et à étendre. Si vous choisissez la paire torsadée pour votre réseau, confiez-en la réalisation à un professionnel compétent, surtout si vous devez traverser les murs et les plafonds. Les règles de protection contre le feu nécessitent de votre installateur le respect des normes de construction. Le câble traversant les faux plafonds doit être ignifugé, ou capable de brûler sans émanations toxiques. Celui traversant les murs sera différent, et seul votre installateur pourra déterminer quel type de câble correspond le mieux à un emplacement quelconque.

La fibre optique

Le dernier type de câblage de réseau est la *fibre optique*. Initialement, son coût élevé la réservait pour les dorsales à haut débit entre concentrateurs, ou pour des applications très nécessiteuses de bande passante. Cependant, l'avènement d'Ethernet 100BASE-FX et 1000BASE-T, conçus pour fonctionner avec des câbles en fibre, de même que FDDI et ATM, a rendu son utilisation plus envisageable.

La fibre optique véhicule des impulsions lumineuses, plutôt que des impulsions électriques transmises par un fil de cuivre. Malgré son acceptation croissante, elle reste encore chère à installer et à entretenir. D'autre part, l'administrateur réseau moyen n'a pas les compétences pour l'utiliser et manipuler ses terminaisons correctement.

La terminaison de la fibre optique réclame en effet un soin particulier. Contrairement à celle d'un fil de cuivre, son extrémité doit être polie et s'insérer dans un réceptacle spécial sur les cartes réseau et les concentrateurs. La fibre ne fonctionnera pas si son extrémité doucie-polie n'est pas bien alignée.

En dépit des précautions entourant son emploi, cette technologie présente des avantages du fait de sa façon unique de véhiculer les données. D'une part, elle est hautement sécurisée. D'autre part, elle peut transporter des données à très grande vitesse, dans certains cas à plus d'un Gbit/s.

En fait, il faut choisir le type de câblage adapté à vos besoins. Si vous commencez tout juste à vous familiariser avec les réseaux, essayez de relier deux ou trois machines au moyen d'un câble coaxial. Si vous devez installer un réseau qui doit être fiable plutôt que bon marché, essayez la paire torsadée. Si vous devez fournir à vos utilisateurs des flots importants de données en temps réel, la fibre est tout indiquée.

4.2 La partie logicielle : les systèmes d'exploitation réseau

Un serveur de réseau doit avoir, au même titre que les stations clientes, un système d'exploitation. La principale différence entre les systèmes d'exploitation clients et serveurs réside dans la taille et les ressources.

Les systèmes d'exploitation réseau ne sont pas optimisés de la même manière que les systèmes clients. Un système client est conçu pour fournir à l'utilisateur les meilleures performances possibles pour les applications *en premier plan* (l'application en cours). En revanche, la tâche d'un système d'exploitation réseau consiste à équilibrer les besoins de tous les utilisateurs accédant au serveur plutôt que de privilégier l'un ou l'autre.

Dans les sections suivantes, nous verrons trois systèmes d'exploitation de réseau et une configuration de poste à poste. Tous les systèmes d'exploitation que nous étudierons concerneront les machines compatibles Intel.

4.2.1 NetWare de Novell

NetWare de Novell (qui en est à la version 6.5) est le système d'exploitation réseau (*Network Operating System*) le plus ancien. Au début des années 1980, ce fut Novell (créé par un certain Raymond Noorda) qui banalisa le réseau au sein des entreprises.

NetWare est un produit complexe. Comparé à un système d'exploitation réseau tel que Windows XP de Microsoft, il semblera difficile et aride. Cependant, quand il s'agit de partager des fichiers, des imprimantes et des *services de répertoire*, il est très performant. Il a servi de standard dans de nombreuses entreprises. Actuellement, Novell tente de se repositionner comme fournisseur de solutions réseau fondées sur le système Linux.

La Figure 4.7 représente le moniteur de Novell, l'application la plus fréquemment utilisée sur un serveur NetWare. Le moniteur permet à l'administrateur d'obtenir de nombreuses informations sur l'état du serveur NetWare, de la mémoire disponible à l'espace disque.

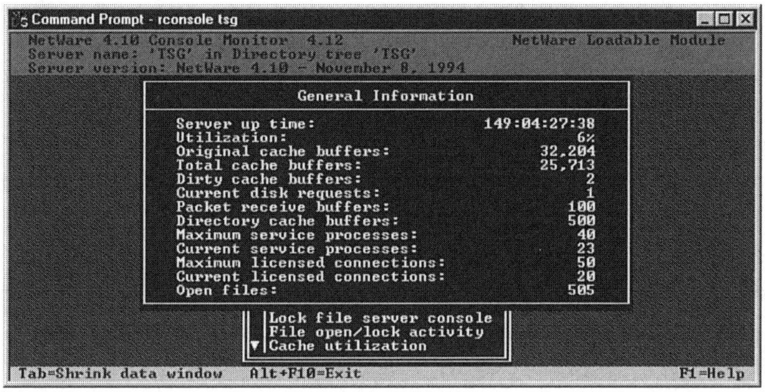

Figure 4.7 • La console moniteur d'un serveur NetWare.

Contrairement aux nouveaux systèmes d'exploitation réseau, NetWare n'est pas fondé sur Internet. Il semble que sa conception ait surtout été guidée par la simplicité d'utilisation.

Novell n'a pas intégré le support de TCP/IP, le protocole de prédilection d'Internet. Il avait de bonnes raisons pour cela. Lorsque NetWare a été développé, TCP/IP était un protocole relativement récent et immature, qui nécessitait un bon nombre de paramétrages manuels et dont l'administration était complexe.

Etant donné la complexité de TCP/IP et la compétence technique de sa cible en termes de marché, Novell a décidé de développer un protocole plus simple, appelé IPX/SPX (*Internetworking Packet Exchange/Sequenced Packet Exchange*), largement autoconfigurable et facile à installer et à administrer.

À noter

Rappelez-vous les remarques concernant les protocoles, à la fin du Chapitre 3. Les protocoles sont des langages utilisés par les ordinateurs pour s'échanger des données.

Malheureusement, avec la révolution d'Internet et la mise au premier plan de TCP/IP, la position de Novell s'est affaiblie, NetWare ayant été principalement conçu pour IPX. Les dernières versions de NetWare peuvent dialoguer en IP, ce qui leur a valu un regain de popularité.

4.2.2 Windows Server de Microsoft

Au début des années 1980, Microsoft a décidé de se doter d'un système d'exploitation réseau de haut vol, afin de concurrencer NetWare et Unix. Après un combat acharné de trois à quatre ans, Microsoft y parvint : ce fut Windows NT. La première version Windows NT 3.1 était déclinée sous la forme d'un seul produit, sans différences notables entre les versions serveur et station de travail. En 1995, la version Windows NT 3.5 était composée de deux versions : Windows NT Workstation et Windows NT Server lesquelles sont devenues respectivement Windows XP Professionnel pour le marché des stations de travail, et Windows Server 2003 pour le marché des serveurs. Les deux systèmes d'exploitation avaient une base commune, mais la version Server dispose d'une panoplie d'utilitaires qui fait défaut à l'autre.

La capacité d'interconnexion de toutes sortes de réseaux a été intégrée dès la conception de Windows Server. De plus, il sait gérer la partie serveur d'une application réseau, ce qui en fait une plate-forme idéale pour les serveurs d'applications. Il utilise l'interface familière de Windows, ce qui en simplifie l'administration : Windows Server est particulièrement bien adapté aux petites organisations, grâce à son administration *via* une interface utilisateur graphique. Pour la grande majorité des débutants en matière de réseaux, il est probablement le système d'exploitation réseau d'entreprise le plus facile à installer et à administrer. N'en concluez pas pour autant qu'il est simple. Mais, comparé à d'autres systèmes réseau, Windows témoigne d'une certaine convivialité grâce à l'omniprésence de son interface.

4.2.3 Unix

Unix est né il y a trente-quatre ans dans les laboratoires de Bell. Il s'agit d'un système d'exploitation réseau à fonctionnement totalement préemptif, qui dispose d'une interface inégalée. Malheureusement, sa richesse fonctionnelle est associée à un niveau de complexité élevé. Unix peut accomplir pratiquement toutes les tâches demandées à un ordinateur, mais la sophistication de son interface rebute l'utilisateur moyen. En dépit de sa réputation de complexité, il peut être rapide en tant que serveur de fichiers et d'imprimantes, et offre parfois les meilleurs services applicatifs de tous les systèmes d'exploitation réseau présentés ici.

Comme Windows Server, Unix peut fonctionner en client ou en serveur de réseau, avec peu de différences, si ce n'est la puissance de la machine et la rigueur de la sécurité. Il est pourvu d'une telle variété de fonctionnalités qu'il n'a presque pas besoin des logiciels de tierces parties pour administrer les utilisateurs. La création de scripts en shell et en Perl, ainsi que de programmes compilés en C pour administrer la plupart des systèmes Unix, est possible.

Eu égard à son âge, Unix est une plate-forme très stable. Cependant, il n'est pas le fait d'un seul éditeur. À cause de cela, les applications prêtes-à-l'emploi sont très peu nombreuses. Au cours des dernières années, les vendeurs d'Unix ont essayé à plusieurs reprises de créer un standard permettant d'assurer la *compatibilité binaire* ; cela signifie qu'une application, une fois compilée, pourrait s'exécuter sur des systèmes d'exploitation différents. Malheureusement, cette initiative a rencontré peu de succès.

Mais la menace représentée par Windows Server permettra peut-être aux vendeurs d'Unix de se rallier un jour à un standard.

Unix est mieux adapté aux réseaux dont la charge est confiée à un administrateur expérimenté. Sa complexité fait qu'il n'est pas conseillé aux administrateurs débutants ; mais, s'il est pris en main par un administrateur système réellement compétent, il peut se révéler très fiable et très rapide.

Le phénomène Linux

Linux est le turbulent fils spirituel d'Unix. Au début des années 1990, Unix a commencé à rencontrer de plus en plus de succès, suite à la prise de conscience par les entreprises d'un besoin de standardisation de leurs infrastructures informatiques. En revanche, ses variantes alors disponibles dépassaient de loin les possibilités financières des entreprises petites et moyennes et des particuliers. Les rares moutures d'Unix abordables, telles que Minix (créé dans un but pédagogique par le Néerlandais A. Tanenbaum d'Amsterdam) ne donnaient pas satisfaction à l'amateur enthousiaste.

Cette coupure d'avec le monde de la génération montante des fous d'informatique ne pouvait pas durer. En 1991, l'étudiant suédois Linus Torvalds (né la même année qu'Unix, en 1970), frustré des faibles possibilités de Minix, a commencé à produire le noyau d'un nouveau système inspiré des grandes lignes d'Unix. Il a tiré profit des outils de programmation gratuits GNU (éditeur, compilateur, etc.) qui existaient déjà depuis quelques années. GNU est un vaste projet du chercheur américain Richard Stallman (**www.gnu.org**), une sorte de penseur suprême du mouvement des logiciels libres Open Source. Dès que le noyau de son système a atteint un niveau suffisant de stabilité, Linus Torvalds l'a proposé gratuitement sur Internet en demandant à tous ceux qui étaient intéressés de s'en servir et de lui faire des remarques pour l'améliorer. La réponse a été historique, puisqu'en quelques mois, toute une communauté planétaire s'est formée autour de ce système que Linus a judicieusement appelé Linux. Etant basé sur Unix, Linux est très doué pour tout ce qui touche aux réseaux et aux serveurs. Quinze années plus tard, c'est devenu le petit système qui monte. Il est gratuit, ouvert (les améliorations des fichiers sources sont encouragées) et le support technique est assuré de façon informelle, mais très efficace par la communauté des programmeurs Linux qui sont des millions. Les utilisations principales sont les serveurs Web et de messagerie, les stations de travail scientifiques et même les stations de bureautique, comme les 15 000 postes de la ville de Munich.

Comme Unix, Linux est fondé sur le standard de programmation POSIX, qui dépend lui-même des standards publics définis par l'IETF (*Internet Engineering Task Force*). C'est grâce à ces règles publiques qu'Internet s'est répandu si vite, tout comme Unix. Linux dispose en outre de tous les outils d'Unix : des scripts pour programmer l'administration du système, les compilateurs C, C++, Java, Perl, Eiffel, et d'autres, et plusieurs superbes sous-systèmes d'interface utilisateur graphique, parmi lesquels GNOME (aux Etats-Unis) et KDE (en Europe). Les lecteurs qui connaissent Linux seront ravis d'apprendre que l'auteur ne prend pas position pour l'un ou l'autre de ces rivaux qu'il trouve tous deux excellents.

Du point de vue réseau, Linux dispose d'outils pour répondre à tous les besoins. Il gère le TCP/IP, ce qui est un minimum de nos jours. Il sait exploiter le protocole SMB (*Server Message Block*) utilisé par Windows et peut faire office de serveur de fichiers dans un réseau Windows. Il peut exploiter IPX et devenir un serveur NetWare. Linux est le plus répandu des systèmes pour serveurs Web et e-mail sur Internet, en raison principalement de son faible coût et de sa simplicité d'installation, quoiqu'en dise ses détracteurs.

Il n'est la propriété commerciale de personne, mais le nom "Linux" a été déposé par Linus pour éviter des utilisations abusives. En général, il est proposé sur Internet sous forme d'un ensemble préparé appelé **distribution**. Les éditeurs des distributions regroupent le noyau Linux avec une sélection d'applications puis conçoivent des outils pour simplifier l'installation et la configuration. L'éditeur Linux le plus connu est probablement *Red Hat* (**www.redhat.com**), mais il existe également d'autres distributions tout à fait honorables telle que *Mandrake* (**mandrakesoft.com**) ou *SuSE* (**www.suse.com**). *Debian* et *SlackWare* sont davantage destinées aux amateurs éclairés. L'auteur a utilisé toutes ces distributions, et peut confirmer que chacune est de bonne qualité. Mais la liste ne s'arrête pas là : TurboLinux, Lindows, Yggdrasil, etc.

En général, un logiciel destiné à une distribution particulière pourra s'exécuter tel quel sur une autre, sans reconfiguration ni retouche et recompilation préalable. Lorsque ce n'est pas le cas, les puissants et nombreux outils de développement de Linux sont là pour simplifier les retouches éventuelles et rendre le travail le plus simple possible.

4.3 Client-serveur ou poste à poste

À plusieurs reprises, nous avons mentionné les termes *client-serveur* et *poste à poste*. Ils désignent la relation logique entre les ordinateurs du réseau. Rappelez-vous qu'une relation logique n'est pas équivalente à une relation physique : les ordinateurs peuvent fonctionner en client-serveur ou en poste à poste sur n'importe quelle topologie de réseau, de la 10BASE-2 au FDDI.

4.3.1 Les réseaux client-serveur

Dans un réseau client-serveur, les ordinateurs sont divisés en clients et en serveurs. Le *serveur* est habituellement une machine dédiée et puissante. Les *clients* sont souvent moins puissants que le serveur et ne se connectent qu'à celui-ci par le réseau. La Figure 4.8 représente une architecture client-serveur.

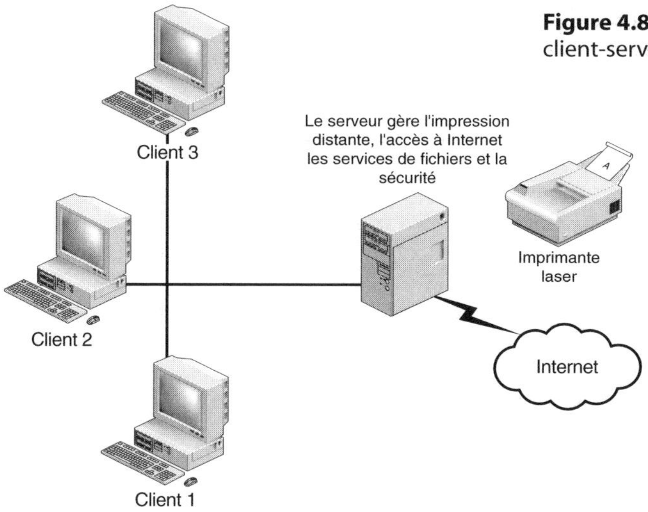

Figure 4.8 • Un réseau client-serveur.

Les bénéfices de l'architecture client-serveur sont surtout appréciés des gens qui ont besoin d'un réseau fiable :

- la gestion centralisée des ressources ;
- la possibilité de mettre en place une sécurité rigoureuse, concernant l'accès aux fichiers et à d'autres informations sensibles ;
- une réduction significative de l'administration du client ;
- la possibilité de sécuriser et de sauvegarder les données à partir du serveur ;
- la possibilité d'étendre la taille du réseau.

Dans une architecture client-serveur, les clients ne peuvent voir que le serveur. Ils ne se voient pas les uns les autres. Cette disposition entraîne une meilleure sécurité et accroît "l'interchangeabilité" : si une station de travail cliente est défectueuse, il est possible de la remplacer par une machine équivalente. Si les applications sont lancées depuis le disque dur du serveur, sitôt qu'un nouvel utilisateur est connecté au réseau, il a accès à la plupart des données dont il disposait avant la panne.

Les inconvénients du client-serveur sont plus difficiles à identifier :

- Les réseaux client-serveur coûtent plus cher que les configurations de poste à poste, à cause du prix du serveur – une machine dédiée que personne ne peut utiliser en tant que station de travail.
- Le serveur devient le seul point faible du réseau. S'il vient à défaillir, le réseau est arrêté. Beaucoup de serveurs disposent d'une tolérance de pannes (disques RAID) vraiment indispensable pour les architectures client-serveur.

L'approche client-serveur est prépondérante dans les réseaux des grandes et moyennes entreprises, d'abord pour des raisons de fiabilité et de capacité de montée en charge. Elle permet aussi de répondre à deux autres critères qui ont un impact financier important : la sécurité des données et la centralisation de l'administration.

4.3.2 Les réseaux poste à poste

À l'autre extrémité du spectre de possibilités, l'architecture poste à poste permet à toutes les stations de travail clientes de jouer aussi le rôle de serveurs. Par exemple, une machine qui dispose d'un gros disque dur peut le partager avec les autres utilisateurs. Une machine déjà connectée à une imprimante peut la partager avec les autres stations de travail. Le point essentiel est celui-ci : dans un réseau poste à poste, il n'y a pas de serveur dédié et tous les ordinateurs peuvent être utilisés en tant que stations de travail (voir Figure 4.9).

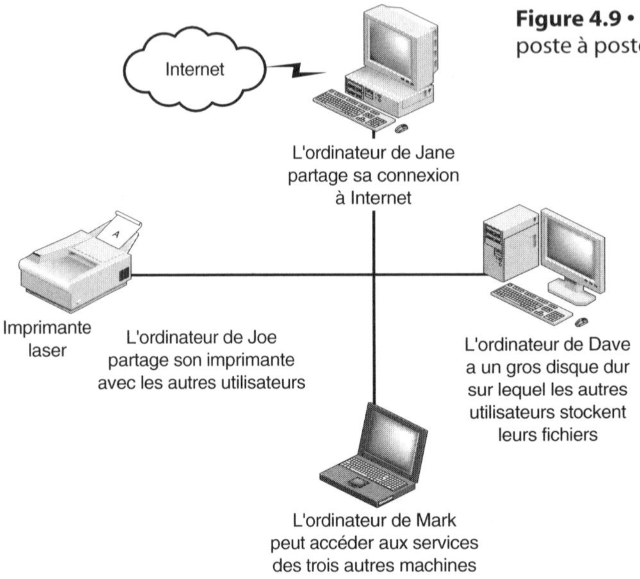

Figure 4.9 • Un réseau poste à poste.

Un réseau poste à poste présente certains avantages :

- Il est facile à installer et à configurer.
- Il est moins cher qu'un réseau client-serveur.

Cependant, il présente plus d'inconvénients que d'avantages :

- Il manque complètement de contrôle centralisé, ce qui le rend ingérable.
- Il est particulièrement non sécurisé : la sécurité d'un réseau poste à poste est quasi inexistante.
- Il n'est pas fiable. Le réseau poste à poste repose sur les vicissitudes des stations de travail clients, ce qui signifie qu'il peut être sérieusement perturbé si (par exemple) la station sur laquelle l'imprimante est partagée redémarre ou se bloque.

Les réseaux poste à poste ne sont adaptés qu'aux toutes petites structures : quelques personnes dans un petit bureau ou ceux qui désirent faire seuls leurs premiers pas dans les réseaux locaux.

Au cours du chapitre suivant, nous reverrons par quels moyens les réseaux échangent des données.

5

Étendez votre LAN : les réseaux WAN

Au sommaire de ce chapitre

- Qu'est-ce qu'un réseau WAN ?
- Équipements matériels d'un réseau WAN
- L'accès aux données à des vitesses élevées
- Internet peut-il vous aider à construire un WAN ?
- Qui a vraiment besoin d'un WAN ?

L'humanité fait depuis longtemps face au problème des communications d'informations sur de longues distances. Avant la découverte de l'électricité, il y avait les signaux de fumée, les tam-tams et la malle-poste. Puis est arrivé le télégraphe de Chappe qui a révolutionné les échanges. Les informations étaient codées avant envoi, ce qui obligeait à utiliser les services d'un spécialiste à l'émission et d'un autre à la réception. Enfin, la quantité de données transmises restait très limitée. Ce n'était qu'une étape. Puis est alors survenue l'informatique.

Mais le temps faisant son office, les premiers réseaux locaux ont commencé à souffrir de lenteur. Parallèlement, les opérateurs de réseaux ont cherché des manières de les interconnecter, permettant ainsi aux utilisateurs d'avoir accès en temps réel à des données réparties dans le monde entier.

5.1 Qu'est ce qu'un réseau WAN ?

Nous avons vu au Chapitre 1 que les réseaux s'étendaient parfois plus loin que ce que permet un réseau local traditionnel. Dès que plusieurs réseaux locaux sont interconnectés, on parle de réseau global WAN (*Wide Area Network*, réseau étendu).

Un réseau WAN relie des ordinateurs dispersés géographiquement. Il est souvent composé de deux LAN (*Local Area Network*) ou plus, reliés par des lignes téléphoniques à haut débit, telles que des lignes T1, ou *Frame Relay* (relais de trames) à 56 Kbit/s. En matière de WAN, il est difficile de généraliser, sinon en affirmant qu'il s'agit d'un lien entre plusieurs sites, permettant de partager des ressources.

Les réseaux WAN ayant de nombreux usages, il est parfois ardu de définir le terme avec précision. Faut-il que toutes les machines servant de terminaux soient des ordinateurs bureautiques ? Lorsque le but se résume à permettre des échanges de courrier électronique et de messages internes, est-il plus avisé de déployer un réseau WAN ou un sous-réseau Internet privé (un **intranet**) ? Est-ce qu'un **extranet** est assimilable à un réseau WAN ?

Voici quelques exemples permettant d'expliquer la stupéfiante souplesse (et la nature insaisissable) des WAN :

- Si vous avez récemment effectué un achat par carte bancaire, il y a de fortes chances pour que les informations concernant le crédit de votre compte aient transité *via* une connexion WAN. L'ordinateur qui a géré la transaction n'est évidemment pas un PC : c'était une machine dédiée capable de scruter les bases de données à distance *via* une liaison louée pour obtenir l'autorisation de débit. Est-ce un réseau WAN ? Sans doute, d'après la définition donnée plus haut.
- Votre multinationale vient d'installer un logiciel collaboratif (*groupware*) permettant à tous ses sites sur la planète d'échanger du courrier et des données distribuées. Pour cela, l'entreprise met en place un réseau privé utilisant des liaisons louées plutôt qu'Internet en tant que dorsale. Les utilisateurs d'un site accèdent aux ressources de ceux des autres sites. Est-ce un WAN ? Bien sûr !
- Comme dans le cas précédent, votre multinationale vient d'installer un logiciel collaboratif permettant à tous les sites de la planète d'échanger du courrier et des données. L'entreprise opte pour un *réseau privé virtuel* (VPN, *Virtual Private Network*), une méthode pour relier des réseaux d'entreprises, au travers d'Internet mais de façon sécurisée. Les utilisateurs d'un site ne peuvent pas accéder aux ressources de ceux des autres sites. Est-ce encore un WAN ? Tout à fait !
- Une petite entreprise ayant une présence régionale doit fournir un accès à l'un de ses représentants. Pour cela, elle met en place une connexion par modem. Elle dispose également d'une connexion à Internet. La société exploite une liaison par modem pour accéder au réseau local et Internet pour les accès déportés (notamment pour les dépanneurs sur les sites clients). Est-ce un WAN ? Oui !

Tous ces types de réseaux sont des WAN, car ils permettent aux ressources de votre réseau local d'être disponibles au-delà de ses propres frontières. Un WAN est un moyen d'étendre les ressources réseau au-delà de leur localisation physique. À l'ère d'Internet, il existe de nombreuses façons d'y parvenir : des coûteuses lignes téléphoniques numériques des VPN à l'accès par modem, et d'autres méthodes vont certainement apparaître.

Cependant, ce chapitre est consacré uniquement à la configuration de base d'un WAN (voir Figure 5.1), dans laquelle les utilisateurs de plusieurs réseaux locaux partagent des ressources. Les WAN dédiés à des utilisations spécifiques sortent du cadre de ce chapitre ; il vous suffit de savoir qu'ils existent.

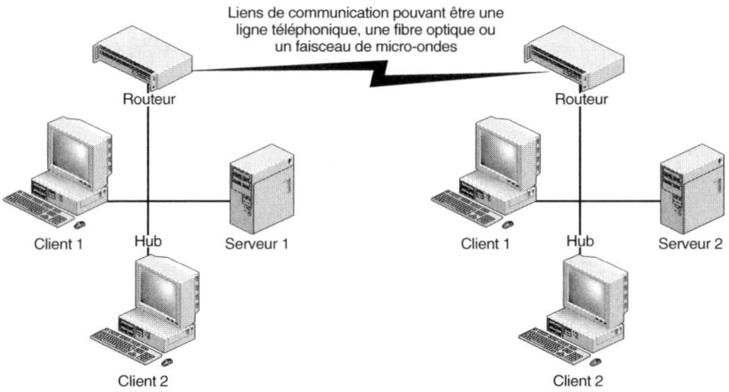

Figure 5.1 • Un réseau WAN de base.

Plus que les réseaux locaux LAN, les WAN doivent, pour fonctionner correctement, s'appuyer sur une étude préalable. Pour le système d'information d'une entreprise, cela signifie créer un pôle de compétences variées, depuis la mise en place relativement simple d'un réseau local jusqu'aux arcanes des systèmes de télécommunications publics. Un WAN a besoin d'une stratégie claire, sans quoi, c'est une perte d'argent. Avant de mettre en place un WAN, posez-vous les questions suivantes :

- Les utilisateurs distants ont-ils besoin d'accéder en temps réel à une base de données commune, telle qu'un système transactionnel ?
- Vos sites distants sont-ils déjà des LAN ou sont-ils, pour la plupart, situés au domicile de la personne ?
- Quels sont les services que vous souhaitez partager sur un WAN ? Des bases de données, des fichiers, du courrier électronique ou d'autres objets ?
- Vos sites distants sont-ils capables d'administrer leur extrémité du WAN ou devrez-vous vous déplacer pour le faire vous-même ?
- Etes-vous disposé à payer le prix de lignes téléphoniques numériques à haut débit ?

Si vos utilisateurs ont besoin d'accéder en temps réel à une base de données commune, un WAN peut apporter une réelle plus-value. Mais, si vous avez affaire à des installations à domicile ou dans de petits bureaux, il est probable que vous aurez beaucoup de tâches administratives à effectuer vous-même pour que vos utilisateurs finaux puissent accomplir leur travail. Les coûts d'administration sont souvent relativement cachés, mais ils constituent une part non négligeable du *coût total de fonctionnement* (TCO, *Total Cost of Ownership*) d'un WAN ou même du grand LAN. Il est très courant de dépenser plusieurs milliers d'euros par mois pour un WAN ; mais, si cela ne se traduit pas par un accroissement des services et de la productivité, il deviendra une contrainte plus qu'un avantage.

5.2 Équipements matériels d'un réseau WAN

Plusieurs matériels peuvent être utilisés pour relier des LAN. Parmi eux, les plus courants sont les ponts, les passerelles et les routeurs. Les ponts ne sont plus d'actualité, mais nous les présentons malgré tout, car vous en rencontrerez sur certains sites. D'autre part, le terme **passerelle** (*gateway*) est devenu générique et englobe aussi les routeurs, bien qu'il existe des équipements qui n'offrent que la fonction de passerelle, pas celle de routage.

5.2.1 Les ponts

Un **pont** est un équipement réseau dont la vocation principale est décrite par son nom : relier deux LAN pour en former un plus gros, mais *via* une connexion lente. La différence entre un pont et un routeur réside dans la façon dont ils relient les réseaux. Dans un réseau de télécommunications, un pont est un équipement matériel ou logiciel qui recopie les paquets de la couche 2 d'un réseau à l'autre. Par exemple, deux LAN peuvent être reliés par un pont, une ligne téléphonique numérique et un autre pont à l'autre extrémité. Un pont relie des réseaux utilisant des protocoles identiques (tels qu'IP) aux deux extrémités de la connexion. Une passerelle connecte quant à elle des réseaux au niveau de la couche matérielle. Si vous connectez deux réseaux à l'aide de ponts, ils constitueront un segment dont le backbone est très lent. Les ponts ne constituent pas la solution idéale pour relier des WAN, notamment parce qu'ils laissent passer le trafic de *broadcast* (les messages envoyés à toutes les machines d'un réseau donné), ce qui peut rogner les capacités en bande passante.

> ***À noter***
>
> Revoir, Chapitre 3, la théorie des réseaux et des sept couches du modèle OSI ainsi que celle des protocoles associés, si nécessaire. La compréhension de ce modèle est très utile pour assimiler le fonctionnement d'un réseau.

En général, un pont est un routeur qui a été configuré pour relier des réseaux au niveau 2 de la couche OSI plutôt qu'au niveau 3 ; c'est en revanche sur cette dernière couche que fonctionnent les routeurs. Lorsqu'un pont relie des réseaux, les utilisateurs voient au-delà de leur réseau local. Ils peuvent accéder à des ressources distantes en appliquant les mêmes méthodes que s'ils se trouvaient sur leur réseau local. Cependant, les ponts sont lents et exigeants en ressources ; c'est pour cette raison que les réseaux d'aujourd'hui s'appuient sur des routeurs. La section "Les routeurs", un peu plus loin dans ce chapitre, vous aidera à comprendre les différences entre pont et routeur.

Les ponts sont souvent implantés dans des réseaux utilisant des protocoles sans routage (par exemple, NetBIOS ou NetBEUI). Cependant, ces protocoles peuvent être véhiculés sur un pont parce que celui-ci travaille au niveau de la couche liens de données (qui est encore dépendante du matériel) plutôt qu'au niveau de la couche réseau (pour laquelle le routage des paquets dépend du logiciel).

5.2.2 Les passerelles : des traducteurs de protocoles

Le terme **passerelle** peut désigner des équipements différents. Sous sa forme commune, une passerelle est un équipement qui se comporte comme un passage à double sens entre des réseaux. Par exemple, dans un réseau relié à Internet, un serveur proxy peut servir de passerelle entre le réseau interne et Internet (voir Figure 5.2).

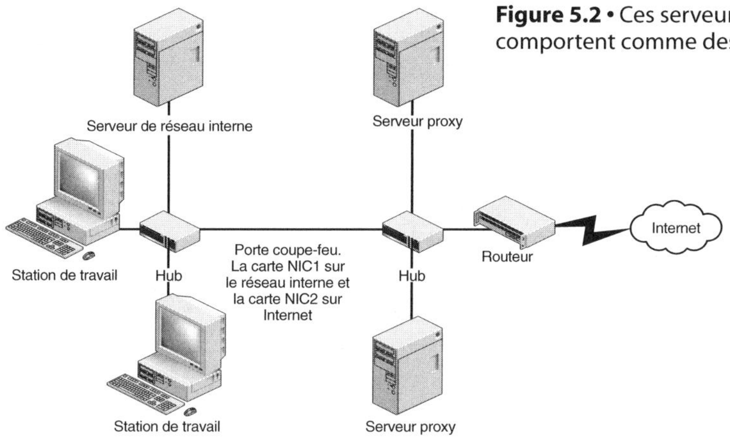

Figure 5.2 • Ces serveurs proxy se comportent comme des passerelles.

Les équipements transmettant des paquets IP sur Internet sont un autre exemple classique de passerelle. Les routeurs et les ponts appartiennent à un groupe global appelé passerelles, bien que celles que nous évoquons dans ce chapitre aient des fonctionnalités spécifiques autres que le routage des paquets ou le *pontage* entre réseaux.

Les passerelles relient des réseaux entre eux. Comme nous l'avons vu précédemment, elles sont différentes des ponts, car elles peuvent relier des réseaux hétérogènes. C'est très utile pour les réseaux qui ne disposent pas de TCP/IP. Les passerelles pouvant convertir un protocole en un autre sont appelées *traducteurs de protocoles.*

À noter

Un traducteur de protocoles est un équipement qui effectue la transcription d'un protocole vers un autre. Typiquement, il traduit IPX de NetWare en TCP/IP, permettant ainsi aux utilisateurs d'un réseau IPX d'accéder aux ressources d'Internet ou aux ressources IP internes.

Aujourd'hui, les traducteurs de protocoles ne sont pas souvent utilisés pour relier des LAN à des WAN. Ils le sont plutôt pour assurer la traduction entre le protocole IPX de NetWare et le protocole TCP/IP, de telle sorte qu'un réseau fondé sur IPX puisse se connecter à Internet. Si vous avez choisi de construire un LAN NetWare (ou si vous en avez récupéré la charge), la traduction de protocole peut être la solution la plus simple pour fournir à vos utilisateurs un accès à Internet. Cependant, le protocole principal de NetWare, IPX, est routable ; un routeur est donc probablement un meilleur choix si vous voulez relier deux LAN pour en faire un WAN.

5.2.3 Les routeurs

Un **routeur** est un équipement qui achemine les paquets de données dont le destinataire ne se trouve pas dans le même réseau local. C'est l'équivalent d'un bureau de tri régional. Il opère au niveau de la couche réseau (couche 3 d'OSI), ce qui signifie qu'il doit être capable de comprendre les paquets de données, de façon à pouvoir les router vers leurs destinations. Les routeurs sont avant tout des ordinateurs optimisés pour gérer des paquets qu'ils doivent transférer entre réseaux séparés. Ils essaient d'envoyer les paquets de leur source à leur destination de la façon la plus rapide possible, ce qui, comme nous le verrons, n'est pas nécessairement synonyme de plus court chemin.

Si les machines émettant et recevant des paquets appartiennent au même réseau, ceux-ci sont acheminés sans intermédiaire. *A contrario*, si l'adresse de destination d'un paquet n'appartient pas au réseau local, la machine émettrice l'envoie au routeur (qu'elle connaît en tant que passerelle par défaut) et n'a plus d'interaction ultérieure avec ce paquet. Si le routeur reçoit un paquet dont la destination n'appartient pas au réseau local, il vérifie qu'il connaît une route permettant de rejoindre le réseau cible. S'il la trouve (ou s'il a lui-même une passerelle par défaut), il envoie le paquet au routeur suivant, sur le chemin spécifié.

Le routage entre réseaux LAN, comme nous l'avons vu au Chapitre 2, est semblable à celui de la Poste. Un colis allant de New York à San Francisco pourra traverser un hub à Memphis ou à Chicago et ressortir à Reno avant d'atteindre sa destination. Si le colis doit être livré rapidement, le coût de la retransmission en sera fortement affecté. Heureusement, il n'empruntera pas toujours la route la plus longue, qui a tendance à être inefficace et difficile à tracer.

De la même façon, les routeurs émettent des paquets en fonction des routes disponibles et essaient de déterminer la route la plus courte à un moment donné. Comment procèdent-ils ? À l'intérieur d'un routeur (qui est en fait un ordinateur très puissant, comme nous le verrons plus loin), il existe un ensemble de données appelées *tables de routage*. Elles sont dynamiques, mises à jour grâce à des protocoles de routage tels que RIP (*Routing Information Protocol*) ou OSPF (*Open Shortest Path First*) qui établissent un dialogue permanent entre routeurs.

Les tables de routage contiennent tous les chemins dont un routeur est informé ; celui-ci les consulte constamment afin de déterminer s'il dispose d'un itinéraire vers cette adresse de destination particulière. Un routeur est une sorte de combinaison entre un agent de voyages et un assistant personnel, toujours en train de rechercher la meilleure route possible et au meilleur prix. Le processus consistant à envoyer un paquet au plus près de sa destination est appelé routage.

Le routage

Lorsqu'un routeur prend un paquet et l'envoie au plus près de sa destination finale, nous disons qu'il le retransmet, et cela au moindre coût possible, concept que nous allons expliquer maintenant.

Pour un routeur, le coût ne se mesure pas en valeur monétaire, mais en nombre de sauts. Chaque fois qu'un paquet est transmis d'un routeur à un autre, un nombre inclus dans le paquet de données, appelé *compteur de sauts*, s'accroît de 1 (on appelle cela *incrémenter le compteur*). Si le compteur de sauts atteint certaines limites préétablies (par exemple, le protocole RIP autorise un maximum de 16 sauts entre la source et la destination), le paquet pourra être rejeté et considéré comme non livrable, les routeurs n'étant pas capables de le remettre à son adresse de destination dans la limite de sauts prescrits.

Cependant, pour les routeurs le coût n'est pas une variable aussi importante que dans le monde réel. En effet, sur Internet il n'est guère plus cher d'emprunter un chemin plus long. Tenez compte de ces deux éléments :

- Les données (qui sont simplement des impulsions électriques) se déplacent à la vitesse de la lumière (ou très proche de celle-ci sur des fils en cuivre) ; aussi, nul détour ne peut se traduire véritablement par une différence significative de vitesse.
- Internet a été conçu pour être redondant. Ses concepteurs devaient satisfaire des contingences militaires qui voulaient qu'un réseau puisse continuer à trouver un chemin d'un point A à un point C même si le point B qui les reliait n'existait plus (parce qu'un missile balistique nucléaire l'aurait détruit par exemple). Ils devaient par conséquent assurer la multiplicité des routes. Si la première route échouait, adopter la deuxième et ainsi de suite.

Heureusement, nous n'avons jamais eu à tester aussi radicalement la redondance d'Internet – suite à l'explosion d'un missile nucléaire en tout cas. Néanmoins, la conception est dite robuste parce que le réseau redirige sans arrêt les paquets de données en cas de rupture de ligne suite par exemple à une catastrophe naturelle ou à une coupure de courant (souvenez-vous des pannes géantes de l'année 2003 aux Etats-Unis).

Les protocoles de passerelles

Les routeurs utilisent jusqu'à quatre protocoles TCP/IP pour déterminer quelle route un paquet de données devra, à tout instant, emprunter pour atteindre une destination. Ces quatre protocoles s'appellent des **protocoles de passerelles**, une expression qui prête à confusion ; il serait plus approprié de parler de *protocoles de routage*. Les routeurs les utilisent en effet pour déterminer la meilleure route à suivre par les données.

Ces quatre protocoles s'appellent RIP, OSPF, BGP (*Border Gateway Protocol*) et EGP (*External Gateway Protocol*). Les deux premiers (RIP et OSPF) sont appelés *protocoles de passerelles internes*. Ils s'occupent du routage des données internes à un LAN ou à un WAN. Les deux autres (BGP et EGP) sont appelés *protocoles de passerelles externes* et servent à router les données hors d'un LAN ou d'un WAN.

Les protocoles de passerelles internes : RIP et OSPF

Au Chapitre 3, vous avez appris les noms de deux des protocoles utilisés par TCP/IP pour identifier le meilleur chemin par lequel envoyer des paquets : RIP et OSPF. Des deux, RIP est le plus ancien et a quelques faiblesses : il ne route bien les paquets que si le réseau ne change pas constamment. Il est **statique**, c'est-à-dire qu'il dispose de paramètres figés, qui ne lui permettent que 16 sauts, ce qui signifie qu'il ne fonctionnera pas très bien pour un grand réseau (comme Internet). OSPF, en revanche, est **dynamique**. Il peut à ce titre modifier sa stratégie de routage en fonction de l'état instantané du réseau. Ainsi, si votre routeur principal tombe en panne pour une raison quelconque, OSPF peut réagir et envoyer les paquets par un autre routeur (pour autant qu'il existe).

Ces protocoles sont utilisés dans des réseaux privés ou dans ce que les techniciens appellent un *système autonome* (AS). Un AS est un ensemble de routeurs interdépendants qui routent les données selon le même protocole de passerelle (RIP ou OSPF).

Pour un grand nombre de WAN, RIP suffit à gérer le routage des données entre sites. La montée en puissance d'Internet a obligé les constructeurs à simplifier la configuration de base de leurs routeurs, de sorte que les utilisateurs n'ont pas souvent à se préoccuper directement de RIP ou d'OSPF. Lorsque le routeur est mis en place, l'administrateur ajoute certaines routes statiques à la table de routage d'un ou de plusieurs routeurs.

Les fournisseurs d'accès à Internet ont réalisé qu'ils étaient responsables de la configuration des routeurs qui se connectent à leurs réseaux ; aussi, ont-ils développé des compétences significatives en matière d'installation, de configuration et de dépannage des routeurs. Cependant, il est plus prudent d'avoir un technicien compétent au sein du management de l'entreprise. Car, même si celui-ci ne va pas directement administrer le système, il sera capable de traduire les données techniques en arguments économiques que votre direction pourra plus facilement comprendre.

Cisco Systems est aujourd'hui le plus grand constructeur de routeurs et de produits associés. Il organise un grand nombre de formations destinées à aider les administrateurs système et réseau débutants à maîtriser le système d'exploitation IOS (*Internetwork Operating System*), qui est la clé de voûte de leurs routeurs. De plus, leurs cours constituent une excellente initiation à la pratique de TCP/IP.

Les protocoles de passerelles externes : EGP et BGP

Vous devez parfois envoyer des paquets hors de l'entreprise. Cela signifie qu'ils doivent transiter sur Internet. Par souci d'efficacité, les routeurs utilisent BGP et EGP, des protocoles de passerelles externes, pour échanger des paquets entre AS. En d'autres termes, si vous ne routez que sur votre réseau privé, vous pouvez vous contenter de RIP et d'OSPF. Cependant, lorsque vous commencez à envoyer des données vers d'autres réseaux (par exemple, un extranet), vous avez besoin de BGP ou d'EGP.

BGP est une nouvelle version d'EGP, plus récente et plus performante grâce à sa flexibilité et à sa capacité de configuration. Il repose sur TCP pour s'assurer que les paquets ont été délivrés, autre exemple de l'extraordinaire capacité d'intégration et d'efficacité de la série de protocoles TCP/IP. Il dispose d'une table de routage optimisée, ce qui veut dire qu'il ne gaspillera pas la bande passante. Il détecte également la défaillance d'une route, ce qui, compte tenu de la taille des tables de routage d'Internet, tient plutôt de l'exploit.

Autre aspect à garder à l'esprit : plusieurs routeurs peuvent utiliser BGP à l'intérieur d'un seul réseau privé (ou AS), mais cela nécessite que ce réseau dispose également d'un routeur utilisant RIP ou OSPF. Si RIP ou OSPF ne sont pas présents dans le réseau, alors que plusieurs routeurs fonctionnent avec BGP, ces derniers commenceront à s'échanger des paquets, chacun espérant que l'autre les retransmettra vers un réseau externe. Cela crée une boucle infinie qui perturbe le système au point de l'arrêter. Une fois encore, une planification rigoureuse pourra permettre d'éviter ce type d'erreurs.

En résumé, le Tableau 5.1 présente les protocoles de routage de TCP/IP et les différentes fonctions des protocoles de passerelles internes et externes.

Tableau 5.1 • Les protocoles de routage

Type de protocole	Protocoles inclus dans cet en-tête	Explication	Notes
Les protocoles de routage utilisés pour router des paquets à l'intérieur de réseaux locaux	RIP	Permet aux paquets d'être routés un maximum de 16 fois.	Est encore utilisé, mais est surclassé par OSPF
	OSPF	Applique un algorithme à états de liens afin de déterminer la meilleure route du moment. Il n'est pas contraint à un nombre maximal de sauts en cours de routage.	
Les protocoles de passerelles mis en œuvre pour router des paquets vers des réseaux externes	EGP	Envoie les paquets vers des destinations hors du réseau local.	Est surclassé par BGP
	BGP	Envoie les paquets vers des destinations hors du réseau local.	

Le routage interdomaine sans classe ou CIDR (*Classless Inter-Domain Routing*)

Bien que la version actuelle d'IP (IPv4) puisse adresser plusieurs milliards de machines, ce n'est pas encore suffisant. De plus en plus, les entreprises réservent une classe B entière (65 536 adresses IP) ou une classe C entière (256 adresses IP), alors qu'elles ont besoin de beaucoup moins d'adresses réelles. Ce processus entraîne un épuisement rapide de ces adresses, même si elles ne sont pas effectivement affectées. De plus, la taille des tables de routage explose, ce qui signifie qu'Internet est de plus en plus lent.

À noter

Le Chapitre 3 a abordé les adresses de réseau et de broadcast des réseaux TCP/IP. Rappelez-vous que l'*adresse de réseau* est la partie de l'adresse qui identifie le réseau sur lequel se situe l'ordinateur, plutôt que l'adresse spécifique de la machine. Par exemple, 192.68.1.x est une adresse de réseau, dans laquelle *x* varie de 0 à 255. L'*adresse de broadcast* (diffusion) est celle qui doit être utilisée pour envoyer des messages à toutes les machines du réseau. Traditionnellement, l'adresse de broadcast est l'adresse du réseau local dont le nombre x est le plus élevé ; dans l'exemple précédent, 192.68.1.255 est l'adresse de broadcast.

Le **routage interdomaine sans classe** ou CIDR est une méthode permettant de contourner la limitation d'allocation des adresses IP. Il permet essentiellement de combiner plusieurs réseaux de classe C, circonvenant ainsi les méthodes d'allocations traditionnelles des classes A, B et C (16 millions, 65 536, ou 256 adresses de machines, et rien entre les deux). C'est pour cette raison qu'on l'appelle *sans classe*. Cette technique est souvent appelée *supernetting* car, plutôt que de découper un grand réseau en réseaux plus petits, elle fédère des réseaux plus petits en un grand réseau.

Les auteurs de la RFC 1519, qui décrit le routage CIDR, expliquent la raison pour laquelle ils ont inventé ce protocole : avec CIDR, une entreprise qui aurait réservé la totalité d'une classe B, et dont la plupart des adresses seraient inutilisées, devrait maintenant être capable de combiner autant de multiples des 256 adresses de classe C qu'elle en a besoin. En d'autres termes, CIDR permet de gérer les adresses IP plus efficacement qu'avec les allocations d'adresses fournies en standard par les classes A, B ou C.

Pourquoi cela est-il aussi important pour votre réseau ? Il y a trois raisons majeures :

- CIDR gère plus efficacement un pool d'adresses IP que l'allocation traditionnelle des classes A, B ou C. Les réseaux récents sont souvent connectés à Internet ; ils ont donc besoin d'adresses IP réelles. Si nous gérons le plus efficacement possible les adresses IP, nous serons capables plus longtemps d'ajouter de nouveaux réseaux à Internet.
- CIDR représente potentiellement une couche de complexité supplémentaire aux tables de routage. A mesure que CIDR se répand, votre réseau a besoin de routeurs de plus en plus rapides, car la taille des tables de routage explose rapidement.
- Si l'un de vos fournisseurs ou de vos clients utilise CIDR, votre système devra être capable de le supporter. Nous conseillons de vous y préparer à l'avance, en vous assurant que vos routeurs le prennent bien en charge (demandez au constructeur), de même que les autres protocoles de passerelles. En vous assurant que vos routeurs supportent bien CIDR, vous éviterez bien des soucis. En attendant qu'IPv6 (dont l'espace d'adressage tient sur 128 bits) soit largement répandu, CIDR est en train de devenir une pièce maîtresse du routage IP.

Authentification et cryptage

Maintenant, vous connaissez les grandes lignes des fonctions des routeurs. Que peuvent-ils faire d'autre ? Ils ont, entre autres fonctions, celle d'accroître la sécurité de votre WAN. S'il est accessible à de nombreux utilisateurs ou s'il passe par des liaisons téléphoniques à haut débit ou par Internet, votre WAN est la cible potentielle de *crackers* (une personne qui s'introduit illégalement sur des réseaux de données pour voler, endommager ou compromettre les données). Comment éviter cela ?

Vous pouvez commencer par utiliser les fonctionnalités intégrées dans vos routeurs. Un grand nombre de routeurs récents peuvent accroître la sécurité du réseau en filtrant des paquets. Bien qu'ils ne soient pas des pare-feu (*firewall*), c'est-à-dire des ordinateurs dédiés à la sécurité, ils peuvent effectuer une vérification minimale de l'origine des données (le processus d'*authentification*). Ils peuvent également crypter les données, de façon qu'elles ne soient pas lisibles sans la clé appropriée (processus de *cryptage*).

> ***À noter***
>
> En fait, l'authentification et la sécurité ne sont pas les fonctions premières d'un routeur. Ces tâches sont plutôt dévolues aux pare-feu. Mais de plus en plus de constructeurs de réseaux y incluent des fonctions de sécurité. Cisco dispose de firewall/routeurs utilisant IPSec, de même que Nortel et d'autres constructeurs de réseaux.

Authentification

L'authentification est simplement le processus consistant à s'assurer que les données sont issues de l'endroit d'où elles prétendent provenir. Revenons à notre image postale. Généralement, vous pensez que l'adresse de retour d'une enveloppe est correcte. Cependant, si l'adresse de retour de vos reçus de carte de paiement change soudainement et si ces reçus vous demandent d'envoyer vos paiements à une adresse différente, vous pouvez supposer que quelqu'un tente d'abuser de votre carte.

De la même façon, les pare-feu qui fonctionnent en tandem avec les routeurs peuvent déterminer si l'adresse source d'un paquet est bien celle qu'elle prétend être. Cette technologie n'est pas parfaite, mais elle se répand d'autant plus vite que des *spammeurs* (des personnes vous abreuvant de messages non souhaités) capturent quotidiennement des adresses Internet vers lesquelles ils envoient leurs e-mails. Si le paquet ne provient pas de l'adresse indiquée, les routeurs auront pour instruction de le rejeter et d'envoyer une alarme à l'administrateur.

Cryptage

Le cryptage consiste à rendre illisible un bloc de données en appliquant une technique qui permette de retrouver les données de départ. Voici une chaîne de caractères cryptée avec l'une des techniques les plus simples qu'on puisse imaginer :

```
~ Mf cpo spj Ebhpcfsu
```

Etonnant ? Pourtant, nous avons simplement écrit "Le bon roi Dagobert" en remplaçant chaque lettre par la suivante dans l'ordre alphabétique. Les cryptages des pare-feu et des routeurs sont identiques, mais évidemment plus complexes. Le texte en clair est lisible par un humain. Le texte chiffré (crypté) est le résultat de la transformation.

Astuce

Si vous vous apprêtez à crypter des données avant de les envoyer sur Internet, essayez un échange de données de type Diffie-Hellman. Dans ce système, deux *clés de cryptage* sont échangées ; le logiciel les utilise pour en créer une troisième, appelée *clé de session*, qui sert à crypter les données avant de les transmettre. Avec Diffie-Hellman, les vraies clés de cryptage ne sont jamais échangées sur le réseau, ce qui les rend plus difficiles à deviner.

À noter

La *cryptographie à clé publique* est fondée sur les grands nombres, en particulier sur la génération de grands nombres premiers. Tout ce que vous devez retenir, c'est qu'elle offre une grande sécurité.

La *clé de cryptage* est une série de lettres et de chiffres, utilisée pour crypter des messages. Son niveau de sécurité dépend de sa longueur. Par exemple, une clé de 40 bits peut être percée avec la puissance des ordinateurs d'aujourd'hui. Ce niveau de cryptage (souvent appelé "cryptage faible") peut être exporté des Etats-Unis en toute légalité. En revanche, une clé de 128 bits est nettement plus sûre (aujourd'hui, la cryptographie à 128 bits n'a pas encore été contournée), et ne peut pas être exportée depuis les Etats-Unis.

En théorie, la longueur de clé n'est pas limitée. Chaque bit supplémentaire double la difficulté de décryptage sans clé. Certains utilisent des clés sur 4 096 bits qu'il faudrait, en théorie, une vie entière pour décrypter. Mais un petit génie des maths pourra un jour trouver une solution astucieuse.

Dans la cryptographie à clé publique, toute personne qui envoie et reçoit des messages dispose de deux clés : une clé publique et une clé privée. Les clés publiques sont largement diffusées et tout le monde peut en avoir connaissance. Les clés privées sont, comme leur nom l'indique, confidentielles. Les messages cryptés avec la clé publique d'un utilisateur ne peuvent être décryptés qu'avec la clé privée de cet utilisateur, et *vice versa*.

Si Jacques veut envoyer un message à Paul, il crypte le message avant de l'envoyer en utilisant la clé publique de Paul (clé qu'il doit pouvoir aisément récupérer sur un serveur dédié). Lorsque Paul reçoit le message, il le décrypte au moyen de sa clé privée qu'il est le seul à connaître. Pour répondre à Jacques, Paul utilise la clé publique de Jacques.

Aujourd'hui, le cryptage et le décryptage ne font partie d'aucune norme. IPv6, la nouvelle génération du protocole Internet, disposera de fonctionnalités natives de cryptage et d'authentification, ce qui permettra de sécuriser plus facilement les données traversant Internet.

5.3 L'accès aux données à des vitesses élevées

Les WAN sont reliés les uns aux autres par des lignes téléphoniques à haut débit. Bien que la plupart des services téléphoniques numériques ne soient pas aussi rapides qu'un LAN, ils procurent une bande passante suffisante pour permettre aux utilisateurs d'accéder à leurs ressources avec des performances raisonnables. Les services de téléphonie numérique sont disponibles avec des vitesses, des services et des prix très différents. Les sections suivantes vont donneront l'occasion d'étudier certains d'entre eux.

- **La ligne téléphonique numérique.** Elle véhicule les signaux sonores convertis en données numériques. Ce type de ligne fonctionne mieux avec les ordinateurs, parce que ceux-ci manipulent également des données numériques. Elle est souvent utilisée pour les WAN, où les données doivent être transmises rapidement sur de grandes distances.
- **La ligne téléphonique analogique**. C'est une ligne qui retransmet le son de votre voix sous la forme d'une onde (comme une onde radio). C'est la plus courante (il y a de grandes chances pour que votre ligne téléphonique de domicile soit analogique). Pour transmettre des données sur une ligne téléphonique analogique, vous devez les convertir en sons, c'est pourquoi les modems (équipements transformant des données en sons) émettent des bruits stridents.

> ***À noter***
>
> Il existe des alternatives aux lignes téléphoniques terrestres. Certaines entreprises relient leurs réseaux au moyen de liaisons par satellite, encore coûteuses. Néanmoins, ce type de réseau s'étend rapidement, particulièrement dans les parties du monde où l'infrastructure de télécommunications est restreinte.

5.3.1 Les lignes interurbaines : T1 et T3

Les **lignes interurbaines** constituent l'épine dorsale des réseaux étendus à commutation de paquets. Avec des vitesses allant de 128 Kbit/s à 45 Mbit/s, elles couvrent une vaste gamme des besoins. Aux limites inférieures, elles permettent de relier tant bien que mal des LAN ou de leur ajouter des services Internet. Aux limites supérieures, elles ont suffisamment de bande passante pour qu'un utilisateur n'ait jamais conscience que l'ordinateur dont il s'est servi est situé à des milliers de kilomètres.

Les types de liaisons interurbaines

Datant des années 1960, les liaisons interurbaines sont les premiers systèmes téléphoniques numériques. La liaison T1, fonctionnant à 1,544 Mbit/s, est souvent utilisée pour interconnecter des WAN. La liaison T3, fonctionnant à 44,736 Mbit/s est destinée aux WAN des grandes entreprises et des fournisseurs de services Internet. Elles sont extrêmement chères et hors de portée de la plupart des réseaux.

Les liaisons interurbaines sont entièrement numériques. La T1 utilise quatre conducteurs et dispose de la capacité *full-duplex* (émission/réception simultanées). Son flux numérique est composé de 24 canaux de 64 Kbit/s. À l'origine, les liaisons T1 étaient réalisées en paires torsadées de fils de cuivre. Aujourd'hui, elles peuvent être constituées de câble coaxial, de fibre optique, de faisceaux hertziens ou d'autres supports. Il y a pléthore d'options, à tel point qu'il devient difficile de choisir. Les paragraphes suivants expliquent quelques options possibles.

Les utilisations possibles des liaisons interurbaines

Bien que les liaisons interurbaines soient des services téléphoniques numériques, toutes ne véhiculent pas des données. Une liaison T1, par exemple, peut supporter plus de 24 communications téléphoniques simultanées, ou 1,5 Mbit/s s'il s'agit de données. Une autre possibilité consiste à utiliser 12 canaux pour la voix et la bande passante restante (768 Kbit/s) pour les données ou encore à n'utiliser qu'un petit pourcentage de bande passante pour une liaison T1 partielle. On peut aussi l'utiliser pour véhiculer du RNIS ou Numéris (prédécesseur de l'ADSL en France).

Toutes ces possibilités sont proposées par votre opérateur téléphonique. La différence entre ces types de liaisons interurbaines réside plus dans l'usage qui en est fait que dans l'interface en vigueur. Tous les services mentionnés précédemment peuvent être véhiculés sur exactement le même type de liaison interurbaine. C'est pourquoi il est préférable de les connaître un peu mieux avant de commander des services téléphoniques numériques pour votre WAN.

La réservation des liaisons interurbaines

Lorsque vous achetez une liaison interurbaine chez votre opérateur téléphonique, celui-ci vous demande à quelles fins vous comptez l'employer ; en fonction de votre application, vous utiliserez cette liaison interurbaine pour de la voix, des données ou un mélange des deux. Avec des WAN de petite ou de moyenne taille, vous utiliserez une T1 partielle ou totale. Les WAN importants emploieront parfois des liaisons T3 partielles ou totales, qui peuvent véhiculer plus de 45 Mbit/s. Il y a de grandes chances pour que vous ne rencontriez jamais de liaison T3, à moins de disposer d'une connexion sur le centre de calcul d'une grande entreprise ou d'être fournisseur d'accès Internet ou opérateur de télécommunications.

Les lignes louées ou liaisons spécialisées

Les liaisons interurbaines sont souvent appelées **lignes louées** ou **liaisons spécialisées**. Lorsque vous achetez une T1 partielle ou totale à votre opérateur téléphonique local, vous avez ce qu'on appelle une ligne *point à point*, ce qui signifie qu'il s'agit d'un circuit ne reliant que deux points spécifiques. Ces deux points peuvent relier deux de vos bureaux, ou connecter l'un d'entre eux à un fournisseur d'accès Internet. Puisque ces lignes relient deux points appartenant à la même entité, elles s'appellent lignes louées.

Le relais de trames (*Frame Relay*)

Le relais de trames est l'une des technologies permettant de véhiculer des données sur des lignes téléphoniques numériques telles que les T1 ou les 56 K. Il est souvent utilisé pour se connecter à Internet ou pour interconnecter plusieurs sites. Il est facile à manipuler, mais son utilisation de la bande passante est moins efficace que pour une ligne spécialisée. Pourquoi ? En voici trois raisons :

- La vitesse de validation des informations **CIR** (*Committed Information Rate*), fournie par votre prestataire, mesure la performance la moins bonne possible de votre ligne à relais de trames. Typiquement, c'est la moitié de la bande passante de la ligne. En d'autres termes, si vous achetez une ligne en Frame Relay à 128 Kbit/s, sa CIR sera de 64 Kbit/s.
- Vos ordinateurs doivent transformer en paquets les données qu'ils transmettent sur votre réseau local. Le routeur doit alors les rempaqueter dans un format particulier appelé trame, seul format compris par ces lignes.
- Les trames, de même que les paquets de données empruntant un LAN, disposent d'une adresse source et d'une adresse de destination, de sommes de contrôle et de l'ensemble des fonctionnalités d'un paquet. Cela signifie que le relais de trames met effectivement des paquets dans des paquets et les envoie. Ce processus équivaut à placer une enveloppe correctement rédigée dans une enveloppe plus grande, dès lors qu'elle quitte la ville. Manifestement, cela fait perdre du temps : le poids de l'enveloppe externe (paquet) alourdit le paquet en même temps que son coût. De même, les données supplémentaires de chaque trame (utilisées pour marquer et contrôler les données) réduisent d'autant le volume des données utiles transmises.

La signalisation en bande de base

L'alternative à l'inefficacité des relais de trames se nomme *signalisation en bande de base* (CCS, *Clear Channel Signaling* ou encore *Common Channel Signaling*). Cette procédure signifie que la signalisation emprunte un autre canal que les données, ce qui permet une plus grande efficacité. Votre opérateur téléphonique n'a pas besoin d'empaqueter à nouveau vos données avant de les transmettre. Ainsi, le débit est supérieur en dépit d'un coût élevé. Attendez-vous à payer une fois et demie le prix d'une liaison à relais de trames.

La vitesse des liaisons interurbaines

La grande majorité des liaisons interurbaines vendues sont des lignes T1 partielles ou complètes. Le Tableau 5.2 liste les vitesses les plus courantes pour des T1 (de 1,544 Mbit/s à 128 Kbit/s).

Tableau 5.2 • Les vitesses des liaisons T1

T1 complète	T1 partielle
1,544 Mbit/s	128 Kbit/s
	256 Kbit/s
	384 Kbit/s
	512 Kbit/s
	768 Kbit/s
	896 Kbit/s
	1,024 Mbit/s
	1,152 Mbit/s
	1,280 Mbit/s
	1,408 Mbit/s

Cette liste est incomplète. Il s'agit cependant des vitesses les plus courantes. Rappelez-vous qu'une liaison T1 dispose de 24 canaux. Lorsque vous en achèterez une, vous serez capable de faire de *l'agrégation de canaux*, augmentant ainsi la vitesse de votre ligne par incréments de 64 Kbit/s.

Les liaisons T1 offrent donc une grande flexibilité. Elles ne sont pas chères (certains opérateurs de télécommunications louent la totalité d'une liaison T1 pour environ 3 000 euros par mois) et sont intéressantes dès lors qu'il s'agit de mettre en place un WAN.

À noter

Les opérateurs de télécommunications adoptent des méthodes déconcertantes pour calculer le prix des liaisons téléphoniques numériques, qui d'ailleurs varient beaucoup de l'un à l'autre. Avant d'acheter, n'hésitez pas à faire jouer la concurrence. Plus important encore que le nom de l'opérateur, préoccupez-vous de la vitesse de validation des données (CIR) et de la fiabilité de l'opérateur.

5.3.2 Les lignes xDSL (*Digital Subscriber Lines*)

La dernière-née du marché des offres numériques est la DSL (*Digital Subscriber Line*) qui est au moins aussi rapide qu'une liaison T1 mais qui, contrairement à celle-ci, se contente d'une ligne téléphonique ordinaire. Aujourd'hui, les services DSL sont encore très chers et l'expertise des opérateurs de télécommunications en la matière est assez sommaire. Ils ont cependant réussi à concurrencer le câble et ont rendu la DSL abordable et disponible. De nos jours, un particulier peut disposer d'une liaison ADSL (*Asymmetric Digital Subscriber Line*) à haut débit pour moins de 30 euros par mois. C'est la solution idéale pour se connecter à Internet.

Les avantages de la DSL

Les services DSL sont très attrayants, à condition de n'être pas trop éloigné du central téléphonique pour pouvoir en jouir. Ils peuvent transporter beaucoup de données à de très grandes vitesses et leur prix chute de façon drastique, afin de les rendre plus attractifs. Autre distinction de taille : les services DSL utilisent la même *paire torsadée en cuivre* que le téléphone analogique de base. Cela signifie que l'installation de la DSL coûtera beaucoup moins cher que les services ISDN ou T1.

Les inconvénients de la DSL

En dépit de ses avantages, la DSL présente un inconvénient majeur. La distance maximale de ses circuits est limitée à six kilomètres. En d'autres termes, si la distance séparant votre bureau du central téléphonique le plus proche dépasse six kilomètres, vous ne pourrez pas bénéficier de la DSL. Ce n'est pas un problème pour les constructeurs d'un WAN métropolitain, qui seront probablement situés à moins de six kilomètres du central téléphonique ; pour les réseaux téléphoniques ruraux, le problème est réel.

Les configurations de la DSL

La DSL est déclinée en plusieurs configurations :

- **L'ADSL.** Elle est souvent utilisée pour l'accès à Internet parce que le flot de données entrant sur le réseau est plus rapide que celui qui en sort. Un grand nombre de clients particuliers utilisent cette fonctionnalité, puisqu'ils font plus de réception (téléchargements) que d'émission. Cette solution asymétrique est en revanche moins intéressante pour les réseaux WAN, car le volume de données venant du reste du réseau est souvent plus important que celui des données émises.
- **L'HDSL** (*High-speed Digital Subscriber Lines*). Plus adpatée pour les WAN que l'ADSL, elle transmet les données de façon symétrique, à des vitesses comparables à celles de liaisons T1 (1,544 Mbit/s) sur des distances de cinq kilomètres maximum. Les opérateurs de télécommunications utilisent depuis longtemps des lignes HDSL pour constituer des liaisons T1, parce qu'elles peuvent être installées beaucoup plus rapidement que les liaisons T1 ou T3.

- **La RADSL** (*Rate Adaptive DSL*) . Elle convient parfaitement aux WAN plus étendus, car elle peut adapter sa vitesse aux caractéristiques de la ligne. Elle peut fonctionner plus loin des centraux téléphoniques mais, au-delà de six kilomètres, commence à générer des problèmes.
- **La VDSL** (*Very high bit-rate Digital Subscriber Line*). C'est la plus rapide de la famille. Ses lignes ne dépassent pas trois kilomètres, mais peuvent fonctionner à 10 Mbit/s ou plus. Si vous devez mettre en place un réseau de campus, ce sera une excellente solution, encore très onéreuse, mais malgré tout moins qu'une liaison T3 partielle. Elle ne sera plus utilisée très longtemps, car l'amélioration de la technologie des fibres optiques et des WAN la rendront obsolète.

5.3.3 Les garanties de disponibilité et de qualité de services

Lorsque vous demandez l'installation de lignes numériques, vérifiez que vous avez bien tout formalisé par écrit notamment en contresignant un contrat de qualité de service SLA (*Service Level Agreement*) ou une garantie QoS (*Quality of Service*). Ce sont des éléments formels indispensables pour garantir la disponibilité du réseau WAN et limiter les temps d'arrêt.

En tant que bâtisseur de réseaux, vous en serez naturellement responsable, même si vous ne pouvez pas contrôler les services numériques qui interconnectent votre WAN.

Etant donné la propension des opérateurs de télécommunications à déconnecter accidentellement les lignes, il est bon de prévoir dans le contrat SLA une clause vous garantissant un pourcentage de temps de fonctionnement. Ce contrat s'appelle un engagement de disponibilité. Il vous permet de contester la facture au cas où la disponibilité du service serait insuffisante, ce qui ne peut qu'inciter l'opérateur à l'améliorer.

Les contrats de qualité de service QoS vous garantissent que le débit sera à la hauteur de l'abonnement souscrit. Par exemple, si vous payez pour une liaison T1 partielle à 128 Kbit/s avec un CIR de 64 Kbit/s, assurez-vous que la vitesse la plus basse ne descendra pas au-dessous. Si cela se produit, des pénalités peuvent frapper votre opérateur local.

Ces contrats vous procurent le moyen de faire pression pour que votre WAN soit opérationnel le plus souvent possible, ce qui vous évitera les récriminations des utilisateurs.

5.4 Internet peut-il vous aider à construire un WAN ?

Les coûts élevés des services téléphoniques numériques font que la construction d'un réseau disposant de beaucoup de sites distants peut devenir très rapidement onéreuse. Une partie de cette dépense est incontournable : pour relier des réseaux de façon fiable, les services téléphoniques numériques sont indispensables. Cependant, il existe des coûts induits par le développement d'un WAN privé, tels les salaires d'un ou de plusieurs administrateurs réseau et le coût inhérent à sa gestion.

Un des moyens de réduire les coûts d'administration consiste à externaliser, c'est-à-dire à confier le WAN à quelqu'un qui s'en chargera pour vous. Au départ, les entreprises qui acceptaient cette prise en charge étaient des intégrateurs de systèmes et de réseaux. Il s'agissait, bien souvent, de grands groupes de consultants essayant de faire de l'administration du WAN une nouvelle source de revenus. Ces entreprises fonctionnaient en *consulting* et la facture s'en ressentait. Les coûts entraînés par l'appel à un spécialiste étaient mal rentabilisés parce que les consultants facturaient (et facturent toujours) souvent à l'heure.

Cependant, à mesure qu'Internet a grandi, des fournisseurs d'accès Internet (FAI) se sont impliqués dans la gestion de services WAN. Leur mode de facturation diffère de celui des consultants. Les services vendus sont des services de connexion plutôt que d'expertise. Ils sont capables d'absorber une majeure partie des coûts d'intégration de la téléphonie numérique et de la technologie des WAN, choisissant plutôt de faire de l'argent avec le service de réseau fourni. Des deux modèles, le service de consultants est certainement le plus lucratif, mais le moins pérenne. Le service offert par les FAI est celui qui survivra car il obéit aux mêmes règles économiques que les opérateurs téléphoniques de facturation selon le service rendu et ils permettent une intégration peu coûteuse.

Dans tous les cas, les FAI disposent d'un autre atout, dans la mesure où ils ne sont rien d'autre que des réseaux dont le routage est assuré par des ordinateurs. Grâce à cette structure, ils offrent à leurs clients des WAN relativement fiables. Comment y parviennent-ils ? Ils disposent d'une bonne expertise réseau et leur infrastructure, déjà en place, ne fait qu'indiquer des chemins entre un point A et un point B, et réciproquement. S'ils paramètrent leurs routeurs pour que les paquets provenant de certains réseaux n'aillent que sur certains autres réseaux, ils se servent d'Internet comme support et mettent en place un WAN appelé *réseau privé virtuel* (VPN, *Virtual Private Network*). Un VPN remplit le même rôle qu'une liaison téléphonique spécialisée mais, en général, coûte moins cher et demande moins de maintenance de la part de l'utilisateur final. Tant que le fournisseur d'accès Internet fait son travail, le coût du maintien des liaisons en état de fonctionnement devra être compris dans votre facture mensuelle.

Les VPN souffrent malgré tout de quelques inconvénients. Tout d'abord, ils utilisent Internet pour véhiculer tout ou partie des données. Et, manifestement, tel qu'il est aujourd'hui, Internet n'est pas un endroit très sûr. Il existe beaucoup de moyens de capturer des données, pour peu qu'on sache s'y prendre. Si quelqu'un capture du trafic contenant votre numéro de carte de crédit non crypté ou d'autres informations confidentielles, vous allez au-devant d'ennuis. Si vous envisagez de mettre en place un VPN, consacrez beaucoup de temps à le sécuriser. Les VPN sont un excellent compromis entre prix et fonctionnalités, mais ils doivent être mis en place correctement. En toute connaissance de cause, vous pouvez utiliser efficacement la puissance d'Internet pour vos besoins, ce qui n'est pas sans intérêt.

5.5 Qui a vraiment besoin d'un WAN ?

Les WAN sont généralement réservés aux grandes entreprises et aux grandes organisations qui souhaitent établir une présence significative dans le monde entier. Ils sont chers mais, s'ils sont conçus et configurés correctement, leurs avantages sont tels qu'ils compensent largement leurs coûts. Si les données situées sur un serveur sont utiles pour vous aider à mieux satisfaire les clients, et donc à les fidéliser, le WAN aura rempli son office. S'il peut être organisé pour devenir proactif, par exemple en assurant le suivi des colis des clients ou en gérant les horaires de vol d'un aéroport, cela devient un réseau à valeur ajoutée VAN (*Value-Added Network*), puisque ce sont dans ce cas les services fournis par le réseau lui-même qui sont achetés par les clients.

6

Les réseaux à distance

Au sommaire de ce chapitre

- Bref historique de l'accès à distance
- Les outils nécessaires à l'accès à distance
- Authentification et sécurité
- Accès à distance *via* Internet
- Construire ou acheter une solution d'accès à distance ?

Les méthodes opérationnelles des entreprises évoluent sans cesse, mais il reste vrai que de nombreuses tâches sont effectuées pendant que les salariés sont en déplacement. Le nombre de salariés qui ont besoin d'accéder au réseau de leur entreprise ne cesse de croître, d'autant qu'une nouvelle catégorie d'employés apparaît : les télétravailleurs.

L'accès réseau à distance utilise plusieurs méthodes de connexion, à commencer par le modem classique, remis au goût du jour par les téléphones portables GSM et GPRS, à la connexion haut débit par réseau sans fil WiFi, sans oublier les possibilités des réseaux privés virtuels VPN. Nous allons voir toutes ces approches dans ce chapitre.

6.1 Bref historique de l'accès à distance

Avant le boom d'Internet, les utilisateurs qui avaient besoin d'un accès distant à leurs ressources de réseau n'avaient pas beaucoup de choix.

6.1.1 Le contrôle à distance

Telnet fut le premier programme Unix d'accès à distance. Il constituait la réponse au besoin des utilisateurs d'Unix de se connecter à leur système même lorsqu'ils n'étaient pas directement derrière leurs consoles en mode texte. Telnet est un programme d'origine Unix – aujourd'hui sur d'autres systèmes d'exploitation – qui offre la possibilité à un utilisateur d'ouvrir une session en ligne de commande au travers d'un réseau. Dans une session Telnet, tout ce que les utilisateurs perçoivent, c'est quelques caractères remplissant l'écran, alors que tous les autres processus sont exécutés sur le système distant. Du point de vue de l'utilisateur, il n'y a aucune différence entre une session Telnet sur un ordinateur localisé à des milliers de kilomètres et une session directe sur une machine Unix locale.

Les premières solutions de contrôle d'accès à distance se sont inspirées de Telnet. Des raisons historiques ont fait apparaître très tôt le besoin de contrôler une machine à distance : les premiers micro- ordinateurs n'étaient vraiment pas assez puissants pour permettre un traitement local un tant soit peu sophistiqué. Par conséquent, dans les premiers temps du PC, lorsque les utilisateurs avaient besoin de se connecter à distance, un administrateur devait installer sur leurs ordinateurs des *logiciels de contrôle à distance*, tels que *pcAnywhere* de Symantec, *ReachOut* de Stac, ou *Laplink* de Traveling Software. Pour cela, il devait se présenter physiquement chez eux, chargé des disquettes de programmes qu'il copiait à la fois sur leurs stations de travail et sur leurs portables. Il devait ensuite leur apprendre à placer leur station de travail en mode d'attente d'appel provenant de l'extérieur, à partir du portable. Lorsque l'utilisateur voulait lire son e-mail ou consulter un agenda, il devait se connecter à distance sur sa station de travail. L'écran de celle-ci apparaissait sur le portable et il pouvait enfin lire (lentement) son e-mail ou travailler avec d'autres applications. La session terminée, l'utilisateur déconnectait le modem du portable.

Le contrôle à distance était par ailleurs indispensable avec des applications qui dépendaient d'un serveur pour fonctionner – ces applications devaient être lancées au travers d'un réseau ; même si les ordinateurs distants étaient connectés *via* des modems, la bande passante d'une ligne téléphonique était insuffisante pour assurer leur fonctionnement. Ainsi, dans les premiers temps de l'accès à distance, les utilisateurs se contentaient de récupérer l'écran de leur station de travail sur celui de leur portable. Ils ne pouvaient pas sauvegarder les données de leur session distante sur les disques durs de leurs portables ; dès lors, ils ne pouvaient pas réellement travailler sans être connectés à leur réseau. Ce modèle était inefficace mais, à cette époque, c'était le seul disponible.

Les applications de contrôle à distance sont encore utilisées pour certaines applications dans lesquelles le *déport de l'affichage* est plus efficace que l'envoi de données sur un réseau téléphonique. Par exemple, une entreprise qui dispose d'une grosse base de données ne veut pas que les utilisateurs tentent de lancer des rapports et des requêtes sur une ligne téléphonique utilisée en guise de réseau ; ce serait trop lent. Aussi lancent-ils ces requêtes directement sur le serveur, le portable ne faisant qu'afficher les résultats. Ce n'est pas une solution parfaite, mais pour certaines applications gourmandes en ressources, le contrôle à distance est plus efficace que son concurrent, le *nœud à distance*.

Au cours des dernières années, Microsoft, Citrix et Sun ont donné une nouvelle jeunesse au concept de contrôle à distance, avec l'introduction de réseaux basés sur des terminaux distants. Dans *Terminal Server* de Microsoft et *Winframe* de Citrix, les applications Windows sont exécutées sur un serveur central et, seul le déport d'écran (une image bitmap) est transmis sur le réseau. Dans le modèle de Sun, il en va de même, sauf que les applications sont distribuées, c'est-à-dire qu'elles sont conçues pour qu'une partie de l'application s'exécute sur le serveur et qu'une autre partie le soit sur la machine cliente.

Ce modèle présente certains avantages. Si votre réseau comprend une grande proportion de travailleurs itinérants, les serveurs de terminaux utilisant des applications distribuées dans un contexte de contrôle à distance ont un sens, dans la mesure où les paramètres de session de l'utilisateur peuvent être transportés en fonction de son déplacement d'un poste à un autre.

Il existe *un* domaine pour lequel le contrôle à distance s'est imposé : c'est l'administration système. Certaines organisations ont décidé de ne pas fournir de support téléphonique à leurs utilisateurs, préférant installer un agent d'administration à distance sur le PC de chaque utilisateur. Lorsque l'agent est en place, dès qu'un utilisateur signale un problème, l'administrateur prend temporairement le contrôle de la machine au travers du réseau, par le biais de l'agent. Notez que, la plupart du temps, le contrôle d'accès à distance par un modem est trop lent et qu'il est plutôt utilisé sur un réseau Ethernet ou Token Ring, dont la vitesse est d'au moins 10 Mbit/s. L'administrateur voit l'écran de l'utilisateur, avec lequel il peut interagir soit comme formateur, soit pour diagnostiquer (et corriger) les problèmes. Cela réduit de façon significative le coût d'administration puisque l'administrateur n'est obligé d'intervenir directement sur la machine de l'utilisateur que si celle-ci est tellement endommagée qu'elle n'est pas capable de lancer l'agent de contrôle à distance. Microsoft, IBM, HP et bien d'autres disposent d'excellents outils de ce type.

Cependant, dans le cas où les utilisateurs ont besoin d'importantes ressources de stockage locales et de traitement, ce modèle n'est pas applicable, d'où l'autre possibilité : le nœud à distance.

6.1.2 Le nœud à distance

Au cours de ces dernières années, une multitude de facteurs ont favorisé la connexion à distance d'un plus grand nombre de machines, au détriment du contrôle à distance de celles-ci. Ces facteurs sont :

- un accroissement de la puissance de calcul des ordinateurs portables ;
- la croissance exponentielle de l'utilisation d'Internet ;
- l'accroissement du nombre de lignes téléphoniques analogiques de qualité suffisante et des logiciels d'accès réseau client (contrairement au contrôle distant) dignes de ce nom ;
- la multiplication des liaisons à haut débit fournies par les modems câble et ADSL ;
- l'accroissement du nombre d'implémentations de TCP/IP conçues pour fonctionner sur des lignes téléphoniques ;
- l'introduction de la sécurité IP (IPSec) et des implémentations permettant au VPN d'utiliser Internet comme média.

Ces modifications du paysage informatique et réseau ont consacré la suprématie des réseaux de type nœud à distance. Dans un **nœud à distance**, le portable utilise certains protocoles standard d'Internet pour se connecter à un réseau ; cela s'effectue *via* une ligne téléphonique, par Internet au travers de modems rapides câble ou xDSL et *via* les réseaux sans fil. Une fois connecté, l'ordinateur distant devient un client du réseau comme n'importe quel autre.

À noter

IPSec signifie *IP Security.* C'est une suite de services et de protocoles de protection des données fondée sur des méthodes de cryptage servant à empêcher les accès parasites à des réseaux internes. Elle sert aussi à sécuriser les accès distants et les connexions à un réseau VPN.

À noter

En réalité, ce qui vient d'être affirmé n'est pas tout à fait exact pour les lignes téléphoniques analogiques, les réseaux sans fil et les autres connexions à faible bande passante. Elles utiliseront les mêmes protocoles que les réseaux plus rapides, mais auront tendance à fonctionner beaucoup plus lentement, ce qui limite le nombre de services qu'il est réaliste de leur consacrer. Par exemple, un client réseau situé sur un LAN dispose d'une bande passante d'au moins 10 Mbit/s, mais les connexions distantes utilisent habituellement une bande passante allant de 9 600 bits/s à 33,6 Kbit/s.

Le nœud à distance est très important, car il permet une grande diversité de modèles de connexion à distance. C'est avant tout le modèle qui change. Dans le contrôle à distance, vous disposez d'un terminal graphique (qui se contente d'afficher l'écran distant) alors qu'avec le nœud à distance, votre ordinateur fait partie du réseau. Cela signifie que, malgré la différence de vitesse, l'utilisateur continue à bénéficier de possibilités telles que composer un e-mail et organiser un rendez-vous *via* l'agenda hors connexion, et peut ne les envoyer que lors de la prochaine connexion.

Faire partie du réseau comprend d'autres avantages. Puisqu'un ordinateur connecté à un nœud à distance fait partie du réseau, il peut en utiliser les services standard, tels que Telnet, FTP, ping et (de loin le plus important) le courrier électronique (POP3 et SMTP) ainsi que le Web (http).

À noter

Si vous avez déjà effectué une connexion à la demande sur Internet, vous avez lancé une session sur un nœud à distance. Les protocoles utilisés pour les accès à Internet sont les mêmes que ceux pour l'accès au nœud à distance.

L'importance du mode de connexion à distance est liée à ce qu'il peut faire hors connexion. Parce que la connexion sur une ligne téléphonique simule la connexion au réseau local, l'utilisateur a simplement un accès plus lent à ses ressources habituelles. De fait, cela ne constitue pas une grande amélioration par rapport au contrôle à distance.

Cependant, dans une connexion sur un nœud à distance, le logiciel client se situe sur le disque dur du portable. L'application n'est pas téléchargée depuis le nœud à distance ; seules les données telles que le courrier ou les pages Web sont transférées sur le réseau.

Puisque les données sont transmises sur le réseau téléphonique, exactement comme s'il s'agissait d'une connexion locale, l'utilisateur peut les sauvegarder *en local*. Pourquoi est-ce si important ? Parce que si un utilisateur a besoin d'un fichier, il n'a qu'à composer un numéro de téléphone, aller sur le disque réseau et copier par FTP le fichier sur son disque local. Lorsqu'il aura terminé de copier les fichiers, il pourra se déconnecter du réseau et continuer à travailler sur la copie présente sur le disque dur de son portable. Cela est suffisant en soi pour justifier l'accès au nœud à distance, mais on peut imaginer encore mieux : les logiciels d'e-mail et de gestion de planning permettent à un utilisateur distant de composer des e-mails, de remplir des agendas, alors qu'il n'est pas connecté au réseau.

Lors de la prochaine connexion, cet utilisateur enverra l'e-mail et l'agenda qu'il a préparés sur le disque dur de son portable, récupérera son courrier, puis il pourra se déconnecter et le lire hors connexion.

Pour la plupart des applications, le nœud à distance est nettement préférable au contrôle à distance. Et c'est tant mieux, parce qu'il est *vraiment* du réseau à distance. Les connexions du type nœud à distance sont fondées sur les normes Internet, ce qui permet à votre portable de se connecter sur n'importe quel serveur utilisant le même groupe de protocoles Internet standard.

6.2 Les outils nécessaires à l'accès à distance

Contrairement aux LAN, qui ont besoin de câbles spéciaux et d'autres équipements, le réseau à distance est remarquablement simple. Dans l'absolu, vous n'avez besoin que de deux ordinateurs, de deux modems, d'une ligne téléphonique analogique et de logiciels standard.

Tant que les ordinateurs situés aux deux extrémités d'une connexion par modem peuvent partager des fichiers, le type d'ordinateur importe peu. La seule chose qui compte est qu'il y ait un ordinateur prêt à dialoguer à chaque extrémité.

Nous n'avons encore pas présenté les équipements qui permettent ces connexions. Les sections suivantes vont vous familiariser avec les **modems**.

6.2.1 Les modems

Modem signifie *MOdulateur-DEModulateur.* Un modem transforme les données émises sur le port série d'un ordinateur en sons, c'est-à-dire en données analogiques qui peuvent être véhiculées sur une ligne téléphonique. À l'autre extrémité de la connexion, un second modem retraduit les sons en données numériques que l'ordinateur peut interpréter (voir Figure 6.1).

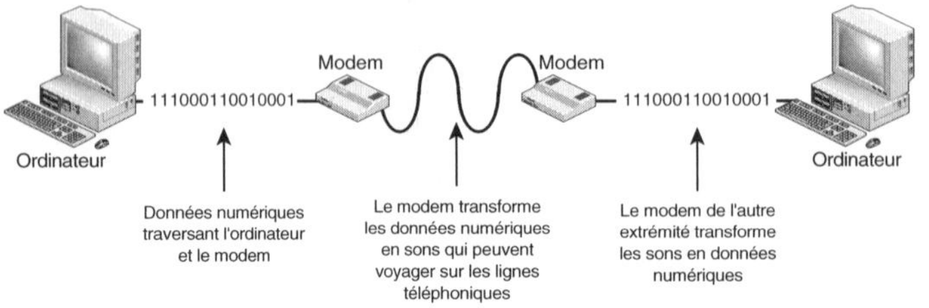

Figure 6.1 • Un modem se connecte à un ordinateur et transforme les données numériques en données analogiques.

Pourquoi encore utiliser un modem ? Pourquoi ne pas basculer vers le tout-numérique ?

Bien que l'on puisse penser que les lignes téléphoniques numériques sont plus performantes, les modems sont encore nécessaires à la grande majorité des utilisateurs ayant besoin d'accéder à des réseaux. La plupart des installations téléphoniques sont constituées d'une paire de fils en cuivre, conçue pour transporter des signaux analogiques. En fait, les fils de téléphone qui arrivent à votre domicile ont plus de points communs avec les fils de vos enceintes acoustiques qu'avec une liaison T1 ou un LAN. Ainsi, nous sommes dépendants de modems, au moins jusqu'à ce que les opérateurs téléphoniques installent partout des lignes numériques, ce qui n'est pas encore pour demain dans les zones rurales.

À noter

Les modems ont été inventés pour réduire le besoin de lignes téléphoniques numériques onéreuses. À l'origine, ils fonctionnaient, dans le meilleur des cas, à 300 bit/s – à cette vitesse, il fallait plusieurs minutes pour qu'une page s'affiche à l'écran – et se sont progressivement améliorés pour atteindre aujourd'hui les 53 Kbit/s de façon asymétrique : c'est-à-dire 53 Kbit/s en réception (téléchargement), mais seulement 33,6 Kbit/s en émission (télédéchargement). Les modems ne sont pas des équipements très efficaces parce qu'une partie non négligeable des données qu'ils émettent est dédiée à la capture et à la correction des erreurs de transmission. Néanmoins, ils sont la façon la plus courante de relier un utilisateur distant à un réseau.

Lorsqu'il utilise un modem, l'utilisateur doit faire quelques efforts pour établir une connexion. Il lui faut d'abord composer un numéro spécial pour entrer en dialogue avec le modem du côté du réseau d'entreprise, car il n'existe pas de connexion automatique en cas d'accès à une ressource non disponible localement.

De plus, les modems sont sensibles à la qualité électrique de la ligne téléphonique utilisée. Si une ligne a été tirée avec des fils de cuivre de qualité moyenne, le débit sera affligeant (mais c'est déjà formidable de réussir à se connecter). Et les lignes ne sont pas mauvaises qu'au bout du monde, parce que les opérateurs téléphoniques subissent la pression de la concurrence et de la rentabilité.

Astuce

Lorsque vous souffrez d'une mauvaise connexion modem (en termes de débit), déconnectez-vous puis reconnectez-vous. Cela peut suffire à obtenir une meilleure connexion.

Les modems se vendent d'abord en tant qu'équipements indépendants (modem externe). Si le nombre d'utilisateurs est important, il est plus économique d'acquérir des boîtiers spécifiques appelés **racks de modems** (nous en reparlons plus loin). Quoi qu'il en soit, les modems représentent une solution techniquement acceptable et peu coûteuse pour les utilisateurs à distance.

6.2.2 Les protocoles

Une fois que le matériel est en place, il est temps de choisir le protocole à appliquer pour relier les utilisateurs distants au réseau. Dans la majorité des cas, il s'agira de la série de protocoles TCP/IP, c'est-à-dire ceux qui sont spécialisés pour les liaisons séries, **PPP** (*Point-to-Point Protocol*) et **SLIP** (*Serial Line Internet Protocol*).

À noter

Revenez au Chapitre 3 pour un rappel des protocoles réseau.

PPP

De tous les protocoles permettant de contrôler et de transférer des données sur des lignes téléphoniques, PPP est de loin le plus populaire. Il a été développé pour permettre à des ordinateurs ne disposant pas de cartes réseau de se connecter néanmoins à un réseau, grâce à un modem ou à un adaptateur de terminal ISDN. C'est une norme d'Internet, qui dispose de certaines fonctionnalités constantes quel que soit le système. PPP a besoin de connaître certains paramètres :

- Le numéro de téléphone du système sur lequel il se connecte.
- Une adresse DNS (*Domain Name Server*). Les services du DNS sont très importants pour les réseaux, car les serveurs DNS établissent une table de correspondance entre les noms de machines (tels que foo.bar.com) et leur adresse IP (telle que 192.168.207.124).

- Les adresses IP peuvent être assignées dynamiquement grâce à un serveur utilisant DHCP (*Dynamic Host Configuration Protocol*), un autre protocole de la famille TCP/IP. DHCP convient lorsque vous disposez d'une plage d'adresses IP, par exemple de l'adresse 192.168.1.1 à 192.168.1.254 (c'est-à-dire 255 adresses), et d'un grand nombre d'utilisateurs, par exemple 1 000 utilisateurs pour ces 255 adresses. Il permet à des adresses IP d'être assignées en fonction de la demande. Lorsqu'elles sont libérées, elles retournent dans un pool commun d'adresses, à partir duquel elles seront réassignées à la demande.
- Si l'ordinateur doit être relié à Internet, il a besoin d'une *passerelle par défaut* (l'adresse IP d'un routeur ou d'une passerelle connectée à Internet). Dans beaucoup d'implémentations de PPP, vous pouvez demander à l'ordinateur appelant de récupérer cette information à partir du serveur appelé.

Une fois que ces paramètres sont en place, il est temps de se connecter (chaque système d'exploitation a des procédures de paramétrage légèrement différentes). Ces procédures sont intégrées dans L'accès réseau à distance de Windows 2000 ou XP.

En fonction du logiciel en vigueur, votre ordinateur vous demandera votre identifiant d'utilisateur et votre mot de passe. Une fois que vous les avez saisis, le système vous authentifie et commute en accès PPP. À partir de cet instant, vous pouvez accéder au réseau à distance au travers de TCP/IP.

À noter

En tant que protocole d'accès à distance, PPP offre une grande richesse fonctionnelle. Il peut prendre en charge plusieurs protocoles (TCP/IP, IPX et NetBEUI) simultanément et appliquer de nombreuses méthodes d'authentification, y compris le système Kerberos, dans lequel les mots de passe ne circulent jamais sur le réseau. Vous trouverez plus d'informations sur l'authentification et la sécurité dans le Chapitres 16.

PPP est remarquablement fiable, en tant que protocole d'accès à distance. Si la ligne est correcte, PPP ne rompt pas spontanément la connexion, à moins qu'elle demeure inactive pendant un certain temps. C'est une solution élégante et très efficace pour réduire un problème frustrant (voir Figure 6.2).

SLIP

SLIP est l'ancêtre de PPP. Il a besoin qu'on lui spécifie plus de paramètres que PPP, alors qu'il garantit moins la connexion. Il doit négocier la taille maximale des paquets aux deux extrémités avant même de commencer à transmettre les données de l'utilisateur.

SLIP est obsolète. Cependant, on peut encore le rencontrer sur d'anciens systèmes, notamment Unix. Si vous avez l'occasion de le mettre à jour en PPP, n'hésitez pas : PPP est plus rapide et plus efficace.

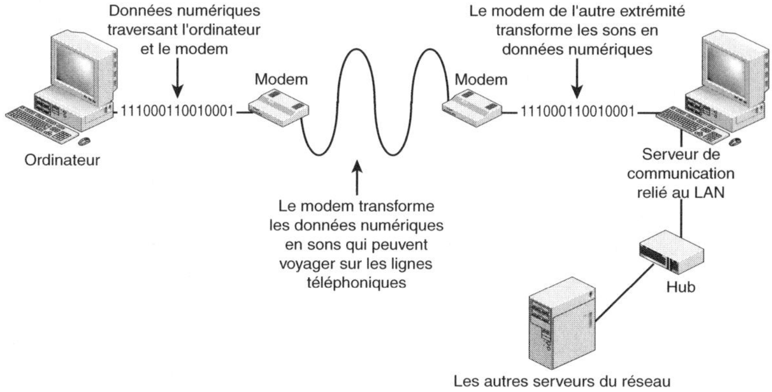

Figure 6.2 • Une connexion à distance exploitant PPP.

6.3 Authentification et sécurité

Un modem en attente d'un appel est une porte ouverte au piratage. Si aucune sécurité n'est en place, le serveur ne peut pas vérifier que les utilisateurs qui se connectent sont bien ceux qu'ils prétendent être. En matière de sécurité, même des mots de passe simples valent mieux que rien du tout.

Cependant, les mots de passe seuls ne garantissent pas que tous les utilisateurs connectés ont bien le doit d'accéder au réseau interne. En effet, les mots de passe circulent souvent en clair (c'est-à-dire sans avoir été cryptés) sur une connexion PPP ; dès lors, tout utilisateur épiant une connexion réussie pourra capturer l'identifiant et le mot de passe de l'utilisateur, et s'en servir lors d'une prochaine connexion. Bien que cette situation ne soit pas aussi courante qu'il y paraît, elle illustre bien la vulnérabilité potentielle du réseau.

Pour améliorer la sécurité, vous pouvez prendre les mesures suivantes :

- Assurez-vous que le système garde bien une trace de tous les appels entrants et de toutes les tentatives de connexion. Cela vous aidera à identifier les utilisateurs locaux qui essaient de deviner des mots de passe.
- Limitez les tentatives de connexion à trois ou moins, et verrouillez tout utilisateur qui n'envoie pas de mot de passe correct après trois tentatives de connexion.
- Utilisez des *jetons d'accès* (de petites calculettes qui génèrent des nombres qui changent constamment) en plus des identifiants et mots de passe de l'utilisateur. Ils sont particulièrement difficiles à pirater, parce que toute personne se connectant devra posséder le jeton d'accès d'un utilisateur connu et autorisé, en plus de son identifiant et de son mot de passe.
- Modifiez les paramètres de PPP afin qu'il utilise une connexion sécurisée. De nouveaux protocoles de sécurité tels que CHAP (*Challenge Handshake Authentication Protocol*) et PAP (*Password Authentication Protocol*) peuvent vous aider à sécuriser le processus de connexion.
- Incitez les utilisateurs à changer souvent de mot de passe.

Quelle que soit le degré de sécurisation de votre réseau, cherchez toujours à le rendre plus sûr. La sécurité est une quête perpétuelle, pas une fin en soi. Nous reviendrons plus en détail sur le sujet au Chapitre 16.

6.4 Accès à distance *via* Internet (réseaux VPN)

Par le passé, il n'existait pas d'autre solution que l'accès distant par modem pour entrer en relation avec un réseau privé LAN ou WAN. Dorénavant, Internet est là, et nous pouvons exploiter une autre approche : le réseau privé virtuel VPN (*Virtual Private Network*). Il permet d'établir une connexion sécurisée *via* Internet entre un utilisateur distant et un réseau d'entreprise. C'est une sorte de tuyau privé logé dans les énormes tuyaux publics d'Internet.

Pour profiter d'un accès VPN, l'organisation devra :

- souscrire un contrat avec un fournisseur d'accès à Internet (FAI ou ISP) d'envergure nationale ou internationale, afin de disposer de numéros d'accès locaux ;
- fournir à ses utilisateurs, ayant besoin de hauts débits, un modem câble ou DSL ;
- mettre en place un équipement serveur/VPN entre le réseau interne et Internet pour assurer l'authentification des utilisateurs *via* un logiciel VPN.

La mise en place d'un tuyau VPN privé est plus complexe que la configuration d'un accès *via* modem ; il est donc préférable de confier l'accès à distance à un opérateur de télécommunications et de permettre ensuite à des clients VPN (à haut ou bas débit) de se connecter au réseau. Les avantages sont importants :

- Il n'y a qu'un seul point d'entrée pour le réseau (au travers d'Internet) et on suppose que le serveur VPN est suffisamment sécurisé pour décourager les intrusions.
- Ce n'est pas la peine de gérer de nombreuses liaisons à haut débit telles que des liaisons T1.
- Le service est assuré par un seul fournisseur d'accès réseau.

Si votre organisation souhaite tout faire localement, les serveurs d'accès à distance qui gèrent l'authentification des connexions PPP constituent un bon moyen d'assurer la sécurité d'un réseau. Mais si vous avez des utilisateurs qui sont réellement très éloignés, vous pourriez préférer une méthode alternative.

Un réseau VPN est finalement bien plus souple que de multiples accès modem. Dans les deux cas, il faut installer un serveur d'accès distants qui se charge d'authentifier les demandes d'accès au réseau d'entreprise, mais les accès modem supposent d'installer aussi des batteries de modems. Avec un VPN, il suffit d'ajouter le serveur d'accès VPN. N'importe quel utilisateur autorisé peut ensuite se connecter dans la mesure où il dispose d'un accès à Internet là où il se trouve. Cisco Systems, Microsoft et bien d'autres fournissent les logiciels de VPN utilisant IPSec pour l'authentification et la sécurité. Cela constituera, à terme, la méthode la plus efficace pour fournir un accès distant sécurisé.

Dans le cas des logiciels serveurs de Microsoft, les capacités de réseau VPN sont intégrées au module **RAS** (*Remote Access Service*) du serveur. La Figure 6.3 montre son fonctionnement dans Microsoft Windows Server 2003, pour gérer et configurer les accès VPN à un réseau local.

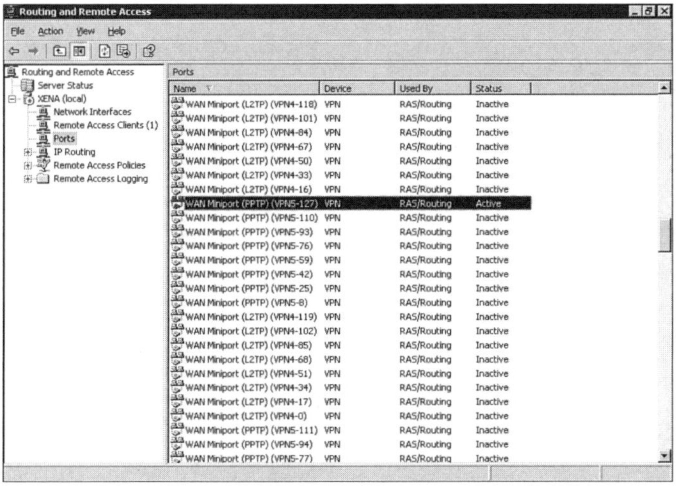

Figure 6.3 • Les systèmes tels que Windows Server proposent des outils pour configurer et gérer un VPN.

6.5 Construire ou acheter une solution d'accès à distance ?

Bien que les accès à distance *via* Internet deviennent de plus en plus nombreux, certaines organisations construisent leurs propres solutions. La section qui suit aborde les conséquences de ce choix propriétaire et donne quelques conseils pour construire une solution d'accès distant robuste.

L'offre de matériels pour les accès réseau distants est pléthorique. Il est difficile de savoir s'il est préférable de construire ou d'acheter une solution d'accès à distance. La réponse dépend d'un grand nombre de paramètres, au rang desquels la taille de l'entreprise, son taux de croissance, le nombre de personnes utilisant simultanément les accès à distance et la capacité d'extension.

Les choix de matériels pour supporter une application dont la courbe de popularité croît sans cesse ressemblent aux achats de vêtements pour les enfants. Le temps de rentrer chez vous pour les faire essayer, ils sont presque devenus trop petits ; et s'ils sont à la bonne taille, le bambin les trouvera démodés. Cruel dilemme pour l'acheteur. Mais une règle d'or a fini par se dégager : comptez le nombre maximal d'utilisateurs qui désireront se connecter en même temps et multipliez par deux. Vous aurez ainsi au moins un an de répit.

6.5.1 Construire une solution d'accès à distance

Si vous n'avez que quelques utilisateurs, il est possible de créer une solution d'accès à distance en connectant deux ou trois modems à un serveur. La plupart des systèmes d'exploitation offrent des solutions d'accès à distance comme *Remote Access Service* de Microsoft et *NetWare Connect* de Novell et les multiples *daemons* de serveurs de communication qui sont livrés avec la plupart des versions d'Unix. Les serveurs d'accès à distance entièrement construits autour de l'architecture Intel ont un composant matériel qu'on ne retrouve pas dans les autres architectures : une *carte série multiport*. Parce que la plupart des ordinateurs compatibles Intel ne disposent que de deux ports série pour connecter des modems, les cartes série multiports permettant de connecter plus de seize modems par carte offrent plus de capacité d'extension. Il arrive bien trop souvent que l'éditeur du système d'exploitation rejette la faute sur le fabricant de la carte multiport et *vice versa*, ce qui ne vous aide vraiment pas.

Les systèmes basés sur une architecture logicielle ont beaucoup d'avantages, dont la possibilité d'utiliser la sécurité et la gestion de compte utilisateur interne d'un système d'exploitation. Les systèmes d'accès à distance propriétaires sont dotés de bonnes performances à un prix raisonnable. Cependant, en cas de problème, il est difficile d'obtenir de l'aide.

6.5.2 Acheter une solution d'accès à distance "clés en main"

L'alternative à la construction d'un système d'accès à distance à partir d'un matériel standard est, bien sûr, l'achat d'un *système dédié*. En général, ils ne suivent pas l'architecture compatible Intel et ne peuvent pas s'interfacer directement avec votre système d'exploitation réseau. En dépit de leur *architecture propriétaire*, la plupart des solutions du marché ont une grande valeur ajoutée. Les serveurs de communications LANrover de Shiva et CUBIX sont les plus populaires. Les deux interfaces s'intègrent dans Windows NT et sont extensibles à des modems plus rapides. Shiva propose un logiciel spécifique d'authentification avec ses produits. D'autres constructeurs, tels que MultiTech, proposent des solutions reposant sur une authentification fondée sur le réseau, gérant la connexion réseau comme faisant partie du logiciel d'authentification.

De nombreuses sociétés proposent des équipements VPN (notamment Cisco et Nortel). Cisco propose par exemple toute une gamme de routeurs VPN dotés d'un mécanisme de cryptage des données et d'un gestionnaire de périphériques à interface Web. La plupart de ces routeurs s'installent en quelques instants et constituent une excellente alternative à la solution plus ardue consistant à déployer VPN en tant que service d'un système d'exploitation.

7

Critères de construction d'un réseau

Au sommaire de ce chapitre

- Planification, conception, implémentation et réglage
- Interopérabilité et normalisation des réseaux
- Sécurité du réseau
- Surveillance du réseau (monitoring)

La construction d'un réseau, même petit, nécessite un minimum de connaissances théoriques et un effort de planification. L'essentiel de ce livre est consacré à l'acquisition de ces compétences théoriques et pratiques.

Ce chapitre a pour but de vous donner un ensemble de règles de l'art qui couvrent la plupart des dilemmes et des crises imprévisibles. Il n'apporte pas de réponses toutes faites, mais fait appel à votre esprit critique afin que vous preniez les bonnes décisions. Si vous vous perdez en route, vous saurez revenir sur vos pas et vous situer dans la tâche en cours.

Parmi ces règles, on trouve :

- la planification de la capacité ;
- la vérification de l'interopérabilité et de l'adhésion à des standards ouverts du marché ;
- une sécurisation forte de l'architecture ;
- la fixation d'objectifs clairs.

Chacune d'elles est détaillée dans la section suivante.

À noter

Vous constaterez, en outre, quand vous travaillez avec des équipements réseau (routeurs, serveurs…), que tous les constructeurs se sont conformés à des règles de bon usage et de maintenance. La documentation de l'équipement et l'aide (des systèmes d'exploitation notamment) vous aident à travailler de façon méthodique afin de tirer le meilleur de chaque équipement ou logiciel.

7.1 Planification, conception, implémentation et réglage

Il existe un vieux dicton selon lequel "le changement est la seule constante". En matière de réseau, le rythme de ce changement est tel qu'il est difficile à prévoir. Se maintenir à jour dans ces conditions est difficile, mais indispensable, notamment pour faire face aux coûts. Les plus récentes technologies permettent de réduire de manière significative les budgets des entreprises consacrés aux infrastructures réseau. Découvrons quelques méthodes pour gérer ce changement permanent.

7.1.1 Stratégie d'adaptation au changement

Personne n'imagine sérieusement construire une maison sans d'abord en dresser les plans. Le contraire risquerait de vous coûter cher. Travailler sur plan réserve déjà assez de surprises.

C'est exactement le même problème avec un réseau local. Lorsque vous le construisez, l'évolution rapide de la technique vous oblige à suivre un processus logique. Ce mécanisme consiste à planifier, concevoir, mettre en service et ajuster votre réseau :

- **Planifiez-le en pensant aux utilisateurs.** Découvrez quelles sont leurs attentes. Si vous ne savez pas à quoi va servir votre réseau, il y a fort à parier que vous n'en tirerez aucun bénéfice.
- **Concevez-le en cherchant les failles.** Une bonne définition du terme conception est "partir d'une bonne idée et trouver pourquoi elle ne marche pas". Les bons ingénieurs ne recherchent pas tant le succès que les possibilités d'échec. Cette méthode est préconisée pour la construction d'un réseau, qui doit fonctionner conformément à vos besoins tout en étant fiable.

  La conception d'un réseau englobe de nombreuses opérations que nous verrons plus en détail ultérieurement. Parmi les principales, la planification des capacités consiste à évaluer les besoins actuels et futurs du réseau afin de le dimensionner correctement, sans risque de se retrouver à l'étroit en quelques mois, ou à l'inverse de dépenser des sommes inutilement. Plus importante encore est la recherche des failles. Enfin, il faut attacher un grand soin aux problèmes de compatibilité entre les pièces du puzzle.

- **Mettez-le en service.** C'est à ce stade que vous testez la validité de votre projet, aussi parfait soit-il dans votre esprit. Inévitablement, certains aspects auront été oubliés lors de la phase de conception. La mise en service vous permettra d'y remédier, surtout si vous avez fait preuve de créativité et de flexibilité.
- **Ajustez-le.** La mise en route du réseau révèle toujours des points faibles. À cette étape, vous réajusterez certains paramètres afin d'en optimiser les performances ou de corriger certaines imperfections. Ce réglage n'est *pas* destiné à corriger les erreurs graves de conception.

7.1.2 Appliquer les règles de l'art

Pour obtenir un réseau conforme aux standards et conçu dans les règles de l'art, vous devez songer à l'évolution de l'entreprise et de la technologie et en déduire ce que vous avez à installer afin d'être paré au moins pour un an et rester compétitif, tout en offrant le meilleur service aux utilisateurs, et tout cela, bien sûr, avec un budget limité. Si vous devenez responsable de la planification de capacité du réseau, posez-vous les questions suivantes. Elles constituent un point de départ de vos réflexions. N'hésitez pas à prendre des notes et à ajouter des questions qui vous semblent pertinentes :

1. De combien de stations de travail dispose votre réseau ?

   S'il en compte 5 ou 10, la planification sera relativement simple. En revanche, si vous devez gérer 500 stations de travail, vous aurez besoin de structurer et de planifier davantage. Les grands réseaux sont un défi, car ils doivent fournir des services de grande qualité à beaucoup d'utilisateurs, ceux-ci ne pouvant plus bénéficier d'un soutien individuel. Cela nécessite la mise en place de solutions d'administration de réseau et de télédistribution massive de logiciels combinée à une capacité d'anticipation de la croissance.

2. Combien de stations de travail y aura-t-il sur votre réseau dans un an ?

   Cette question fait suite à la première. Le taux de croissance peut vous aider à déterminer quel équipement doit être mis en place. Un réseau qui passera de 5 à 10 stations de travail dans l'année nécessite moins de puissance et de flexibilité qu'un réseau qui passera de 5 à 50 stations de travail.

3. Proposerez-vous des services de fichiers à vos utilisateurs ?

   Si c'est le cas, vous devez prévoir un serveur de fichiers. Comme nous l'avons vu dans les chapitres précédents, les serveurs de fichiers ont toujours tendance à être trop petits. Si vous pouvez acheter plus de puissance que celle dont vous avez besoin, faites-le. Si vous centralisez le stockage des données, vous avez besoin d'en planifier les sauvegardes, faute de quoi les utilisateurs perdront confiance dans le partage des données et y renonceront.

4. Vos utilisateurs disposeront-ils d'un compte e-mail ?

   Il est préférable de dédier un ordinateur à cette tâche. Vous devrez vous adresser à un FAI (fournisseur d'accès à Internet) pour gérer votre service e-mail et vous aurez sans doute besoin d'un nom de domaine DNS (*Domain Name Server*).

5. Vos utilisateurs disposeront-ils d'un accès à Internet (services Web, FTP et Telnet) ?

   Le cas échéant, prévoyez un routeur, un serveur proxy et un pare-feu (firewall). Vous pouvez également intégrer le serveur e-mail à ce système. Il y a de grandes chances pour que vous soyez obligé de choisir un FAI capable de vous fournir un accès à haut débit (T1, DSL, câble ou autre).

6. Aurez-vous d'autres services à fournir *via* le réseau ?

7. Vos utilisateurs disposent-ils et/ou disposeront-ils d'un accès à distance centralisé ?

   L'accès à distance est souvent mieux réalisé avec des machines dédiées. En général, cela suppose de mettre en place une machine serveur dotée de possibilité VPN (*Virtual Private Network*) [voir chapitre 6].

Astuce

Si vous appliquez ces règles de l'art, vous constaterez sans doute que certaines questions en amènent d'autres. Assurez-vous de disposer de toutes les informations utiles et d'un bon plan avant de commencer la mise en place réelle du réseau.

Un des avantages de ce jeu de questions/réponses systématiques, si vous les posez bien et y répondez avec pertinence, est qu'il fait de vous un spécialiste des réseaux reconnu.

Ces questions et les réponses que vous leur apporterez vous conduiront à élaborer un cahier des charges, spécifiant les impératifs auxquels votre réseau devra répondre. Vous devez obtenir un document qui décrit les besoins matériels et logiciels du réseau et sa structure fonctionnelle générale.

Même si vous pensez avoir bien répondu à vos questions, vous constaterez sans doute que deux aspects restent ardus à gérer : l'interopérabilité (standardisation des réseaux) et la sécurité. Voyons cela de plus près.

7.2 Interopérabilité et normalisation des réseaux

Même si les technologies évoluent vite, le réseau que vous mettez en place aujourd'hui ne doit pas être dépassé demain. Lorsque vous concevez un réseau, assurez-vous qu'il est adapté aux changements futurs ou insensible aux variations rapides de la technologie.

Comme vous l'avez vu au Chapitre 3, un groupe de travail, l'IETF (*Internet Engineering Task Force*), a défini des normes pour les réseaux TCP/IP (*Transmission Control Protocol/ Internat Protocol)* et les a publiées dans des documents appelés RFC (*Request for Comment*). Les normes définies dans ces RFC sont disponibles pour tous les constructeurs qui le souhaitent, mais il n'existe pas d'efforts concertés pour améliorer la compatibilité.

Il est simplement conseillé aux acteurs des réseaux d'adhérer à ces normes pour que leurs produits puissent interopérer, fonctionner les uns avec les autres, selon l'architecture informatique, la topologie et la plate-forme.

Les règles de l'art signifient que vous devez être informé de l'existence des différentes normes de l'IETF et de TCP/IP. Vous n'avez pas à les connaître en détail, mais vous devez au moins savoir ce que sont une norme ou une normalisation en cours, et ce qui n'en est pas. Si vous connaissez ces normes et si vous décidez d'utiliser des produits qui les respectent, votre réseau restera ouvert aux nouveaux produits qui seront compatibles et qui fonctionneront correctement avec les versions précédentes. L'autre intérêt réside dans la simplification de votre décision d'achat. Si les produits d'un constructeur sont propriétaires (c'est-à-dire non conformes à des normes ouvertes), ils sont automatiquement hors course.

Demandez-vous si vous voulez que votre réseau respecte ou non les normes. Dans la plupart des cas, la réponse est affirmative. Vous devez en tenir compte lorsque vous choisissez du matériel et du logiciel (ce qui est décrit au chapitre suivant).

7.3 Sécurité du réseau

Les règles de l'art sont également nécessaires en matière de sécurité. Un réseau peut très bien fonctionner et fournir aux utilisateurs tout ce qu'ils souhaitent ; mais, si un utilisateur fait une copie illicite des données et les cède à un concurrent, vous êtes dans l'embarras.

La sécurité dépend d'abord de règles de confidentialité clairement acceptées par les utilisateurs. C'est un domaine qui fait l'objet de nombreuses recherches, car les menaces (crackers, cybercriminels, virus, chevaux de Troie, etc.) se multiplient.

> ***Attention***
>
> Le domaine de la sécurité des réseaux informatiques est celui qui croît plus qu'aucun autre dans le secteur informatique. C'est devenu aussi capital de protéger les réseaux une fois installés que de les concevoir et les mettre en place en les sécurisant. Nous aborderons cet important sujet au Chapitre 16.

Vous ne pourrez évidemment pas maîtriser vos agresseurs, mais vous pouvez parer leurs coups et éduquer vos utilisateurs pour qu'ils ne prêtent pas le flanc aux attaques. Pour cela, vous devez :

- énoncer un ensemble de règles ;
- définir des comportements sécuritaires ;
- énoncer les politiques d'utilisation et les procédures ;
- tester, vérifier et recommencer le processus.

N'oubliez pas que la sécurité est un processus permanent. Vous ne pourrez jamais décider un jour que la sécurisation de votre réseau est achevée. Restez aux aguets et dotez-vous des moyens de surveiller votre réseau.

7.3.1 Énonciation d'un ensemble de règles

Lorsque vous mettez en place un réseau, vous devez définir clairement la façon dont les utilisateurs sont ou ne sont pas autorisés à se servir des données. Toute violation de ces règles, que ce soit par le biais de disquettes, de disques amovibles, de portables et même de pages Web, doit être répréhensible par des sanctions allant jusqu'au licenciement et aux poursuites légales.

Ces règles devront être incorporées dans le contrat du salarié et respectées par un engagement écrit de l'employé.

Vous les ajouterez à votre arsenal d'informations concernant les capacités que votre réseau doit posséder.

7.3.2 Définition des comportements sécuritaires

Le type d'activité de chaque entreprise étant différent, nous n'avons pas défini un ensemble strict de règles. Cependant, les questions suivantes peuvent vous aider à déterminer les failles potentielles de sécurité :

- L'accès à vos serveurs est-il sécurisé physiquement ?
- La sécurité du système d'exploitation de chaque serveur est-elle renforcée contre les intrusions les plus courantes ?
- Avez-vous prévu des procédures pour limiter l'invasion par des espiogiciels (*spyware*), des publiciels (*adware*) et autres cookies parasites ?
- Chaque utilisateur a-t-il son propre mot de passe ?
- Les mots de passe sont-ils changés régulièrement en fonction de calendriers ?
- Y a-t-il une date limite de validité pour les mots de passe ?
- Les connexions et les déconnexions, ainsi que toutes les activités concernant les fichiers, sont-elles journalisées sur le serveur ?
- Les copies des fichiers sur des médias amovibles sont-elles journalisées ?
- Les utilisateurs ont-ils été formés pour participer activement à la protection de leur réseau ?
- Avez-vous prévu un mécanisme pour assurer le suivi et l'audit de vos processus de sécurisation ?

Tout cela ne représente que le début des questions sur la sécurité. Pensez avant tout à la façon dont travaillent vos utilisateurs : disposent-ils d'accès en lecture-écriture sur la base de données de l'entreprise ? Ont-ils un accès physique à l'ensemble des serveurs constituant le réseau ? Comme la planification de la capacité, la sécurité est un domaine dont la profondeur augmente au fur et à mesure que vous vous y plongez.

Que cela ne vous rebute pas ; vous serez heureux d'avoir fait ces efforts avant une grosse avarie.

Le but de ces questions consiste à vous aider à déterminer comment vous voulez que votre réseau fonctionne. Les réponses seront les bienvenues lorsque vous devrez administrer le réseau.

7.4 Surveillance du réseau (monitoring)

"Il est impossible de surveiller ce que vous ne pouvez pas évaluer." Sage remarque. Cela concerne autant les réseaux que les centrales nucléaires. Si vous mettez en place des règles pour limiter les accès, détecter les attaques et suivre les performances, vous devez avoir les moyens de surveiller ce qui se passe.

7.4.1 Pourquoi surveiller ?

La surveillance des réseaux locaux n'est pas réservée aux grands centres de gestion technique des multinationales. Dès que vous avez une connexion câble ou ADSL, si vous n'avez pas de pare-feu, vous serez très vite la cible d'un de ces programmes robots qui scrutent sans relâche les machines connectées à Internet à la recherche de failles de sécurité.

Savez-vous que le délai moyen pendant lequel un système connecté à Internet mais incorrectement sécurisé fonctionne avant de périr d'une attaque est de **trois jours** ? Il n'y a pas de faute de frappe. Cela suffit à comprendre qu'il faut tout mettre en œuvre pour protéger votre système et surveiller son activité.

7.4.2 Comment surveiller ?

Nous verrons les modalités de la surveillance au Chapitre 16. Sachez qu'il faut d'abord connaître les principales catégories d'attaques et savoir comment y réagir en configurant vos logiciels pour en faire disparaître le maximum de failles et en ajoutant des logiciels de surveillance pour les failles restantes. On ne peut se défendre des attaques que si l'on sait comment elles se présentent.

8

Conception du réseau

Au sommaire de ce chapitre

- Identifier les utilisations de votre réseau
- Recenser les tâches de chaque ordinateur
- Déterminer le degré de centralisation
- Dessiner le réseau
- Écrire la spécification et recueillir les avis de tous
- Construire le réseau

Nous venons de voir quelles étaient les règles de l'art pour concevoir la stratégie globale et les conditions d'usage de votre réseau. Voyons maintenant plus en détail comment définir concrètement un réseau étape par étape pour aboutir à un cahier des charges précis.

Les évolutions techniques des matériels pour réseaux informatiques ont simplifié le travail d'installation : de nos jours, il est possible d'acheter les équipements et de tout mettre en place simplement à l'aide des documentations fournies. Mais un réseau facile à entretenir, à sécuriser et à faire évoluer réclame des compétences spécifiques.

Tout réseau informatique doit répondre à des besoins afin de permettre une plus grande efficacité et donc des économies. Cependant, il n'est pas simple de quantifier les retombées financières de sa mise en place.

8.1 Étape 1 : Identifier les utilisations de votre réseau

Chaque réseau est différent, comme l'est chaque être humain ou chaque flocon de neige. Les réseaux sont l'un des rares domaines non artistiques dans lesquels chaque système évolue à un rythme propre. Pourquoi ? Parce que peu d'utilisateurs ont les mêmes besoins. Si ceux-ci collaborent avec les concepteurs, le réseau sera exploitable et fonctionnel ; à défaut, il sera inutilisable et improductif. C'est pourquoi, au tout début du processus, vous devez définir le contexte organisationnel du réseau et, ce faisant, ses objectifs.

8.1.1 Définition du contexte organisationnel

Quel est le profil d'activité concerné ? Vous êtes salarié dans une entreprise de conseil qui se sert d'ordinateurs pour sa gestion commerciale ? Vous êtes un indépendant qui désire connecter les autres machines de son domicile *via* un seul accès à Internet ? Vous travaillez dans une grande entreprise et avez été mandaté pour automatiser certains processus de votre département ? Le nombre de cas est quasi infini.

Quelle que soit votre organisation, le réseau n'a qu'une mission à remplir, et une seulement : être efficace. Il doit assurer que les tâches, exécutées jusqu'alors de façon manuelle ou avec des ordinateurs déconnectés, seront mieux accomplies, plus vite, plus efficacement, et de façon plus fiable. Les réseaux sont avant tout destinés à rendre des services aux utilisateurs.

8.1.2 Collecte des informations

La première question à laquelle vous devez répondre est "pourquoi votre organisation a-t-elle besoin d'un réseau ?". Vous devez concilier les objectifs du management avec ceux des utilisateurs. Rencontrez d'abord le décideur le plus haut placé, avec lequel vous pourrez avoir un contact. Prenez un premier rendez-vous avec lui pour discuter de deux sujets : quel est la spécialisation de votre organisation, et comment envisage-t-il son évolution ? Assurez-vous qu'il comprenne pourquoi vous avez besoin de ces informations.

Cette réunion ne doit pas être l'occasion d'un débat général sur les principes des réseaux informatiques. Vous devez vous concentrer sur les avantages concrets du projet de réseau pour votre entreprise et sur les bénéfices, en termes de productivité, que celle-ci doit pouvoir espérer de la mise en place de ce réseau.

Vos questions doivent être de type ouvert. Demandez aux responsables de donner leur point de vue sur l'évolution de l'entreprise ; essayez de cerner cette perspective pour pouvoir en déduire des contraintes précises pour votre projet de réseau.

Astuce

Vos entrevues avec les responsables et la direction vous permettront de glaner bien plus d'informations sur le futur de l'entreprise que la simple lecture des communiqués d'orientation stratégique. Plus vous en saurez sur les motivations profondes de l'entreprise (en plus de la rentabilité des investissements), mieux vous pourrez définir les grandes lignes du réseau.

Une fois que vous aurez interrogé le patron, et bien noté ses réponses, entretenez-vous avec vos collègues. Annoncez-leur le but de votre visite, afin d'éviter tout malentendu.

Faites-leur comprendre que vous n'êtes pas là pour accroître leur charge de travail, mais pour l'alléger, à long terme. Si vous le pouvez, travaillez avec plusieurs employés pendant quelques jours, afin de vous familiariser avec leurs tâches et savoir comment ils les accomplissent.

Demandez ensuite à chacun ce qui pourrait lui simplifier son travail. Cherchez à obtenir des réponses précises liées à l'activité, sans vous cantonner à l'outil informatique. Voici un exemple de question à poser : "Si je trouve une solution pour que vous puissiez à tout moment retrouver une trace de vos dernières conversations avec telle personne, seriez-vous mieux préparé si cette personne vous appelle ?" La réponse à ce besoin ne réclame pas obligatoirement un ordinateur, puisqu'un cahier de suivi téléphonique fait l'affaire, mais cette question participe à une interrogation capitale pour l'entreprise : comment faire pour que nos clients soient assurés que l'information circule bien chez nous ? Ce genre de question peut être transformé en critère dans les spécifications, comme nous le verrons plus loin dans ce chapitre.

La finalité de ces entretiens est de comprendre les visions, les différents comportements, les résultats et les processus souhaités. Une fois achevé ce tour d'horizon, vous devez synthétiser toutes ces entrevues. Vous y trouverez un ensemble de souhaits tels que :

- une réactivité accrue vis-à-vis des clients ;
- un accès plus facile aux données du client ;
- une information actualisée ;
- la capacité de mieux travailler ;
- une meilleure gestion des commandes.

Ces besoins sont communs à toutes les sociétés et organisations. Il est très probable que les réponses que vous obtiendrez seront bien plus spécifiques que celles-ci. N'oubliez pas que cette liste est surtout destinée à résoudre les problèmes auxquels votre équipe d'utilisateurs est confrontée au quotidien.

8.1.3 Quantification du réseau

Une fois la phase d'entrevues achevée, vous disposez d'un document qui liste les objectifs principaux que le réseau doit atteindre. Vous êtes prêt à passer à l'évaluation quantitative du réseau : vous allez traduire en fonctions réelles incarnées par des ressources les attentes de vos utilisateurs.

En premier lieu, déterminez combien d'utilisateurs comptera votre réseau. Ne confondez pas cette valeur avec le nombre d'ordinateurs du réseau (c'est l'objet de la question suivante). En effet, un ordinateur peut desservir plusieurs utilisateurs, dès lors qu'ils ne l'utilisent pas constamment. Dans la plupart des entreprises, c'est le modèle d'un ordinateur par bureau qui domine, mais ce n'est pas le cas partout. Par exemple, dans une usine, un ordinateur destiné à lire les codes-barres peut desservir de 20 à 30 utilisateurs.

Dans le cas d'un cabinet médical, une solution consiste à prévoir quelques postes à accès public permettant aux docteurs de saisir leurs rapports sans être liés à un des postes en particulier. Chaque docteur s'identifie sur le système, saisit son rapport et passe au patient suivant.

Dans tous les cas de figure, déterminez combien il y aura d'utilisateurs sur le réseau. Il peut s'agir de personnel administratif qui va se servir des ordinateurs surtout pour écrire des notes et émettre des messages. D'autres utilisateurs seront les chargés de clientèle et d'autres les personnes de la production. Cette étape est essentielle. Vous devez répondre à la question suivante : "Combien faut-il prévoir de postes sur le réseau au départ ?" Plus précisément : "Combien d'ordinateurs ne serviront qu'à un utilisateur et combien seront partagés ?"

Dès que vous aurez déterminé comment vos utilisateurs interagiront avec le réseau, il sera possible de savoir combien d'ordinateurs il comprendra. Observez comment se comportent vos utilisateurs et évaluez si le rapport ordinateurs/utilisateurs est égal à 1 ou s'il est inférieur (un ordinateur pour plusieurs personnes). S'il est inférieur, il vous faudra prendre en compte la nature du travail pour allouer les ordinateurs. En d'autres termes, si un groupe d'utilisateurs ne se sert d'un ordinateur que pour tester occasionnellement un code-barres, vous n'aurez pas le même résultat qu'avec des utilisateurs avancés, qui ont besoin de plusieurs applications simultanées pour leur travail quotidien. En dernière analyse, ce sont les besoins de votre organisation qui détermineront le nombre d'ordinateurs. Comme pour toute autre activité, le *bon dimensionnement* d'un réseau demande beaucoup de bon sens.

8.2 Étape 2 : Recenser les tâches de chaque ordinateur

La deuxième étape de la conception d'un réseau peut paraître évidente : déterminer, pour chaque ordinateur impliqué, quelles sont les applications à installer. Malheureusement, ce n'est pas aussi évident qu'il y paraît ; il s'agit moins d'analyser les flux d'activités que de poursuivre la recherche du dimensionnement idéal du réseau.

En matière de réseau, l'adéquation des ressources est la meilleure garantie de pérennité de votre système. Elle commence par la connaissance des limites physiques de votre réseau (le nombre d'ordinateurs et d'utilisateurs), mais elle ne s'arrête pas là. Il ne suffit pas de compter le nombre de systèmes ; vous devez également déterminer la puissance de chaque ordinateur, et quel type de machine conviendra.

Par exemple, les ordinateurs testant les codes-barres de temps en temps n'ont pas besoin d'être très puissants : ils effectuent une tâche qui ne mobilise pas beaucoup de temps CPU ou de mémoire et n'ont pas besoin de carte vidéo dédiée ni de carte son. En revanche, certains utilisateurs auront besoin de ressources en abondance, en particulier s'ils doivent traiter de grosses bases de données ou de nombreuses images animées. Passons en revue quelques cas d'école pour nous aider à évaluer les besoins réseau et les performances requises.

8.2.1 L'ordinateur de plusieurs utilisateurs

Les ordinateurs utilisés par plusieurs personnes peuvent être minimalistes, comme dans l'exemple des codes-barres. Comme pour tout autre système, la puissance et les fonctionnalités dépendent de l'application. Voici quelques configurations informatiques typiques de machine à relier en réseau :

- **Travaux simples sur ordinateur dédié.** Un ordinateur, tel que celui employé pour la gestion des codes-barres, ne réclame pas une grande puissance de traitement, ni un gros disque dur. Ses besoins en fonction vidéo ou audio étant minimes, une machine devenue obsolète pour un autre poste conviendra ici. En cas d'achat neuf, le minimum de ce qui est proposé de nos jours suffira amplement. Il est en effet difficile de trouver aujourd'hui une machine neuve moins puissante qu'un Pentium 4 doté de 128 Mo de mémoire. Il faudra cependant configurer le matériel pour faire fonctionner le logiciel de codes-barres.
- **Tâches complexes sur ordinateur puissant.** Dans certaines circonstances, une machine à la disposition de nombreux utilisateurs devra être capable de grandes performances en raison de la nature du service offert. Pensez par exemple à une machine multimédia banalisée en accès libre avec écran tactile. Vous en trouvez souvent dans les salles d'accueil des administrations ou dans les centres commerciaux.
- **Tâches multiples sur le même ordinateur.** Les machines dédiées à une seule personne sont d'abord celles déployées dans les bureaux. Quel que soit le poste concerné, les salariés d'aujourd'hui manipulent de plus en plus l'information : mise en forme, gestion et analyse de données. Selon la nature de leur travail, ils peuvent avoir besoin de plus ou moins de performances et d'un accès au réseau plus ou moins étendu. Par exemple, certains doivent pouvoir laisser leurs fichiers ouverts en fin de journée, mais n'auront pas grande utilité d'un accès à distance, alors que d'autres auront besoin de travailler sur plusieurs machines à la fois C'est à vous de définir quelles tâches seront proposées sur chaque machine afin de configurer le matériel et le logiciel (système et applications) de sorte qu'ils garantissent la productivité de chacun.

De plus, certains salariés ont besoin d'un ordinateur portable qui leur permette de travailler de la même manière lorsqu'ils sont en déplacement ou au bureau.

> ***À noter***
>
> Les portables ne s'intègrent pas aisément à toutes les architectures de réseau du fait qu'ils se connectent et se déconnectent en permanence. Cela ne veut pas dire qu'il est impossible de les intégrer dans une planification de réseau. Prévoyez des stations d'accueil pour chaque portable et une formation destinée à vos utilisateurs itinérants.

Cette vue d'ensemble a permis de souligner l'importance d'un inventaire des attentes des utilisateurs en termes informatiques. Il est impossible de définir une configuration générique fondée sur des critères trop rigoureux, car vous ne pourrez ensuite en générer des variantes avec la souplesse requise par la diversité des besoins.

8.3 Étape 3 : Déterminer le degré de centralisation

Un grand soin doit être apporté dans le choix de l'architecture logicielle du réseau et le degré de centralisation de son administration, qui déterminera le niveau de sécurité. Le degré de centralisation dépend d'abord de la taille du réseau et du secteur d'activité (à savoir la nature des données et leur importance pour l'entreprise). Une petite structure de quelques salariés qui veut permettre un partage de fichiers et d'imprimantes n'a pas besoin d'une centralisation poussée ; elle évitera d'implanter un serveur dédié dont il faudrait assurer le suivi, ce qui représenterait un surcoût souvent inutile.

8.3.1 Réseau poste à poste (*peer to peer*)

L'approche de réseau poste à poste est exploitable avec tous les systèmes d'exploitation de postes individuels (les systèmes qui ne sont pas "réseau"), et notamment toutes les versions de Microsoft Windows XP et toutes les distributions de Linux. Une telle architecture permet à chacun de partager des dossiers en les rendant accessibles depuis les autres ordinateurs du réseau, sans qu'un administrateur réseau soit requis. À chaque ressource est associé un mot de passe. Par ressource, on entend les dossiers (répertoires) et les périphériques connectés à un poste. Chaque utilisateur devient l'administrateur réseau de son poste. La sécurité n'est pas drastique puisque chacun décide de faire connaître ses mots de passe à ses collègues une fois pour toutes pour ne pas être dérangé par la suite. Cela convient lorsque les données ainsi partagées ne sont pas trop sensibles : la mise en place du réseau est assez simple pour ne pas réclamer de spécialiste et les utilisateurs peuvent très vite être opérationnels.

Les deux variantes de Microsoft Windows XP (Professionnel et Home) sont dotées d'un assistant de configuration réseau qui vous guide dans la création d'un réseau poste à poste (voir Figure 8.1). Dans l'environnement Windows, le nom utilisé pour les réseaux poste à poste est **groupe de travail** (*workgroup*).

L'assistant de configuration réseau permet très simplement d'établir des connexions avec d'autres machines du réseau poste à poste sous Windows XP. Il permet aussi de créer une disquette qui servira à configurer des postes fonctionnant sous d'autres versions de Windows (Windows 2000 et Windows 98 notamment).

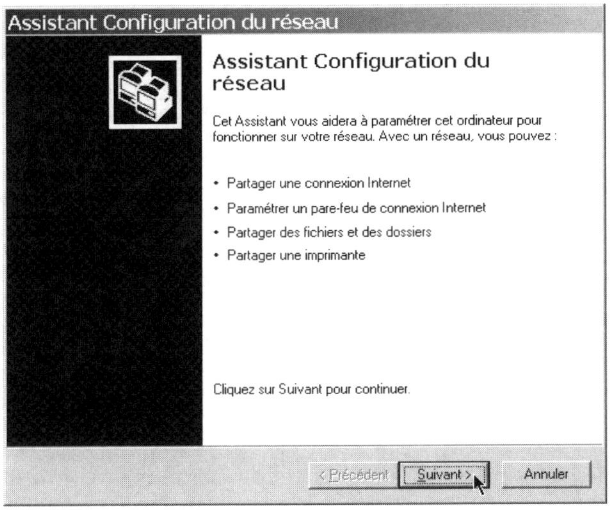

Figure 8.1 • L'assistant de configuration réseau de Microsoft Windows XP.

Attention

Un réseau poste à poste peut aussi bien utiliser du câblage traditionnel que des liaisons sans fil, mais sa facilité de mise en place se paie au prix fort en termes de sécurité. En effet, chaque utilisateur, étant maître de ce qu'il partage, risque s'il est surchargé de travail de relâcher son attention sur la sécurité de ses ressources. À cela, ajoutons les problèmes de sécurité de l'accès partagé à Internet. Il ne faut pas opter pour un réseau poste à poste simplement parce que le nombre d'utilisateurs est réduit. Même de petites entreprises installent un serveur en raison des avantages en termes de sécurité. Elles bénéficient d'une meilleure sécurité interne et d'une plus grande protection contre les attaques provenant de l'extérieur du réseau.

8.3.2 Réseau client-serveur

L'approche qui résout les faiblesses des réseaux poste à poste est le réseau organisé autour d'au moins un serveur central à partir duquel sont faites toutes les actions de configuration et d'administration du réseau. C'est aussi le modèle qui garantit la meilleure sécurité. Chaque utilisateur doit systématiquement se faire connaître (se "logger") auprès d'un logiciel serveur d'authentification. Une fois connecté au réseau, il ne peut accéder qu'aux ressources pour lesquelles l'administrateur lui a octroyé des droits d'accès.

Le réseau client-serveur devient incontournable dès que le nombre d'utilisateurs à gérer dépasse la dizaine (d'ailleurs, la plupart des systèmes d'exploitation poste à poste imposent un plafond de 10 utilisateurs simultanés). Mais nous avons dit que ce n'était pas tant le nombre d'utilisateurs que les considérations de sécurité afin de protéger les données de l'entreprise qui constituent le critère principal du passage au serveur central.

En effet, un réseau client-serveur est toujours plus sûr qu'un réseau poste à poste. Les fichiers sont normalement stockés sur les disques du serveur et sauvegardés de façon systématique. Les accès des utilisateurs sont contrôlés.

Dans un tel réseau, il est généralement nécessaire de déployer plusieurs logiciels serveurs (certains sur la même machine physique). Voici les principaux :

- **Serveur de fichiers.** Ce type de serveur offre un espace de stockage de données centralisé. L'administrateur réseau décide des droits d'accès pour chaque utilisateur. Pour chaque fichier, certains utilisateurs auront un accès complet (en lecture et en écriture), d'autres un simple accès en lecture et d'autres enfin aucun accès.
- **Serveur d'impression.** Le serveur d'impression gère les demandes d'impression sur une imprimante partagée. L'administrateur peut contrôler (suspendre, annuler) les travaux d'impression placés en attente dans une zone mémoire et un espace disque dédié correspondant au logiciel appelé **spouleur**.
- **Serveur de communications.** Ce type de serveur fournit des services de communication de données. C'est le cas de Microsoft Exchange qui permet de partager une messagerie, un calendrier et des listes de contacts. Les utilisateurs peuvent ainsi échanger des informations sur les clients, programmer des réunions et des entrevues et gérer leurs carnets d'adresses. Les deux autres logiciels serveurs de communications très répandus sont Lotus Notes et Novell GroupWise.
- **Serveur d'applications.** Ce genre de serveur fournit des services d'applications partagées pour traiter des données spécifiques. Il constitue souvent la partie arrière (*back end*) d'un système de gestion de base de données. Un logiciel complémentaire, appelé client, doit être installé sur les postes des utilisateurs. Deux exemples très connus d'applications client-serveur sont Microsoft SQL Server et Oracle.
- **Serveur Web.** Le serveur Web est destiné à gérer les fonctions des sites Web internes comme externes. Sans même créer un site accessible sur Internet, les entreprises se servent de serveurs Web pour les communications internes (**intranet**), et celles avec leurs partenaires (**extranet**).

Parmi les autres serveurs techniques dédiés, il faut citer les serveurs de noms DNS et les serveurs d'adresses DHCP. Nous les verrons au Chapitre qui traite de TCP/IP.

Il existe encore un type de serveur dont nous n'avons pas parlé : le serveur d'authentification. Son seul travail est de contrôler les demandes des utilisateurs pour accéder au réseau. Il existe un logiciel pour remplir ce rôle dans tous les systèmes d'exploitation réseau actuels. Nous en découvrirons au Chapitre 15 qui traite de la mise en place des services de base.

8.3.3 Sécurité des serveurs de fichiers

Vous avez compris que vous augmentez le niveau de sécurité de votre réseau en demandant aux utilisateurs de s'identifier pour pouvoir accéder aux données des serveurs. Un serveur de fichiers peut gérer les droits d'accès de façon différente pour chaque fichier (alors que le niveau le plus fin est le répertoire ou dossier dans un réseau poste à poste). La sécurité d'un serveur de fichiers d'un système d'exploitation sur PC obéit à quelques règles simples :

- **L'héritage.** Il fonctionne de la même manière que la succession : les enfants héritent des parents, sauf si une tierce partie s'y oppose. Transposons en termes de sécurité et supposons qu'un utilisateur ait accès à un répertoire particulier (par exemple, F:\DIRECTRY). Ses droits d'accès pour F:\DIRECTRY sont *hérités* par tous les sous-répertoires de F:\DIRECTRY (par exemple, F:\DIRECTRY\ONE, F:\DIRECTRY\TWO, et ainsi de suite). Le mécanisme d'héritage est très utile pour que chaque utilisateur dispose de droits d'accès à une partie des espaces de stockage disque sur le serveur.
- **Les règles d'accès.** En général, les utilisateurs sont limités aux trois niveaux d'accès à un fichier ou à un répertoire donné sur un serveur de fichiers :
  - **Aucun accès.** Les utilisateurs ne peuvent pas voir le fichier ou le répertoire.
  - **L'accès en lecture seule.** Les utilisateurs peuvent voir le contenu d'un fichier ou d'un répertoire, mais ne peuvent pas le modifier.
  - **L'accès en lecture-écriture.** Un utilisateur a les droits d'accès lui permettant de voir et de modifier les fichiers et les répertoires.

La plupart des systèmes d'exploitation réseau ajoutent des variantes à ces trois accès primaires, mais il est possible de mettre en place une sécurité correcte avec ces trois règles.

À noter

La gestion des droits d'accès peut être plus complexe que ne le laisse prévoir cette courte présentation. Dans l'environnement réseau Windows, vous devrez peut- être gérer deux niveaux de droits d'accès : des droits d'accès de partage et des droits d'accès (permissions) NTFS (*NT File System*). Ces permissions s'appliquent aux fichiers stockés sur des disques formatés selon la norme NTFS et s'imposent quels que soient les droits de partage en vigueur.

Tous les systèmes d'exploitation réseau se basent sur un modèle particulier de protection des fichiers du serveur.

8.3.4 Une facilité de sauvegarde

Si tous les fichiers des utilisateurs du réseau sont centralisés en un seul point, ils peuvent être sauvegardés facilement en dupliquant le disque dur du serveur sur une bande. Voici un exemple.

Supposez que votre réseau compte 50 stations de travail. Si tous les utilisateurs stockent leurs fichiers sur leur station de travail, vous devez sauvegarder tout ou partie de leurs disques durs pour être certain qu'aucune donnée ne sera perdue en cas de défaillance du système. Maintenant, supposez que chaque utilisateur ait 50 Mo de fichiers sur son disque (pour beaucoup d'utilisateurs, c'est bien plus). Sauvegarder cette quantité de fichiers à travers le réseau pour autant d'utilisateurs prendrait entre dix et douze heures et serait un cauchemar à gérer.

A contrario, il ne faudra qu'une heure pour sauvegarder le disque dur d'un serveur qui dispose d'un lecteur de bande. Manifestement, la sauvegarde du disque dur d'un serveur prend moins de temps et se gère plus facilement.

Il existe plusieurs types d'unités de bandes :

- les bandes numériques audio de 4 mm (DAT, *Digital Audio Tape*) qui peuvent stocker plus de 8 Go ;
- les bandes numériques linéaires (DLT, *Digital Linear Tape*) qui stockent entre 20 et 40 Go ;
- les bandes "intelligentes" (ALT, *Advanced Intelligent Tape*) qui stockent plus de 50 Go.

La plupart des unités de bandes ne gèrent qu'une bande à la fois. Cependant, il existe des unités appelées *changeurs de bandes* qui peuvent gérer des bibliothèques de plusieurs centaines ou milliers de bandes. Le choix du type d'unités de sauvegardes dépend de vos besoins immédiats et dans un futur proche. Rappelez-vous que le volume des données qui vous paraît énorme aujourd'hui sera ridiculement faible demain.

8.3.5 Une gestion de configuration plus facile

Le stockage des fichiers sur un serveur offre de nombreux avantages. Cependant, l'administration centralisée d'un réseau ne se limite pas à cela. Si vous avez plus de 15 stations de travail, il est nécessaire de trouver un moyen d'inventorier le matériel, d'auditer les logiciels installés sur le disque dur, d'en installer de nouveaux, et de vous assurer que la station de travail est conforme à la configuration standard.

> **À noter**
>
> La *gestion de configuration* est l'art d'utiliser une console centrale pour s'assurer que les stations de travail des utilisateurs sont conformes, en termes de matériel et de logiciels installés, à des standards préétablis.

Les logiciels de gestion de configuration sont complexes. Ils font appel à d'importantes bases de données dotées d'une interface client propriétaire, qui permet à l'administrateur du réseau de visualiser et de modifier les configurations des stations de travail des utilisateurs. La plupart des logiciels de gestion de configuration nécessitent l'installation d'un *agent* (un logiciel qui interagit avec la base de données administrative) sur chaque station de travail. Souvent, ces agents peuvent s'installer automatiquement au moment où l'utilisateur se connecte au réseau.

Cependant, il y a bien des avantages à maîtriser la complexité des logiciels de gestion de configuration. Les administrateurs réseau qui les installent et qui les utilisent rigoureusement notent qu'ils disposent d'un meilleur contrôle des stations de travail de leurs utilisateurs. Ils peuvent inventorier le réseau très rapidement, installer et mettre à jour simultanément des logiciels pour beaucoup d'utilisateurs. De plus, ils peuvent mettre en place des alarmes qui enregistrent les actions non autorisées, telles que le changement de matériel et l'installation illicite de logiciels.

Un grand nombre d'éditeurs (McAfee, Microsoft, IBM, Digital, Hewlett Packard, entre autres) proposent des outils de gestion de réseau de grande qualité. Beaucoup sont modulaires ; aussi, vous pouvez n'acheter que les modules dont vous avez besoin.

Même si vous n'avez pas l'intention de disposer d'un administrateur réseau en interne, vous pouvez tirer profit d'un logiciel de gestion de configuration. Beaucoup de consultants de tierces parties vendent ce type de service. Si ce consultant est autorisé à accéder à votre réseau afin d'effectuer des corrections et des mises à jour, vous pouvez en décentraliser avec succès l'administration.

Le choix d'une topologie

Que votre réseau soit client-serveur ou poste à poste, vous devez en choisir la topologie. Pour un réseau poste à poste, servant d'abord à contenir les coûts, choisissez une topologie Ethernet en étoile avec un seul concentrateur ou commutateur. Dans le cas d'un réseau client-serveur, utilisez aussi une variante de réseau en étoile Ethernet (10BASE-T, 100BASE-T ou Gigabit).

La topologie dépend aussi de l'architecture réseau choisie qui est presque toujours Ethernet. Vous pouvez avoir des raisons impérieuses d'opter pour un réseau en anneau à jeton Token Ring. Si le réseau local doit s'étendre géographiquement, il faudra songer à FDDI (*Fiber Distributed Data Interface*), qui exploite une topologie d'anneau redondant.

8.4 Étape 4 : Dessiner le réseau

À ce stade, nous devons connaître certains paramètres :

- La fonction organisationnelle du réseau.
- Les spécificités d'utilisation du réseau (quels utilisateurs effectuent quelles tâches ?).
- Le nombre d'utilisateurs et d'ordinateurs.
- Le réseau sera-t-il centralisé ou non ?
- La topologie de réseau que vous comptez adopter.

De toutes les étapes de la mise en place d'un réseau, c'est la plus passionnante. Dès lors que vous connaissez les bases de votre réseau, vous êtes prêt à le dessiner au tableau. Prenez un jeu de marqueurs de quatre ou de cinq couleurs et commencez à dessiner votre architecture.

Astuce

Pour ce type de travail, un tableau est plus pratique qu'une feuille de papier parce qu'il vous permet d'apporter des modifications au fur et à mesure.

Dessin du diagramme logique du réseau

Le premier dessin à réaliser est le *diagramme logique*. Il présente en détail les applications qui doivent fonctionner sur les stations de travail ainsi que les ressources auxquelles elles devront avoir accès.

1. Commencez par dessiner une station de travail pour chaque type d'utilisateur (par exemple, un ordinateur pour la gestion des stocks, un pour le commercial, un pour le comptable, un pour la secrétaire, etc.). Tracez simplement un cercle pour chaque ordinateur. Alignez-les en haut de votre tableau (voir Figure 8.2).

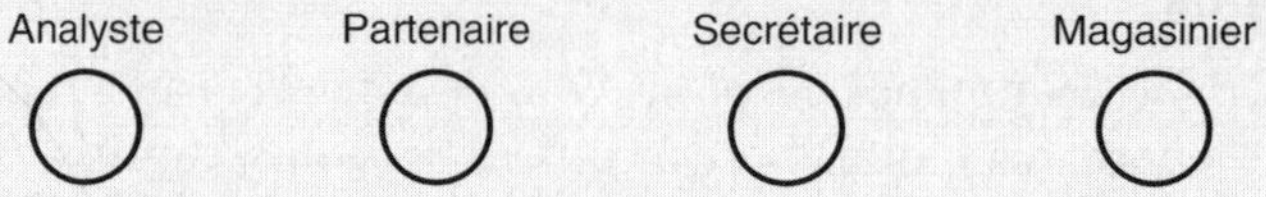

Figure 8.2 • La première étape du diagramme logique de réseau.

2. A la droite de chaque ordinateur, recensez les applications dont il disposera (voir Figure 8.3). Celles-ci incluent le traitement de texte, le tableur, l'e-mail ou plus pour un ordinateur de bureau, et une seule application pour une machine dédiée, telle que celle qui servira à gérer un inventaire ou qui sera consacrée au routage de l'e-mail.

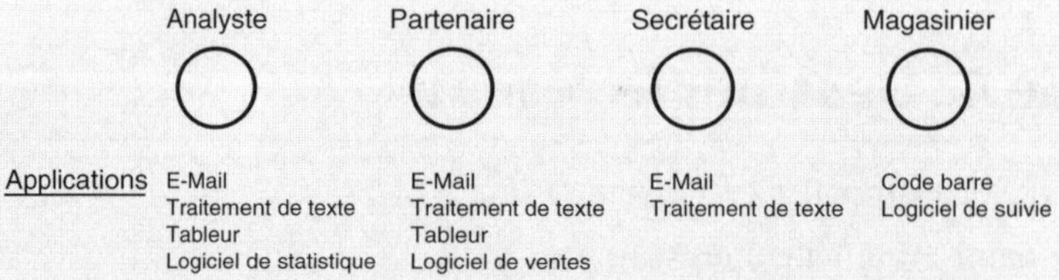

Figure 8.3 • La deuxième étape du diagramme logique de réseau, montrant les applications nécessaires.

3. Dressez une liste des ressources que devra partager chaque station de travail. En général, les réseaux poste à poste ont un grand nombre de ressources de ce type (telles que des imprimantes, des scanners, des modems partagés, etc.). Les réseaux client-serveur en ont moins, et elles sont partagées sur un ou plusieurs serveurs.

Que vous choisissiez un réseau poste à poste ou un réseau client-serveur, ajoutez ces ressources à votre diagramme (voir Figure 8.4).

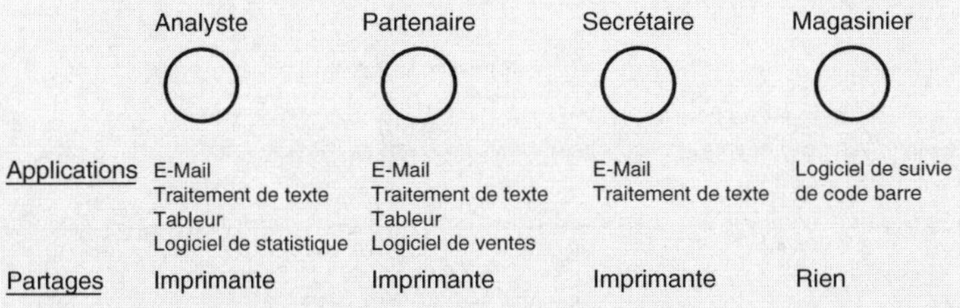

Figure 8.4 • La troisième étape du diagramme logique de réseau, montrant les ressources partagées.

4. Si votre réseau doit être sécurisé, notez quel groupe d'utilisateurs devra avoir accès aux différentes ressources du système (voir Figure 8.5). Par exemple, les utilisateurs d'un service ne devront avoir accès qu'aux fichiers afférents et à une imprimante ; les gestionnaires de stock auront accès au serveur transactionnel, et les administrateurs auront accès à tout. Cette étape vous permettra de mettre en place une politique sécuritaire adaptée.

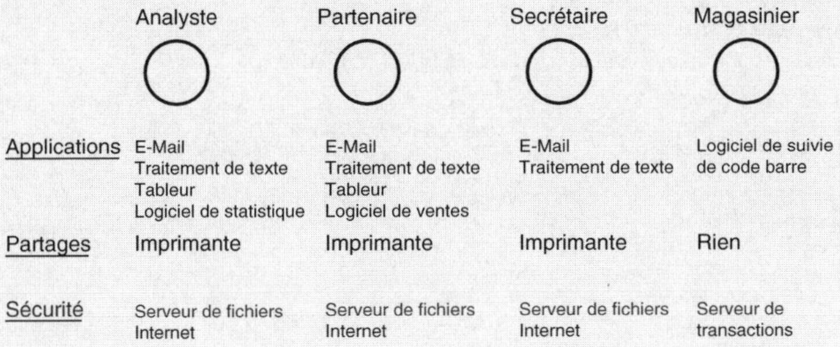

Figure 8.5 • La quatrième étape du diagramme logique de réseau, montrant la politique de sécurité.

5. Ajoutez le système d'exploitation des stations de travail au bas de cette liste (voir Figure 8.6). Le système d'exploitation des stations de travail sera souvent MS-DOS, Windows, OS/2 ou Macintosh. Bien qu'Unix puisse être utilisé en tant que client, en dehors des universités et du monde scientifique, il n'est (malheureusement) pas très courant sur les stations de travail. Si vous avez plus d'un système d'exploitation client, assurez-vous que vous avez dessiné plus d'une machine : chaque système d'exploitation client devra être représenté par une machine séparée.

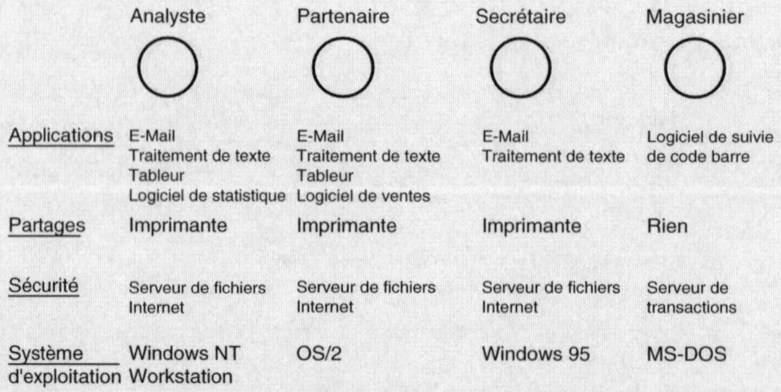

Figure 8.6 • La cinquième étape du diagramme logique de réseau, montrant les systèmes d'exploitation des stations de travail.

6. Ajoutez le nombre de stations de travail au bas de la liste (voir Figure 8.7).

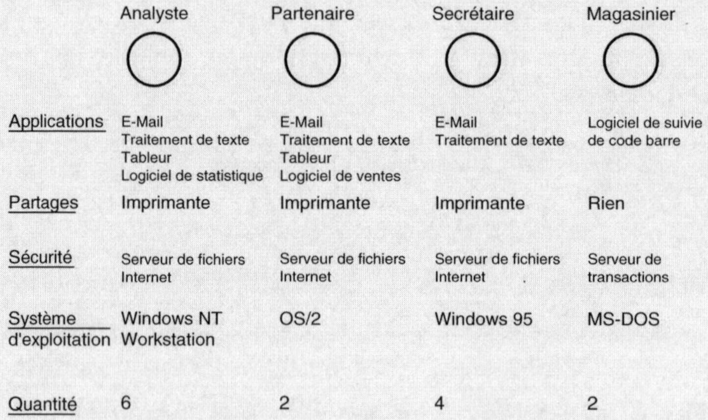

Figure 8.7 • La sixième étape du diagramme logique de réseau, montrant le nombre de chaque type de station de travail.

Maintenant, passons à la partie amusante. Dessinez des lignes entre chaque station de travail et les ressources auxquelles elle devra accéder. En d'autres termes, si un ordinateur nécessite le stockage de fichiers sur le serveur de fichiers, choisissez un marqueur d'une certaine couleur, tracez une ligne entre les deux systèmes et écrivez le nom de la ressource utilisée par cette station. Si une station de travail partage une imprimante, assurez-vous que tous les autres systèmes qui devront l'utiliser lui seront connectés, en traçant des lignes d'une couleur différente de la première. Si un routeur connecte le réseau aux stations de travail, mais qu'il doive d'abord router les données par un serveur, tracez ce chemin complet en changeant encore de couleur.

Assurez-vous que chaque connexion indique quels sont les protocoles réseau appliqués. Par exemple, pour une grande partie des réseaux de Microsoft, il s'agira de NetBEUI ; NetWare utilise IPX ou TCP/IP ; les réseaux compatibles avec les normes d'Internet utilisent TCP/IP. Beaucoup de réseaux ne se servent que d'un protocole, mais il est tout à fait possible d'en employer plusieurs. Si vous n'êtes pas certain du protocole en vigueur pour un service particulier, mettez un point d'interrogation et trouvez l'information le plus rapidement possible. Rappelez-vous qu'il est aussi important de repérer ce que *vous ne savez pas* que ce que *vous savez*.

Lorsque vous avez terminé, vous avez obtenu une toile d'araignée que vous pouvez utiliser pour déterminer quels ordinateurs ont besoin d'accéder à quelles ressources (voir Figure 8.8). Recopiez tout sur une feuille, afin de pouvoir l'utiliser comme référence ultérieure.

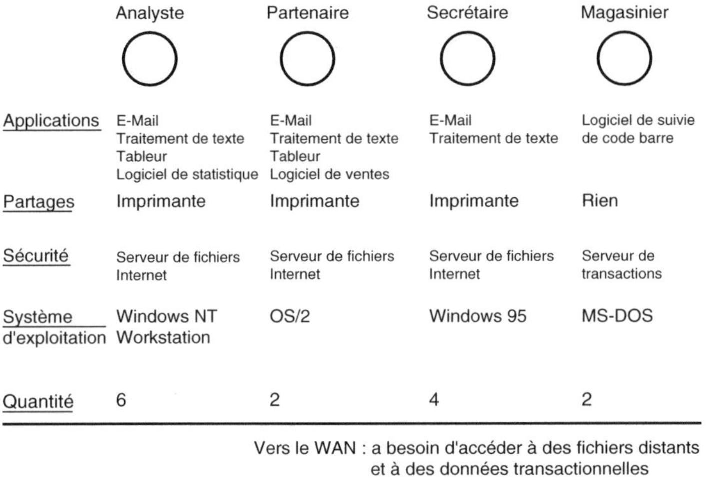

Figure 8.8 • Un exemple de diagramme logique terminé.

Dès que vous avez cerné les différentes ressources que vous voulez partager (ce qui sera sans doute plus simple à faire à partir de votre dessin plutôt que d'une liste), vous êtes prêt pour la tâche suivante : dessiner le réseau physique.

Astuce

Segmentation du réseau par des commutateurs. Ethernet étant quasiment le standard réseau universel, c'est logique de segmenter le réseau avec des concentrateurs. Cela permet de diviser un grand domaine de collision en plusieurs petits afin de mieux tirer parti de la bande passante disponible.

Dessin du diagramme physique du réseau

Dessiner le diagramme physique d'un réseau n'est pas aussi compliqué qu'il y paraît. Si vous savez déjà quels clients devront être connectés à des ressources spécifiques et quelle topologie vous appliquerez, vous avez franchi la moitié du chemin. Supposons que nous devions déployer un réseau Ethernet (cas le plus fréquent).

1. Commencez par dessiner le centre physique de votre réseau. Quelle que soit la taille du réseau, choisissez un commutateur (*switch*) car les prix ont assez baissé pour ne pas vous encombrer d'un concentrateur (*hub*), plus limité. De plus, vous aurez du mal à trouver dans le commerce des concentrateurs avec un grand nombre de ports.
2. Dessinez autant de boîtes que vous avez de commutateurs. Tirez les traits entre le commutateur et chaque segment. À chaque ligne correspondra un câble.
3. Dessinez les serveurs et reliez-les directement au commutateur (voir Figure 8.9). Une telle architecture offre d'indéniables avantages en termes de performances, car elle dispose d'une connexion directe au port auquel la station de travail est reliée. Cela s'avère encore, même si une station de travail est connectée par un commutateur/concentrateur secondaire au port du commutateur principal. Le domaine de collision des équipements individuels est habituellement assez réduit, de façon qu'il n'y ait pas trop de compétition en matière de bande passante.

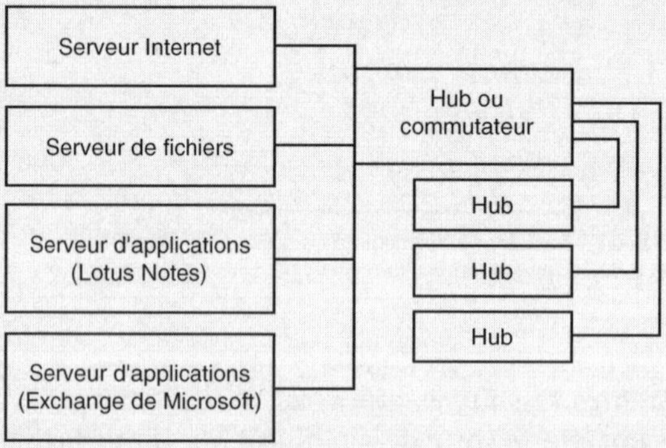

Figure 8.9 • Le diagramme fonctionnel des connexions.

4. Référez-vous au dessin du réseau logique et analysez-le. Déterminez quelles stations de travail doivent accéder à quels serveurs et essayez de les regrouper.
5. Dès que vous avez défini les besoins en bande passante de vos utilisateurs, vous pouvez commencer à déterminer avec quel type d'équipements vous allez connecter les différents utilisateurs.

Prenez le temps d'y réfléchir. Si les utilisateurs ne disposent pas d'une bande passante adaptée à leurs besoins, ils généreront des problèmes réseau et perdront confiance en celui-ci. Il est important de mettre en place des systèmes qui correspondent à leurs besoins, à défaut de quoi le réseau n'aura aucune crédibilité. La Figure 8.10 présente un exemple avec un commutateur central relié à des concentrateurs de segments.

Maintenant que vous avez dessiné le réseau à la fois logiquement et physiquement, vous devez vous assurer de sa cohérence. Un des avantages de la représentation graphique est que vous pouvez commencer à modéliser le regroupement des utilisateurs. Par exemple, tous les comptables ont besoin d'avoir accès aux données d'inventaire ; aussi, le groupe d'utilisateurs appelé "Compta" disposera globalement de ces droits.

Dès que vous avez modifié le schéma de votre réseau en fonction du choix d'implémentation (tel que segmenter ou pas votre réseau), vous êtes prêt à dessiner les stations de travail et à les connecter à l'équipement réseau approprié (un port de concentrateur ou de commutateur). Pendant cette étape, profitez-en pour faire l'inventaire des types d'ordinateurs que vous connectez aux ports. Cela vous évitera de prévoir trop de connexions pour un même équipement réseau.

Vous devez obtenir une série de schémas de connexion à partir desquels vous pouvez aisément dériver la quantité d'équipements réseau à acquérir.

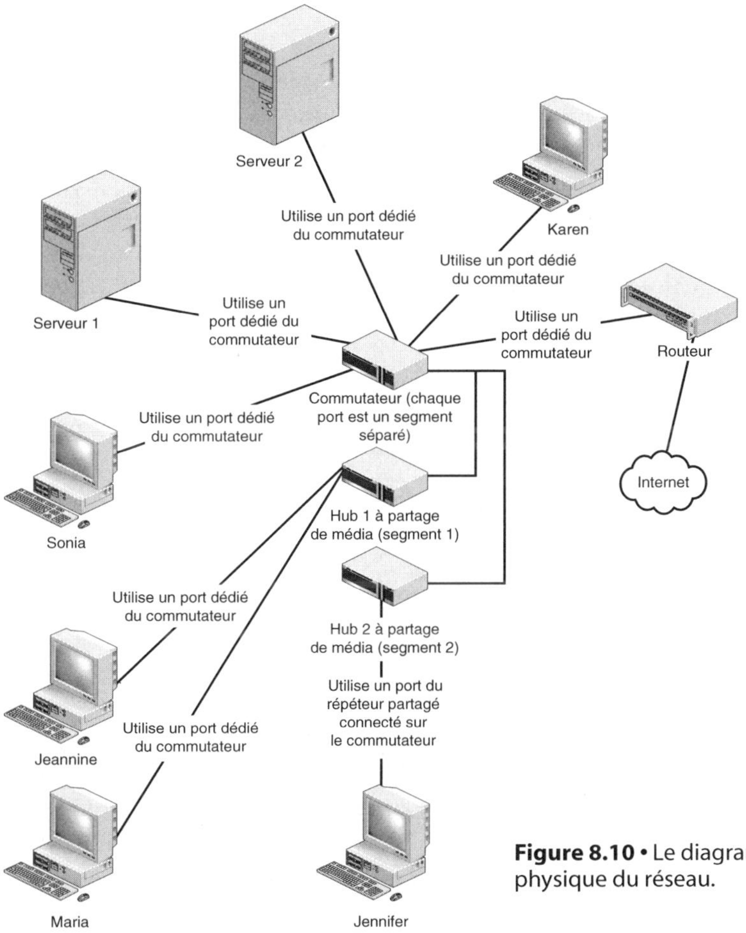

Figure 8.10 • Le diagramme physique du réseau.

8.5 Étape 5 : Ecrire la spécification et recueillir les avis de tous

Dès lors, vous disposez de suffisamment d'éléments pour écrire un premier *document de spécification.* Ensuite vous serez prêt à rencontrer les utilisateurs afin de vous assurer que vous n'avez rien oublié.

> ***À noter***
>
> Si vous voulez que vos diagrammes soient plus clairs que ceux que vous avez élaborés à la main, vous pouvez utiliser des logiciels qui simplifient le processus de dessin du réseau. Visio, Vision Pro. ClickNet et NetDraw sont des logiciels de qualité pour effectuer cette tâche.

8.5.1 Rédiger le document de spécification

Le moment est arrivé de rédiger votre spécification du réseau. Celle-ci devra tenir compte de tous les éléments précédents. Elle n'est pas nécessairement longue, mais elle doit être complète et claire. Son but est double : résumer la conception du réseau et servir de document de référence aux administrateurs du réseau.

Une bonne spécification vous aide à limiter un processus insidieux appelé *dérive du projet.* C'est pourquoi il est également important d'en faire part aux autres utilisateurs. Vous devez leur expliquer qu'il faut d'abord mettre en place le réseau de base, avant d'ajouter les fonctionnalités supplémentaires qu'ils souhaitent. La dérive du projet est le cauchemar des chefs de projet. Elle signifie qu'un projet donné dépassera le budget et enregistrera un retard.

Vous constaterez à quel point il est facile d'oublier les spécifications de base d'un réseau si on n'y est pas confronté tous les jours. Le document de spécification permet de référencer ce qui peut s'oublier facilement.

Il devra, au strict minimum, inclure les informations suivantes :

- Pourquoi construisez-vous le réseau ?
- À quoi servira le réseau ?
- De combien de personnes et d'ordinateurs sera constitué ce réseau ?
- Le réseau sera-t-il poste à poste ou client-serveur ?
- Le réseau sera-t-il Ethernet, Token Ring ou FDDI ?

Notez que les réponses à ces questions sont les mêmes que celles que vous avez vues au début de cette section. Si vous le pouvez, incluez ces éléments dans le document de spécification :

- Quelles applications seront exécutées par quel ordinateur ?
- Quels seront les droits d'accès de chaque utilisateur ?

- Comment sera organisé le centre du réseau (les répéteurs et les commutateurs) ?
- Quels sont les identifiants et les mots de passe de l'administrateur ?

Tout ce qui concerne le réseau, qui a été planifié ou qui peut être standardisé, est destiné à y apparaître. Ajoutez tout ce qui pourra être utile, car le réseau ne fera qu'augmenter en complexité. Plus le document de spécification sera complet, plus il sera utile.

La rédaction du cahier des spécifications doit se faire en quelques jours. Effectuez des révisions fréquentes pour n'oublier aucun détail, et évitez le jargon. Un langage trop technique rebutera ceux que vous solliciterez pour participer à la révision du document. Or l'approbation des délégués d'utilisateurs et de la hiérarchie est un facteur essentiel de votre succès.

8.5.2 Rencontrer les autres utilisateurs

Dès que la spécification est rédigée, réunissez un groupe de travail composé des personnes concernées par la mise en place du réseau. Ce groupe sera sans doute constitué de quelques utilisateurs, de responsables et, le cas échéant, d'un consultant ou d'un expert interne.

Distribuez à chaque membre de ce groupe une copie de travail du projet de spécification avant la réunion, pour qu'ils puissent l'étudier préalablement. Après la réunion, révisez votre document en incorporant ce qui vient d'être dit et distribuez aux participants cette copie révisée de la spécification. Demandez à chacun de l'approuver. En impliquant ainsi les parties concernées, vous pouvez économiser beaucoup de temps et réduire les critiques ultérieures en parant une dérive du projet.

8.6 Étape 6 : Construire le réseau

Une fois le schéma du réseau dessiné, le cahier des charges rempli et les spécifications révisées, vous pouvez construire votre réseau. La première étape est le choix du matériel. Celui-ci évoluant vite, vos choix ne seront peut-être plus applicables quelques mois après le bouclage du cahier des charges.

> ***À noter***
>
> Il faut beaucoup de patience et de connaissances pour bien choisir les matériels et les logiciels, car il faut sans cesse songer aux possibilités d'interactions et de montée en charge.

Après avoir choisi le matériel, vous pourrez commencer l'installation réelle du réseau. Le chapitre suivant présente les critères de choix des éléments du réseau et les modalités de leur installation. Votre document d'étude va vous servir à chaque étape.

9

Choix des matériels et assemblage physique d'un réseau

Au sommaire de ce chapitre

- Choix d'une architecture
- Précaution d'installation
- Installation des cartes d'extension
- Câblage (brassage, câbles et connexions)
- Un mot au sujet des réseaux sans fil

Nous avons parlé au chapitre précédent de la planification et de la rédaction du cahier des charges du réseau. Voyons comment prendre les décisions concernant l'infrastructure physique du réseau et procéder à l'installation.

Il s'agit ici de faire les bons choix en fonction de la taille du réseau à créer. Si votre objectif est un petit réseau en vue de relier deux machines à la maison ou dans une petite structure, il ne vous faudra pas autant d'équipements que dans un département d'entreprise ou toute une entreprise, mais vous devrez quand même tenir compte des besoins d'évolution du réseau. Vous penserez donc à la capacité de montée en charge aussi bien lorsque vous choisirez le système d'exploitation que les matériels.

Ce chapitre vous familiarisera ensuite avec les processus d'installation physique du réseau et vous permettra de choisir un projet de câblage avec moins de risques. Ce n'est pas un guide d'installation détaillée, mais il vous aidera à juger des éventuelles prestations que vous pouvez avoir besoin d'acquérir auprès d'une entreprise de câblage réseau.

9.1 Choix d'une architecture

Choisir l'architecture Ethernet ou l'architecture Token Ring a des effets sur la topologie des réseaux et son câblage mais également sur le budget, la bande passante disponible et les possibilités d'évolution future.

La plupart des réseaux installés de nos jours s'appuient sur Ethernet (en général sur la version 100BASE-T), mais d'autres choix sont possibles. Ainsi, le réseau en anneau en jeton Token Ring est considéré comme plus fiable qu'Ethernet en cas de forte charge réseau. Il reste pour cette raison très utilisé dans les banques et les institutions financières. Cependant, le coût du matériel Token Ring et sa vitesse moyenne inférieure à celle d'Ethernet rendent celui-ci plus attrayant dans la plupart des situations.

Par ailleurs, les achats d'équipement (cartes réseau, commutateurs, routeurs et autres) pour Ethernet sont plus simples. Le moins bien pourvu des magasins d'informatique dispose de périphériques et de cartes réseau Ethernet.

Comme nous l'avons indiqué au Chapitre 3, Ethernet existe depuis les débuts des ordinateurs personnels. Il en existe toute une lignée (10BASE-2, 10BASE-5 et 10BASE-T). Il va sans dire que 10BASE-2 et 10BASE-5 sont largement dépassées et vous auriez bien du mal à trouver des équipements pour constituer un réseau selon l'une de ces deux normes. 10BASE-T a été le standard Ethernet pendant de nombreuses années, mais tous les déploiements actuels utilisent 100BASE-T. Songez aussi au fait que Gigabit Ethernet devient de plus en plus praticable même pour les réseaux de moindre envergure.

Vous allez donc sans doute, dans 99 % des cas, choisir l'architecture Ethernet (et dans tous les cas, si vous voulez faire un réseau sans fil). Si vous avez besoin de vous connecter à d'autres réseaux locaux en vue d'une connexion avec une dorsale à haut débit, il faudra également pouvoir gérer les normes FDDI (*Fiber Distributed Data Interface*) ou ATM (*Asynchronous Transfer Mode*). Tenez compte de ces contraintes et étudiez votre réseau en fonction des besoins futurs. Vous ne pouvez pas prévoir son succès et la charge en terme de bande passante qui va lui être infligée par vos utilisateurs satisfaits.

À noter

Sans hésiter, Ethernet 100BASE-T est la technologie à adopter dans presque tous les réseaux. Elle est peu coûteuse, disponible partout, fonctionne avec quasiment tous les équipements réseaux et presque tous les constructeurs la proposent. Elle est très bien standardisée, ce qui garantit que des équipements de constructeurs différents fonctionneront correctement ensemble. Vous savez déjà que les fournisseurs d'accès à Internet utilisent Ethernet. Les cartes réseau qui permettent de se connecter à Internet *via* ADSL (*Asymmetric Digital Subscriber Line*) pour par un modem câble utilisent également ce standard.

9.1.1 Exemple concret en Ethernet 100BASE-T

Comme cas concret, nous supposons le choix le plus répandu, c'est- à-dire actuellement Ethernet 100BASE-T. De toutes les topologies réseau disponibles, elle est la plus adaptée au réseau de tous les jours, largement disponible, simple à installer, de maintenance facile, et extrêmement fiable. Il y a, par ailleurs, pléthore de constructeurs de cartes 100BASE-T pour la quasi-totalité des systèmes : architecture PC (processeur Intel ou AMD), Macintosh d'Apple, processeurs RISC, etc.

De plus, le câblage 100BASE-T offre des capacités d'évolution. Si vous utilisez le bon type de câblage (catégorie 5, références 568A ou 568B), le réseau pourra supporter l'évolution en Gigabit Ethernet (1000BASE-T). Cette possibilité d'évolution fait que la 100BASE-T est un bon choix de topologie de réseau. Puisqu'il est possible de chaîner des hubs 100BASE-T (rappelez-vous que les hubs sont indispensables), l'extension d'un réseau est relativement simple.

À noter

En fait, il n'est pas tout à fait exact de dire qu'un réseau 100BASE-T composé de deux ordinateurs a besoin d'un concentrateur. Vous pouvez relier les deux machines au moyen d'un câble spécial appelé *câble croisé*, conçu pour interconnecter des répéteurs, mais pouvant servir à relier directement les cartes réseau de deux ordinateurs. Cependant, il n'est pas souhaitable de se passer d'un répéteur dans le cas de deux ordinateurs – comment ferez-vous pour en connecter un troisième ? Voici le brochage d'un câble croisé sur prise RJ-45 :

- Broche 1 connectée à la broche 2
- Broche 2 connectée à la broche 1
- Broche 3 connectée à la broche 6
- Broche 4 connectée à la broche 4
- Broche 5 connectée à la broche 5
- Broche 6 connectée à la broche 3
- Broche 7 connectée à la broche 7
- Broche 8 connectée à la broche 8

Si vous anticipez la croissance de votre réseau, la 100BASE-T est une bonne topologie pour démarrer. Elle a comme énorme avantage de savoir fonctionner avec des câbles croisés ou par commutation (avec des commutateurs qui améliorent les performances en créant des segments de réseau séparés pour chaque groupe d'ordinateurs).

De plus, c'est un standard exploité par les périphériques réseau, tels que les imprimantes et les photocopieurs numériques connectés ; la plupart de ces périphériques disposent d'un port 100BASE-T, nécessaire aussi pour les routeurs et les ponts.

Voici un résumé des équipements nécessaires à un réseau 100BASE-T :

- Au moins deux ordinateurs. Pratiquement tous les ordinateurs peuvent appartenir à un réseau Ethernet, des portables aux PC, en passant par les systèmes Unix et les Mac.
- Une carte 100BASE-T par ordinateur.
- Un concentrateur/commutateur disposant d'assez de ports pour connecter tous vos ordinateurs.
- Suffisamment de cordons de raccordement (à huit conducteurs – quatre paires – équipé d'une prise RJ-45 à chaque extrémité) pour connecter chaque prise RJ-45 des cartes à la prise RJ-45 du répéteur. Ils sont disponibles pour quelques euros. Achetez des câbles tout faits pour ne pas créer une cause de problème supplémentaire suite à une soudure froide. Si vous comptez passer dans un avenir proche au Gigabit Ethernet, choisissez du câble de catégorie 6 ; sinon, la catégorie 5 suffit.

La 100BASE-T est une topologie en étoile, ce qui signifie que tout est connecté au concentrateur (répéteur) ou au commutateur.

Attention

Sachez que beaucoup de petits répéteurs ont un port spécial destiné à interconnecter les répéteurs (ou à les *empiler*), ce qui permet d'augmenter le nombre total de ports disponibles. Si vous connectez un ordinateur à ce port spécial (souvent le port 1), il ne pourra pas accéder au réseau, parce que le répéteur ne se sert pas du port de mise en cascade comme les autres ports. Consultez la documentation de votre équipement pour déterminer si celui-ci utilise un port d'empilement dédié, ce qui vous évitera bien des ennuis.

Par bonheur, la 1000BASE-T sur paires de cuivre est physiquement identique à la 100BASE-T (au moins au niveau du câblage à condition que ce soit du câble de catégorie 6 et non du 5). La seule différence notable et évidente est que les cartes réseau et les équipements réseau doivent supporter le 1000BASE-T. Une fois que vous savez installer un réseau 100BASE-T, vous savez l'essentiel pour installer du 1000BASE-T sur cuivre.

9.2 Précautions d'installation

Les composants électroniques paraissent robustes, mais il n'en est rien en réalité. Les ordinateurs et l'électronique des réseaux peuvent, paradoxalement, être endommagés par l'électricité. Bien que votre ordinateur soit relié à la prise secteur 220 volts, sa carte mère ou le répéteur ne supportent pas cette tension. La plupart des ordinateurs et des équipements réseau fonctionnent avec du 5 volts. L'électricité statique, qui peut largement dépasser les 20 000 volts, peut altérer les circuits d'une puce de silicium.

Cette section présente les quelques précautions à prendre, à la fois pour votre propre sécurité et pour l'intégrité de l'ordinateur et des équipements réseau sur lesquels vous travaillez.

Prenez d'abord toutes les mesures pour éviter les chocs électriques, pour vous-même comme pour le matériel :

- **Portez un bracelet antistatique lorsque vous travaillez sur un ordinateur.** Un bracelet antistatique est un petit équipement (souvent placé sur l'un de vos poignets) qui vous relie à l'ordinateur. Cela permet de s'assurer que vous êtes au même potentiel électrique que l'ordinateur, prévenant ainsi toute destruction des composants lorsque vous les installez. Ces bracelets antistatiques sont disponibles pour quelques euros chez les revendeurs de matériel informatique.
- **Éteignez toujours l'ordinateur avant des travaux d'installation.** Même si elle paraît relever du bon sens, la précaution mérite d'être rappelée. En installant une carte d'extension sous tension, vous êtes sûr de l'endommager ainsi que la carte mère.
- **Débranchez toujours l'ordinateur avant de l'ouvrir pour y installer un équipement.** Une fois encore, bien que cela paraisse évident, peu de personnes y pensent. Outre la quasi-certitude d'endommager l'ordinateur, vous risquez de recevoir un choc électrique, ce qui n'est ni très agréable ni particulièrement indiqué pour votre santé.

À noter

Une théorie prétend qu'il est préférable de ne pas débrancher l'ordinateur du secteur pour profiter du retour de terre. C'est vrai à condition que la terre soit bonne là où vous travaillez, mais le risque existe de prendre une décharge électrique en mettant les mains dans les entrailles. Mieux vaut s'équiper d'un bracelet ou d'un tapis antistatique pour pouvoir débrancher la machine et éviter tout souci. N'oubliez pas de toucher le châssis métallique près de la carte mère pour laisser s'écouler une charge statique éventuelle.

Ensuite, prenez quelques précautions lorsque vous ouvrez le capot de l'ordinateur pour installer des cartes d'extension :

- **Ne forcez pas pour ouvrir le boîtier, si vous constatez que le capot ne s'enlève pas facilement.** Brutaliser le boîtier d'un ordinateur peut l'endommager, ainsi que les composants délicats qu'il renferme.

Attention

Aux premiers jours des réseaux PC, ôter le capot d'un PC était une aventure. Le nombre de câbles d'un IBM XT était atterrant. Si vous ôtiez le capot sans discernement, vous étiez pratiquement certain d'en arracher un.

De nos jours, les constructeurs d'ordinateurs ont amélioré le câblage interne. Il est rare que le capot entrave le parcours des câbles. Néanmoins, procéder avec précaution n'est pas superflu : ouvrez donc délicatement le boîtier pour mettre toutes les chances de votre côté. L'auteur a récemment démonté une machine dont le capot servait aussi de chemin de câbles. Si j'avais retiré le capot comme d'habitude, j'aurais certainement arraché un ou deux câbles au passage ! Prenez le temps de voir où vous mettez les pieds (pardon, les mains) avant de forcer.

- **Marquez tous les câbles et toutes les connexions si vous devez déconnecter un composant quelconque.** Cela vous permettra de remonter plus facilement l'ordinateur. Vous pouvez utiliser un marqueur pour repérer les câbles et dessiner un petit schéma indiquant quels câbles sont connectés à quels équipements. La meilleure technique de marquage est celle qui vous permettra de tout rebrancher sans hésiter. Utilisez des rubans adhésifs isolants d'électriciens sur lesquels vous pouvez écrire.
- **Lorsque vous installez des cartes d'extension, assurez-vous que la carte et le slot ont la même interface.** En d'autres termes, ne mettez pas une carte PCI dans un slot ISA ou *vice versa*. Vous risqueriez d'endommager l'ordinateur, la carte réseau et surtout votre compte en banque.
- **N'utilisez pas la force pour insérer les cartes dans les slots.** C'est le plus sûr moyen d'endommager les cartes et de perdre les bénéfices de la garantie. Si une carte ne s'insère pas bien, observez-la de plus près. L'interface est-elle correcte ? Est-ce que la bande de métal à l'arrière de la carte en est la cause ? Un examen approfondi peut souvent vous indiquer quel est le problème. Il est parfois nécessaire de recourber légèrement cette bande de métal pour que la carte s'insère correctement. Ce processus peut être fastidieux, mais il évite d'endommager les cartes mères. Dans la section suivante, vous en apprendrez plus sur l'installation des cartes d'extension, mais cette précaution doit être répétée, car l'insertion brutale des cartes provoque plus de problèmes que toute l'électricité statique du monde.
- **Utilisez les outils adéquats.** Prévoyez un bon tournevis Philips et, si possible, un jeu de clés. Les pinces à épiler sont utiles pour ramasser les petites pièces. Et, bien sûr, répétons-le, un bracelet antistatique est indispensable.

Travailler avec les équipements réseau n'est pas très difficile moyennant quelques précautions. C'est surtout une question d'intimité avec la matière, comme l'a si bien décrit Robert Pirsig dans son roman *Traité du Zen et de l'entretien des motocyclettes*. Le respect des propriétés physiques des objets permet de sentir quand c'est assez serré. Il s'agit avant tout de bon sens et d'un minimum d'habileté manuelle.

À noter

Juste pour votre culture personnelle, voici une description rapide des types de slots correspondant aux cartes :

- Les cartes ISA peuvent s'intégrer à des slots ISA, EISA et, dans certains cas, VESA. Les cartes ISA ont des connecteurs de 62 ou 98 broches. Ces derniers se subdivisent en deux : un bloc de 62 broches et un second de 36. ISA est une technologie obsolète depuis longtemps.
- Les cartes EISA ne peuvent s'intégrer que dans des slots EISA. Les cartes EISA ressemblent aux cartes ISA, avec une différence fondamentale : elles ont des connecteurs de 100 broches (un ensemble de 62 broches et un autre de 38 broches). EISA est tout aussi obsolète que ISA.
- Les cartes VESA ne s'intègrent que dans les slots VESA et sont différentes d'un ordinateur à l'autre. Elles ne sont plus en usage.
- Les cartes PCI ne s'intègrent que dans des slots PCI. Elles sont faciles à distinguer parce que les connecteurs PCI sont plus étroits et les broches plus fines. Le format PCI est quasiment le seul en vigueur actuellement sur PC. Souhaitons que vous n'ayez pas à gérer de trop anciennes machines (le PCI existe depuis plus de dix ans).

Rappelez-vous ces points si vous ne voulez pas accidentellement introduire de force une carte ISA dans un slot PCI.

Pour connaître le type de connecteur d'une carte, il suffit de lire la notice livrée avec elle et de regarder le connecteur. Avec un peu d'habitude, vous les reconnaîtrez d'un simple coup d'œil.

9.3 Installation des cartes d'extension

Les cartes d'extension sont incontournables, particulièrement dans le monde des ordinateurs compatibles Intel. Parce que très peu d'ordinateurs sont livrés avec des capacités réseau (bien que cela soit en train de changer), vous devrez en passer par l'installation d'une carte réseau, qu'il s'agisse d'un réseau classique ou sans fil.

Deux points sont à prendre en compte concernant les cartes réseau et autres cartes qui s'enfichent dans l'ordinateur : les adresses d'entrées/sorties, I/O (*Input/Output*), et les numéros d'interruptions IRQ (*Interrupt Request*). De nos jours, presque toutes les cartes sont de type **Plug and Play** (ce qui signifie qu'elles sont reconnues par le système d'exploitation au redémarrage). Vous n'avez donc plus à les configurer manuellement. En cas de dysfonctionnement, de conflit ou de matériel ancien, il est utile de connaître les concepts de ces deux paramètres.

Les adresses I/O des cartes réseau correspondent normalement à la plage 200h (soit 512 en décimal) à 380h (soit 896 en décimal). 200h est une valeur hexadécimale (en base 16). Le Tableau 10.1 dresse la liste des adresses les plus usitées.

Tableau 9.1 • Adresses d'entrées/sorties les plus usitées

Périphérique	Adresse mémoire
COM1 (1er port série)	03E8
COM2 (2e port série)	02E8
LPT1 (port imprimante)	0378
Contrôleur de disque dur IDE	170 ou 1F0
Carte son	220 et 330

La plupart des cartes réseau utilisent des adresses hors de cette plage. Faites attention ! Certaines se servent de l'adresse mémoire 0360. Bien que celle-ci ne semble pas être en conflit avec un autre composant, le driver occupe parfois trop d'espace. Lorsque cela se produit, il peut s'octroyer les adresses mémoire de 0360 à 0380, ce qui crée un litige avec le port d'imprimante situé en 0378. Faites également attention à l'adresse mémoire et à l'IRQ si vos cartes incluent des jumpers.

Lorsqu'un équipement comme une carte réseau ou une carte vidéo doit attirer l'attention de l'ordinateur, il émet une IRQ, qui interpelle le système afin que celui-ci se concentre sur cet équipement. Vous devez vous en préoccuper lorsque vous installez des cartes sur des systèmes compatibles Intel, même si la carte est Plug and Play ou autoconfigurable.

La plupart des ordinateurs compatibles Intel disposent de 15 IRQ, dont 6 ou 7 sont généralement disponibles pour des extensions telles que les cartes réseau et les cartes contrôleurs SCSI. Les IRQ 2 et 9 sont dites *cascadées*, et elles contrôlent les IRQ de 9 à 15 ; essayez de les éviter, si possible (le fait de les utiliser peut invalider les IRQ de 9 à 15). Le Tableau 10.2 fournit une liste des interruptions IRQ et adresses mémoire les plus courantes.

Ce qu'il faut retenir lorsque vous installez une carte réseau, c'est qu'il ne faut pas se servir des adresses ou des IRQ mobilisées par d'autres cartes ou par la carte mère. Sinon, la carte ne fonctionnera pas.

Après ce bref exposé des détails techniques indispensables concernant les paramètres des cartes d'extension, passons à la pratique.

Tableau 9.2 • IRQ des ordinateurs compatibles Intel

IRQ	Fonction
0	Réservée au système d'exploitation (timer système)
1	Réservée au système d'exploitation (contrôleur clavier)
2	Utilisée pour accéder à l'IRQ 9 et au-delà (ne s'en servir qu'en dernier ressort)
3	Utilisée pour le port série COM2 (souvent placé sur la carte mère)
4	Utilisée pour le port série COM1 (souvent placé sur la carte mère)
5	Généralement non attribuée et disponible
6	Réservée au système d'exploitation (contrôleur de lecteur de disquettes)
7	Allouée pour le port parallèle (imprimante ou LPT1)
8	Réservée au système d'exploitation (horloge système)
9	Généralement disponible, mais à n'utiliser qu'en dernier ressort
10	Généralement disponible
11	Généralement disponible
12	Souvent utilisée pour les souris de type bus (contrairement aux souris série, qui se connectent au port série)
13	Généralement non attribuée et disponible
14	Généralement utilisée pour le contrôleur primaire des disques IDE
15	Réservée au contrôleur secondaire IDE

Installation d'une carte d'extension

Cette section survole l'installation d'une carte d'extension sur votre ordinateur. Rappelez-vous que ces recommandations ne sont pas universelles et qu'il convient de les adapter en fonction de votre machine.

1. Éteignez votre ordinateur et débranchez le cordon secteur.
2. **Identifiez la carte.** Mettez votre bracelet antistatique, sortez la carte de son sachet et examinez-la (voir Figure 9.1). Quelle est son interface (ISA, EISA, PCI) ?
3. **Paramétrez la carte.** (Si le matériel le permet.) Examinez sa surface. Presque toutes les cartes réseau du commerce sont PCI et Plug and Play. Les systèmes d'exploitation modernes (Windows, Linux et Unix) détectent les cartes des grands fabricants (3Com, Intel, etc.) et déduisent d'office les paramètres d'adresse et d'IRQ. Certaines cartes à configuration logicielle réclament d'exécuter un programme livré avec elles après les avoir installées pour que le système puisse ensuite les reconnaître. Sur quelques anciennes cartes, vous apercevrez des jumpers ou des micro-interrupteurs, qui sont utilisés pour modifier certains paramètres (adresse d'entrée-sortie, IRQ). Référez-vous à la documentation pour déterminer à quels paramètres ils correspondent. Inversement, si vous ne voyez aucun jumper ou micro-interrupteur, la carte est peut-être Plug and Play, ou paramétrable par logiciel. La Figure 9.2 montre les jumpers et les micro-interrupteurs, qui sont positionnés en fonction des spécifications du constructeur.

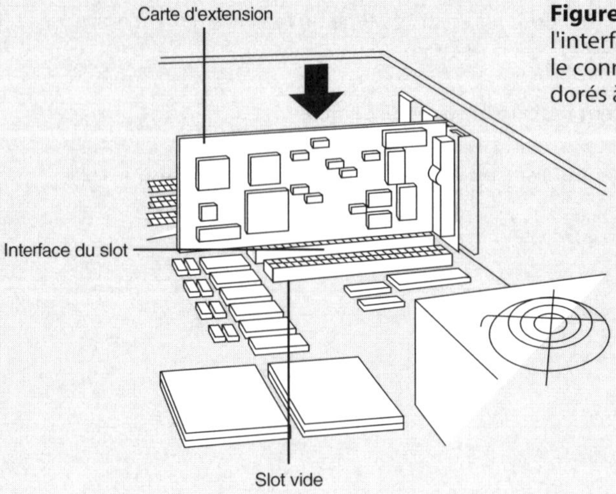

Figure 9.1 • Déterminez l'interface du slot en observant le connecteur : les contacts dorés à l'extrémité de la carte.

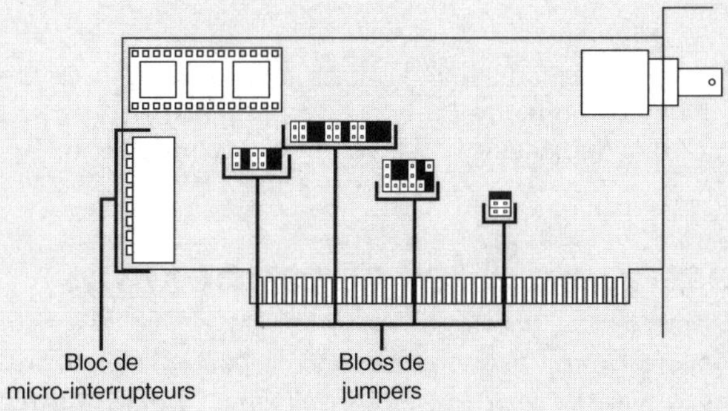

Figure 9.2 • Un bloc de jumpers et un bloc de micro-interrupteurs.

4. **Ouvrez l'ordinateur.** Dès que la carte a été paramétrée (si elle dispose de jumpers ou de micro-interrupteurs), replacez-la dans sa protection antistatique (souvent un sachet plastique en mylar argenté). Dévissez le capot de l'ordinateur (les vis sont souvent situées à l'arrière du boîtier) et ôtez-le. Dans le cas où ce capot ne se détacherait pas facilement, n'utilisez pas la force. Regardez plutôt ce qui peut entraver son ouverture.
5. **Choisissez le slot et ôtez sa protection.** Il s'agit d'une petite pièce de métal placée à l'arrière de la machine et qui recouvre le slot lorsque nulle carte n'est installée (voir Figure 10.1). La protection du slot est souvent maintenue par une vis Philips quart-de-pouce. Récupérez-la, elle vous permettra de fixer la carte après sa mise en place.
6. **Installez la carte dans le slot.** Prenez la carte et alignez-la avec le connecteur d'extension. Vérifiez que le talon métallique de maintien est devant son logement à l'arrière. Dès que la carte est bien positionnée, exercez une légère pression, en vous assurant que la pièce de métal est bien orientée vers l'extérieur. Fixez la vis pour maintenir la carte.
7. **Replacez le capot et revissez-le.** Rebranchez le cordon secteur et allumez l'ordinateur. Vous devez maintenant installer le pilote (*driver*) de la carte (utilisé pour permettre à la carte et aux autres matériels d'interagir avec le système d'exploitation).

Comme vous le voyez, les cartes ne sont pas très difficiles à installer. Si vous prenez un minimum de précautions, vous éviterez de détériorer le matériel. Il est conseillé de consulter la notice de votre ordinateur et de déterminer quels slots ont la même interface que la carte d'extension que vous voulez installer. Si cet ordinateur a plusieurs slots correspondant à cette interface, utilisez le premier venu ; aucun slot n'est préférable à un autre.

À noter

En fait, cette procédure n'est pas limitée aux seules cartes réseau. Vous installerez toutes les cartes d'extension plus ou moins de la même façon. Ainsi, lorsque vous saurez ce qu'il faut faire, vous pourrez déplacer les cartes comme bon vous semble.

9.4 Câblage (brassage, câbles et connexions)

Après les cartes réseau, le câblage est dans beaucoup de cas la partie la plus importante d'un réseau. Les sections suivantes se focalisent sur l'aspect opérationnel du câblage réseau. C'est une concrétisation de ce que vous avez pu apprendre dans les premiers chapitres.

9.4.1 Le répartiteur de brassage : plaque tournante du réseau

La plus grande partie de l'infrastructure matérielle du réseau (commutateurs, serveurs) doit être protégée par des portes verrouillées. Ce n'est pas parce que ces équipements constituent un quelconque danger, mais l'accès libre aux équipements de communication peut entraîner des vols d'informations, voire des vols d'équipements.

Ainsi, si vous mettez en place un réseau d'entreprise, il faudra prévoir un répartiteur de brassage. Bien sûr, cela n'a de sens que pour une topologie de réseau en étoile. Un répartiteur de brassage n'est pas nécessairement encombrant ; il faut simplement que ce soit un emplacement central, disposant d'une alimentation électrique et de passages de câbles. Bien souvent, ce répartiteur de brassage peut également faire office de répartiteur téléphonique.

Le répartiteur de brassage minimaliste doit contenir les éléments suivants :

- **Un ensemble de panneaux de brassage** (voir Figure 9.3). Un panneau de brassage est un équipement, souvent placé dans un rack, qui dispose d'une rangée de connecteurs RJ-45. Chaque connecteur est relié à un câble dont l'autre extrémité est la prise murale de votre bureau. Il est possible d'installer et de câbler vos propres panneaux de brassage. En fait, c'est même assez simple. Les fils reliés aux contacts situés à l'arrière de ces panneaux sont différenciés par leur couleur, ce qui diminue les risques d'erreurs. Néanmoins, il faut utiliser des outils spéciaux, et il est préférable d'en apprendre le maniement avec une personne entraînée. Notez que les répartiteurs sont de plus en plus remplacés par des câbles directs.

Figure 9.3 •
Un panneau de brassage.

- **Un ou plusieurs concentrateurs.** Les concentrateurs (répéteurs et commutateurs) ont tendance à être situés dans le répartiteur de brassage pour deux raisons. D'abord parce qu'ils sont plutôt petits : ils peuvent tenir dans la mallette d'une personne de moralité douteuse qui aurait décidé d'en voler un. De plus, ils constituent d'excellents équipements d'espionnage ; si une carte configurée en *mode de promiscuité* est placée dans un concentrateur, la lecture de toutes les données circulant sur le réseau est possible. Parce que cela représente une faille de sécurité majeure, il vaut mieux limiter l'accès physique des concentrateurs aux seules personnes habilitées (voir Figure 9.4).

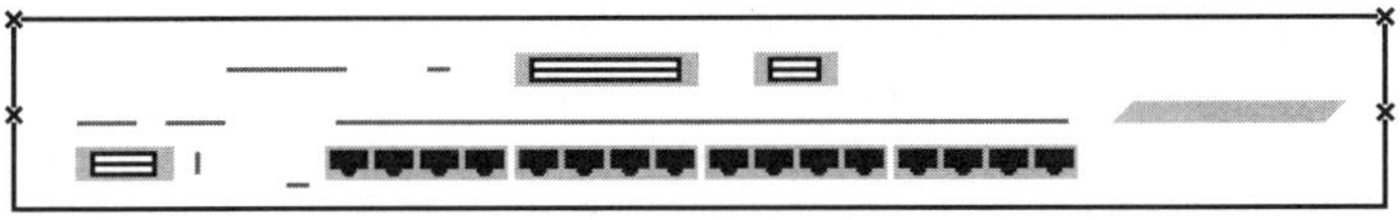

Figure 9.4 • Aspect général d'un concentrateur

- **Les chemins de câbles.** Puisque le répartiteur de brassage est le lieu où converge tout le câblage réseau de votre entreprise, un grand nombre de câbles sont connectés aux panneaux de brassage. Les chemins de câbles permettent à ceux-ci de traverser les murs, les plafonds et les planchers. Si vous avez beaucoup de câbles à passer, il est préférable de faire appel à des professionnels, ce qui réduit considérablement les risques de problèmes. Dans un réseau domestique ou une petite structure, c'est vous probablement qui ferez le travail.

Attention

Évitez d'approcher les câbles réseau à moins de 25 cm d'un passage de câble électrique : le 50 Hz du secteur peut interférer avec les transmissions. Éloignez aussi les câbles des points de lumière lorsque vous tirez une ligne au plafond.

- **Les cordons de brassage ("jarretières").** Les cordons de brassage sont des câbles qui relient les panneaux de brassage au concentrateur. Vous avez besoin d'un cordon de brassage pour relier le port d'un panneau de brassage au port d'un concentrateur. Pour les topologies Ethernet et Token Ring en cuivre (de loin les plus courantes), cela signifie généralement un câble équipé d'une prise RJ-45 à chaque extrémité (voir Figure 10.5). En fait, vous aurez également besoin d'un cordon de brassage pour relier la carte réseau de l'ordinateur à la prise murale du réseau.

Les répartiteurs de brassage ne sont pas absolument nécessaires, mais ils rendent le fonctionnement du réseau plus lisible et la maintenance plus sûre. Et ceux qui aiment un environnement propre et lisse sont ravis de savoir que les fouillis de câbles sont cachés derrière des portes.

Figure 10.5 • Un connecteur RJ-45 typique de 10BASE-T et 100BASE-T.

La connexion d'un réseau de topologie en étoile est vraiment très simple, dès lors que les panneaux de brassage et les prises murales ont été installés. Vous n'avez plus qu'à relier la prise 10 ou 100BASE-T de la carte réseau de l'ordinateur à la prise murale, au moyen d'un cordon de brassage, puis à vous assurer que le port correspondant du panneau de brassage est connecté au concentrateur (voir Figure 9.6).

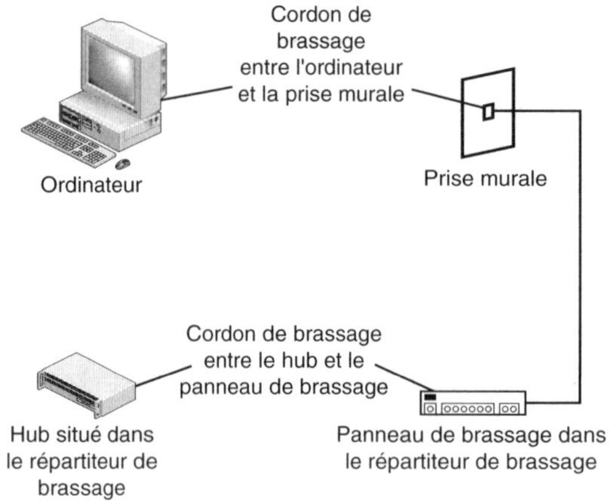

Figure 9.6 • Les ordinateurs sont reliés par un répartiteur de brassage.

9.5 Un mot au sujet des réseaux sans fil

Les technologies sans fil sont la nouvelle coqueluche des réseaux. Elles offrent une liberté incomparable aux utilisateurs qui peuvent se promener dans l'entreprise avec leur portable sans se déconnecter du réseau. Elles sont également fort pratiques en usage domestique, dès que le foyer possède plus d'une machine ou un portable, car les câbles sont rarement installés en même temps que les autres réseaux (eau, électricité, téléphone).

Avant d'acheter des équipements réseau sans fil, il faut réfléchir aux capacités d'interaction entre périphériques et à la portée maximale désirée. La nouveauté essentielle par rapport aux réseaux filaires est le risque accru de pénétration du réseau par voie hertzienne. Nous parlons de tout cela au Chapitre 19.

10

Applications réseau

Au sommaire de ce chapitre

- La messagerie électronique (e-mail)
- Configuration de la messagerie
- Les extensions MIME
- Diagnostic des problèmes de messagerie
- Les pourriels ou "spams"
- Planification et gestion d'agenda
- Gestion de contacts
- Quelques logiciels de travail en groupe

Une des principales catégories de logiciels utilisés dans les entreprises est celle des logiciels bureautiques tels que Microsoft Office ou StarOffice de Sun. Ce genre de programme peut être installé soit sur un serveur réseau, soit sur la machine de chaque utilisateur. Pour l'utilisateur, cela ne change quasiment rien. Pour l'administrateur réseau, l'installation centralisée de l'application sur le serveur simplifie les mises à jour et le suivi.

> ***À noter***
>
> Microsoft commercialise le produit SharePoint Server qui permet à une entreprise de mettre en place un environnement de partage de documents Microsoft Office sur le réseau local comme sur Internet.

Une autre grande catégorie d'applications réseau est celle des bases de données. Ces applications fonctionnent toutes dorénavant selon le modèle client-serveur et permettent à chaque application du côté client d'accéder aux données stockées et gérées par un serveur. L'essentiel du traitement sur les données est réalisé sur le serveur. Les deux exemples de programmes les plus connus dans ce domaine sont Oracle et Microsoft SQL Server.

Une troisième grande catégorie d'applications réseau est celle des logiciels de travail collaboratif ou travail de groupe (*groupware*). Il s'agit d'un ensemble de produits servant à automatiser la communication et le travail de collaboration. Du côté de la machine de chaque utilisateur, l'application locale est souvent appelée gestionnaire d'informations personnelles ou PIM (*Personal Information Manager*).

Les logiciels collaboratifs utilisent le modèle de communication client-serveur. Un client est installé sur chaque ordinateur et permet à son utilisateur de communiquer avec un serveur de communications, ce dernier se chargeant de gérer les données. Les logiciels collaboratifs dépendent du système d'exploitation. Par exemple, Exchange Server de Microsoft ne fonctionne que sur un serveur Microsoft 2000 ou 2003.

Il existe trois principaux logiciels collaboratifs : Microsoft Exchange Server, Lotus Notes (le serveur s'appelant Domino) et Novell GroupWise. Chacun offre un ensemble de fonctions de communication et de collaboration spécifiques. Voici les grandes fonctions qu'ils partagent :

- **Gestionnaire de messagerie.** Le serveur de communication joue le rôle de serveur de messagerie pour la messagerie interne ou la messagerie Internet.
- **Planification d'équipe.** Un logiciel de planification centralisé est géré par le serveur de communication.
- **Groupes de discussion.** Permettent aux utilisateurs de lire et d'écrire des messages dans des *bases de discussion*. Les groupes de discussion servent notamment à échanger des informations pendant le développement des projets.
- **Bases de données d'information.** Elles contiennent par exemple les données spécifiques de chaque salarié ainsi qu'un carnet d'adresses centralisé (avec les adresses de messagerie et numéros de téléphone).
- **Automatisation des tâches.** Il est possible de définir des formulaires permettant aux utilisateurs de passer commande d'accessoires de bureau, d'inviter des collègues à une réunion ou de diffuser des notes.

Toutes ces ressources de communication, centralisées sur le serveur de communication, sont exploitables par n'importe quel utilisateur du réseau, y compris un utilisateur distant.

Astuce

Les gestionnaires d'informations personnelles tels que Microsoft Outlook peuvent tout à fait être utilisés en dehors d'un réseau, c'est-à-dire sans Exchange Server. Les données d'un programme comme Outlook peuvent en effet être stockées sur l'ordinateur local. L'utilisateur peut ainsi gérer son calendrier, ses contacts et sa messagerie, mais il ne bénéficie pas de la puissance de travail collaboratif qu'offre Outlook dans un réseau.

Le composant le plus utilisé dans les gestionnaires d'informations personnelles est le client de messagerie. La messagerie électronique est devenue en quelques années aussi importante pour les activités humaines que le téléphone. Commençons donc par découvrir cette partie des logiciels collaboratifs.

10.1 La messagerie électronique (e-mail)

Un des logiciels de travail collaboratif les plus répandus est le gestionnaire de messagerie électronique ou e-mail. Le courrier électronique fonctionne un peu de la même manière que le courrier postal, mais plus simplement. Vous rédigez votre lettre, vous choisissez le destinataire dans une liste (ou vous saisissez son adresse et vous la sauvegardez, si c'est la première fois que vous lui écrivez), vous sélectionnez le niveau de priorité et vous l'envoyez. Votre système d'e-mail tient compte de l'adresse de retour. L'e-mail traverse le réseau local et Internet sans se soucier le moins du monde du chemin qu'il emprunte. S'il arrive à destination, tant mieux ; sinon, il sera rejeté par le système, et l'expéditeur recevra assez rapidement un avis de non-remise.

L'e-mail est apparu comme une fonction de base des premiers systèmes d'exploitation Unix. Il s'agissait essentiellement d'un automate de copie de fichiers qui recopiait un fichier du disque Unix local vers un disque Unix distant.

Pour en finir avec les différentes versions d'e-mail, souvent incompatibles d'un système Unix à l'autre, Eric Allman a écrit un programme appelé *sendmail*. Sendmail offre un grand nombre d'options permettant d'émettre et de recevoir du courrier.

Plus récemment, des programmeurs ont réussi à améliorer le concept de messagerie et les protocoles requis pour émettre et recevoir des messages. Il en résulte un vaste choix de clients et de serveurs de messagerie. La plupart de ceux utilisés dans les entreprises s'appuient sur des standards Internet, notamment *via* les protocoles TCP/IP nommés **POP3** (*Post Office Protocol version 3*) et **SMTP** (*Simple Mail Transport Protocol*). POP est exploité sur le serveur pour maintenir en attente tous les messages de chaque destinataire jusqu'à ce que celui-ci les rapatrie sur son client de messagerie. Inversement, SMTP permet à un client de messagerie d'envoyer des messages à un serveur qui en assure ensuite l'expédition *via* Internet.

À noter

POP3 sert à récupérer des messages depuis un serveur de messagerie. IMAP est un autre protocole de transport qui se distingue parce qu'il permet de lire quels messages sont en attente sans les supprimer du serveur. Cela permet à une personne qui travaille tour à tour sur plusieurs machines (c'est le cas des commerciaux en déplacement) de gérer ses messages entrants sans les laisser par paquets sur des machines qui ne lui appartiennent pas.

10.1.1 Les systèmes de messagerie propriétaires

Avec l'apparition des réseaux de PC au début des années 1980, quelques éditeurs commencèrent à développer des systèmes de messageries propriétaires pour les environnements PC. Ces systèmes, de cc:Mail de Lotus à Microsoft Mail, en passant par les variantes de MHS (*Message Handling System*) de Novell, tentèrent souvent de pallier la complexité de mise en œuvre de sendmail.

Les systèmes de messagerie pour les réseaux PC étaient très faciles à installer et à configurer, mais ils ont presque tous disparu. Les trois plates-formes de messagerie les plus connues sont Microsoft Exchange, Lotus Notes et Novell GroupWise. Elles permettent d'exploiter les standards Internet POP3 et SMTP et offrent un serveur central pour administrer les services de messagerie et de communications.

Les systèmes de messagerie propriétaires ne peuvent dialoguer que par l'entremise d'une *passerelle de messagerie*, un ordinateur qui convertit un format propriétaire en un autre.

De plus, les systèmes de messagerie propriétaires ne peuvent pas envoyer directement de courrier sur Internet. Ils ont besoin d'une autre passerelle convertissant leur format propre en format SMTP, la partie du protocole TCP/IP (*Transmission Control Protocol/Internet Protocol*) qui gère le routage du courrier.

10.1.2 Les systèmes de messagerie ouverts

Puisqu'il s'agit de communiquer, les systèmes ouverts (dont les spécifications sont librement accessibles) sont naturellement privilégiés. Comme pour tout ce qui concerne les réseaux, l'IETF (*Internet Engineering Task Force*) a travaillé sur des standards non propriétaires pour les fonctions de messagerie. Ils sont décrits dans des RFC (*Requests for Comments*) et sont étonnamment simples. Dès lors que votre réseau fonctionne sous TCP/IP, vous pouvez utiliser l'e-mail par Internet. Tout ce dont vous avez besoin, c'est d'un serveur sur lequel s'exécute la partie serveur de l'application et d'un logiciel client permettant d'y récupérer le courrier.

Il existe de nombreux éditeurs de logiciels serveurs et clients. L'intérêt des standards proposés par l'IETF tient au fait que n'importe quel client peut dialoguer avec n'importe quel serveur, s'ils se conforment aux standards : SMTP pour la partie serveur, et POP3 ou IMAP4 pour le côté client.

Les systèmes de messagerie conformes aux standards très répandus sont les suivants :

- le logiciel libre **sendmail**, fonctionnant surtout sous Unix et Linux ;
- une variante commerciale de **sendmail** (voir **sendmail.com**), fonctionnant sous Unix et Linux ;
- le logiciel **procmail**, pour Unix et Linux ;
- le logiciel **fetchmail**, pour Unix et Linux ;
- **Microsoft Exchange Server** exécutant le logiciel *Internet Mail Connector*.

Sendmail, procmail et fetchmail sont presque totalement des logiciels libres, ce qui signifie que vous pouvez récupérer le code source depuis un site Web (**http://www .sendmail.org** pour le sendmail en version libre), le configurer, le recompiler sur un système Unix ou Linux puis le mettre en place. La version commerciale de sendmail et Microsoft Exchange sont des produits payants qui offrent en échange un support technique formalisé.

10.2 Configuration de la messagerie

Pour pouvoir profiter d'un client de messagerie, il faut l'installer puis le configurer afin qu'il sache émettre et recevoir des messages. Vous devez d'abord créer un compte de messagerie sur le serveur. Par exemple, s'il s'agit d'un serveur exécutant Microsoft Exchange Server, vous créez une boîte de réception Exchange dans la fenêtre Active Directory (voir Figure 10.1).

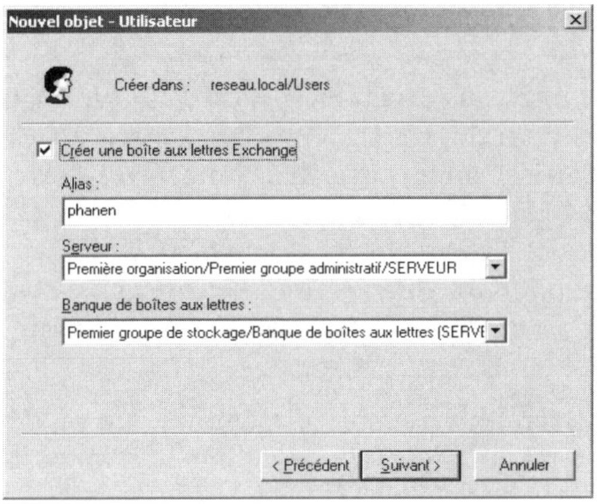

Figure 10.1 • Création d'un compte de messagerie sur un serveur.

Une fois le compte créé (qu'il s'agisse d'un compte sur une messagerie interne ou d'un compte de messagerie Internet), vous pouvez configurer l'application cliente. Dans Microsoft Outlook, vous êtes guidé à travers les étapes (voir Figure 10.2). Vous pouvez créer plusieurs comptes, par exemple pour Microsoft Exchange, POP3, IMAP, HTTP (pour Hotmail ou encore pour un système de messagerie propriétaire).

Lorsque vous configurez un client de messagerie, vous devez connaître l'identifiant du compte, son mot de passe et le nom du serveur de messagerie. Pour une messagerie Internet, il faut spécifier l'adresse d'un serveur POP3 et SMTP.

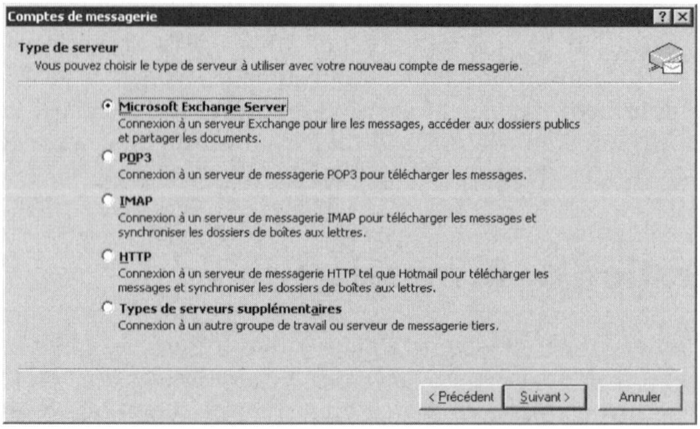

Figure 10.2 • Le client de messagerie doit être configuré pour savoir communiquer avec le serveur de messagerie.

10.3 Les extensions MIME

Le fait de pouvoir envoyer des textes *via* un réseau ou *via* Internet est très utile, mais il est encore plus intéressant de pouvoir associer des pièces jointes aux messages. Cela ouvre de nouveaux horizons tant au niveau personnel que professionnel. Vous savez que les fichiers se classent par catégories selon leur format : il existe des fichiers exécutables (des binaires), des fichiers image, des fichiers vidéo, des fichiers audio, etc. Avant l'invention du système MIME (*Multipurpose Internet Mail Extensions*), il était impossible de transmettre des fichiers en pièces jointes *via* des canaux de communication normaux.

Pour cette raison, l'IETF a décidé de créer un ensemble d'extensions de SMTP permettant d'attacher ces fichiers à un e-mail. Plutôt que de définir une nouvelle version de SMTP pour chaque nouveau type de fichiers, l'IETF a décidé de créer un système dans lequel les nouveaux types de fichiers pourront être ajoutés sans modification de l'ensemble. Cette norme de l'IETF, appelée MIME, permet la copie de fichiers de différents types au travers d'Internet.

La maturité d'Internet apportera sans doute bien d'autres types de fichiers. Cependant, MIME est suffisamment ouvert pour les intégrer. Comme on le voit, sans MIME, le système de messagerie d'Internet perdrait une bonne part de son efficacité.

10.4 Diagnostic des problèmes de messagerie

Les problèmes d'émission et de réception de messages électroniques trouvent en général leur cause soit au niveau du client, soit au niveau du serveur de messagerie. Cela reste valable quel que soit le système utilisé. Il faut bien sûr également tenir compte des problèmes de connectivité. S'il y a un problème au niveau du réseau, le meilleur client ou serveur de messagerie ne fonctionnera pas, puisqu'il ne pourra pas dialoguer avec son partenaire. Rappelons que les problèmes de connectivité ne se résument pas à des défauts au niveau d'un équipement de type routeur ou à un câble débranché ou défectueux ; il existe hélas d'autres sources de problèmes qui peuvent empêcher des ordinateurs de communiquer *via* un réseau.

Voici les deux questions simples qu'il faut se poser :

- Est-ce que le serveur de messagerie fonctionne ?
- Est-ce que le client de messagerie du destinataire fonctionne ?

Ces deux questions semblent élémentaires, mais il est toujours conseillé de commencer par y répondre. Pour pousser plus loin l'investigation, il faut avoir une certaine connaissance de la pile du protocole TCP/IP et des méthodes de dépannage réseau. Nous abordons TCP/IP au Chapitre 12 et le dépannage réseau au Chapitre 18.

10.5 Les pourriels ou "spams"

Une plaie du monde Internet est le flux sans cesse croissant des courriers électroniques non sollicités appelés **pourriels**, ou *spams* en anglais. Ce n'est pas qu'un désagrément pour le destinataire, puisque cela coûte aux entreprises et aux organismes. Internet commence à être saturé ces temps-ci au point de faire de la lutte contre les pourriels un combat de premier ordre. Certains pourriels ne font que gêner en remplissant la boîte de réception, mais d'autres sont outrageants ou à tendance pornographique, dans tous les cas non souhaitables.

Les clients de messagerie de haut de gamme comme Lotus Notes ou Microsoft Outlook sont dotés de filtres permettant d'envoyer directement les pourriels dans la corbeille. Ils savent les bloquer en fonction de l'adresse de messagerie d'origine ou du domaine Internet de l'émetteur. De nombreux éditeurs se sont lancés dans la brèche pour offrir des outils de lutte. Voici quelques-uns de ces outils. Ne considérez pas cette liste comme une sélection de l'auteur :

- SpamNet de CloudMark est un excellent chasseur de pourriels. L'abonnement est peu coûteux et le produit fonctionne bien.
- Les filtres bayesiens sont disponibles auprès de plusieurs sites Web. Ils permettent de bloquer les pourriels en fonction d'algorithmes et de ce que vous définissez comme étant de type pourriel.
- Ceux qui utilisent sendmail sous Linux ou Unix peuvent tirer profit de *SpamAssassin* qui est un outil basé serveur permettant de bloquer avec précision les pourriels. Nous en recommandons l'usage avec une version 9 ou supérieure de Red Hat Linux.
- Les entreprises peuvent s'abonner à des services de filtrage de pourriel qui gèrent des listes noires, notamment **http://www .mail-abuse.com/**. Cet organisme administre une base de données des émetteurs de pourriels qui ont été détectés en interdisant tous messages provenant de ces adresses et de ces domaines.

- Il existe un filtre de pourriels qui s'intègre correctement à Microsoft Outlook et à Outlook Express : *Mail Frontier Matador* et qui permet à un utilisateur en entreprise ou chez lui de filtrer ou bloquer tous les pourriels. Vous trouverez d'autres informations à l'adresse **http://www.mailfrontier.com/**.

Dans un environnement d'entreprise, c'est à l'administrateur réseau de mettre en place des stratégies et des règles pour limiter l'impact des pourriels sur le réseau. Vous pouvez définir un jeu de règles que tous les utilisateurs doivent prendre en compte. Une règle peut par exemple stipuler qu'ils ne doivent pas s'abonner à un service Internet ou à un site Web au moyen de leur adresse de messagerie d'entreprise. C'est en effet ainsi que les émetteurs de pourriels (les *spammeurs*) construisent leur longue liste d'adresses de messagerie pour abreuver ensuite leurs victimes de messages non sollicités.

10.6 Planification et gestion d'agenda

Toute personne qui a travaillé dans un environnement d'équipe sait qu'une équipe a besoin de se rencontrer périodiquement, mais que ce n'est jamais simple de trouver un moment libre commun. D'ailleurs, la simple gestion d'un agenda personnel peut parfois poser des problèmes de conflit. Nous utilisons tous les outils possibles pour rester organisés : les agendas, les calendriers et toute une ribambelle de petits bouts de papier.

Les logiciels collaboratifs tels que Microsoft Exchange et Lotus Notes offrent des fonctions de gestion d'agenda et de calendrier afin de faciliter la gestion de votre temps, la prise de rendez-vous et les réunions. Voyons par un exemple comment cela fonctionne dans l'environnement de Microsoft Exchange.

À noter

Plusieurs standards ont été proposés pour la gestion d'agenda ou de calendrier : iCal, ICAP, SSTP, etc. Aucun n'est parvenu à devenir un standard véritable et tous les logiciels de gestion d'agendas utilisent un format spécifique.

De plus, il ne semble pas se dégager une tendance à la normalisation entre les différents éditeurs. Actuellement, Microsoft Exchange possède une part importante du marché, notamment à cause de cette absence de standard.

Plutôt que de travailler sur la définition d'un standard, plusieurs éditeurs s'engagent dans la voie du logiciel libre en proposant des logiciels clients de messagerie et de gestion d'agendas totalement standardisés. Il faut souhaiter que la réalisation soit effective dans un avenir proche pour que nous puissions disposer de produits utiles qui permettent de dégager un standard.

L'agenda de chaque utilisateur (le planning contenant tous ses rendez- vous et réunions) est stocké dans les dossiers sur le serveur Exchange. Lorsqu'un utilisateur tente d'organiser une réunion à partir du calendrier de Microsoft Outlook, Outlook vérifie si chacun des participants prévus est disponible. La Figure 10.3 montre la fenêtre de demande de réunion d'Outlook 2003. Vous remarquez à gauche le bouton Sélection automatique qui permet de faire chercher les tranches horaires libres pour tous les participants sélectionnés.

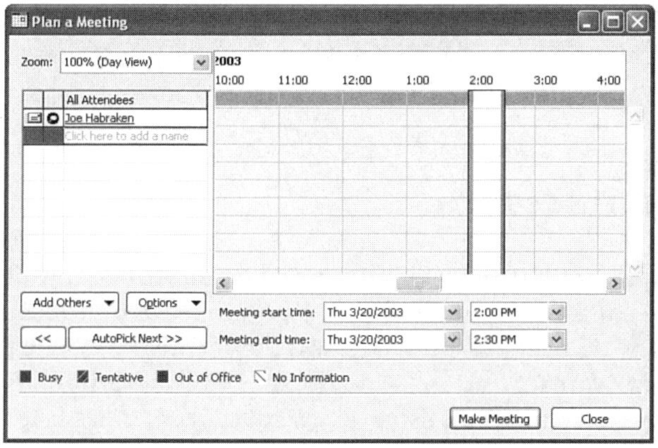

Figure 10.3 • Planification d'une réunion au moyen des ressources calendrier du serveur Exchange.

Une fois la réunion planifiée, l'information est transmise au serveur Exchange. Simultanément, des messages sont générés pour demander à tous les participants de venir. La Figure 10.4 montre un exemple de message d'invitation à une réunion.

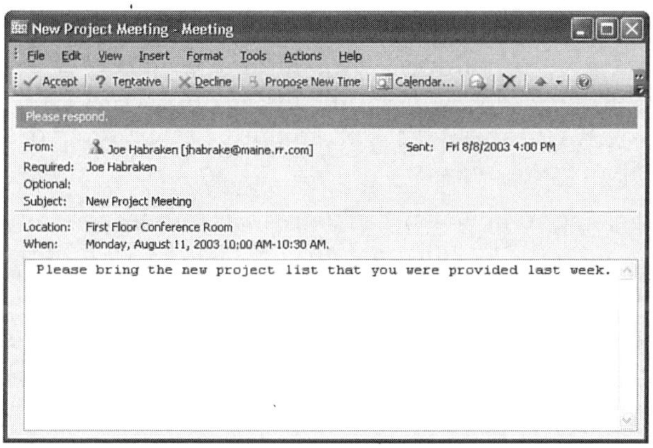

Figure 10.4 • Des invitations aux réunions sont envoyées automatiquement aux participants.

L'environnement de Microsoft Exchange Server permet à un client Outlook de gérer les agendas de tous les invités par rapport à la date et l'heure d'une réunion. Ce système devrait normalement éviter tout problème de conflit sauf si certains utilisateurs ne tiennent pas correctement leur agenda à jour dans le système.

Les logiciels collaboratifs ne se limitent pas à la planification des réunions. Vous pouvez également affecter des tâches et des rendez- vous à un utilisateur, qui peut l'accepter ou la refuser. Un message est renvoyé au demandeur pour l'informer de la décision de l'utilisateur. Les logiciels tels que Microsoft Exchange simplifient le suivi des affectations de tâches et leur avancement.

Astuce

Les logiciels collaboratifs permettent facilement de partager des agendas. Un assistant peut avoir accès au calendrier de son supérieur pour assurer le suivi de ses rendez-vous et réunions.

10.7 Gestion de contacts

Un des autres principaux outils qui sont normalement intégrés à un logiciel de travail collaboratif est le gestionnaire de contacts. Il permet d'abord à un utilisateur de stocker les noms, adresses et numéros de téléphone de tous ses interlocuteurs. Chaque utilisateur peut créer sa liste de contacts au sein du logiciel collaboratif mais également accéder dans certaines conditions aux listes de ses collègues et à des listes de groupe et de diffusion. Il est ainsi plus facile de diffuser des informations.

Dans un environnement réseau, le logiciel de gestion de contacts est un outil essentiel pour les équipes commerciales. Il permet d'assurer le suivi des clients et de préparer puis de consigner toutes les réunions et entrevues. Dans certains cas, il peut même planifier automatiquement les rappels téléphoniques ultérieurs en fonction de délais prédéfinis.

Comme la gestion d'agenda, la gestion de contacts souffre de ne pas connaître encore de standard défini par l'IETF ou un autre organisme. C'est pourquoi la plupart de ces logiciels sont fermés. Cependant, presque tous, et notamment ceux intégrés à Lotus Notes, Microsoft Exchange et Novell GroupWise, savent importer et exporter des données au format de leurs principaux concurrents.

La création d'un nouveau contact change d'un logiciel à l'autre mais tous les produits proposent une fenêtre permettant de saisir les informations. La Figure 10.5 montre par exemple la fenêtre de création de contact d'Outlook.

Une fois le contact saisi, les données sont disponibles sur le réseau. Cela permet à tous les salariés de disposer des informations concernant les clients et aussi de garantir que ces informations restent à jour puisque les données sont stockées sur un serveur centralisé.

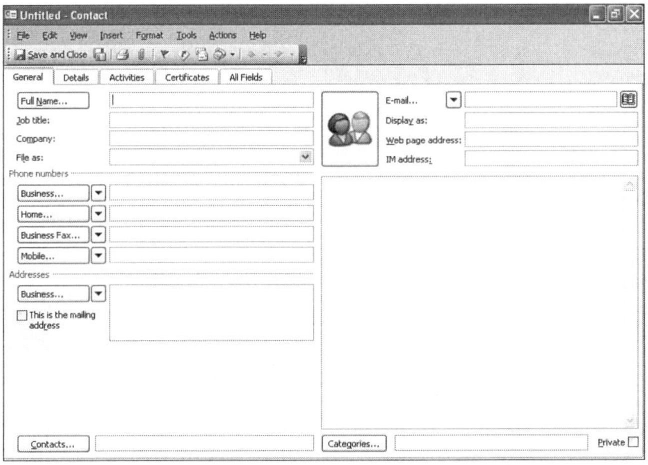

Figure 10.5 • Saisie des informations d'un nouveau contact dans un logiciel de gestion de contact.

10.8 Quelques logiciels de travail en groupe

Nous avons dit qu'il y avait plusieurs compétiteurs sur le marché du logiciel de travail collaboratif. Chacun de ces logiciels fournit les grandes fonctions principales que sont la messagerie électronique, la planification et la gestion des contacts.

Nous allons passer rapidement en revue Novell GroupWise, Lotus Notes et Microsoft Exchange/Outlook. Vous constaterez que tous ces produits se ressemblent beaucoup au niveau de l'utilisation. Votre choix de plate-forme doit donc d'abord dépendre des possibilités au niveau serveur et de la facilité d'intégration du logiciel à votre infrastructure réseau.

10.8.1 Novell GroupWise

GroupWise est le nom du logiciel de Novell pour le travail collaboratif. Il est constitué d'un client et d'un serveur. Ce dernier peut être mis en place sur un serveur Novell NetWare mais également sur un serveur Windows de type Windows 2000 ou Windows Server 2003. Le client GroupWise peut fonctionner sur de nombreuses plates- formes : Windows, Linux et Macintosh. La Figure 10.6 montre une fenêtre du client GroupWise sous Windows XP.

Le serveur GroupWise (dans sa version 6.5 à l'heure où nous écrivons) s'intègre parfaitement à la base de données d'annuaire hiérarchisé eDirectory de NetWare. D'ailleurs, les comptes des clients sont créés dans cet annuaire.

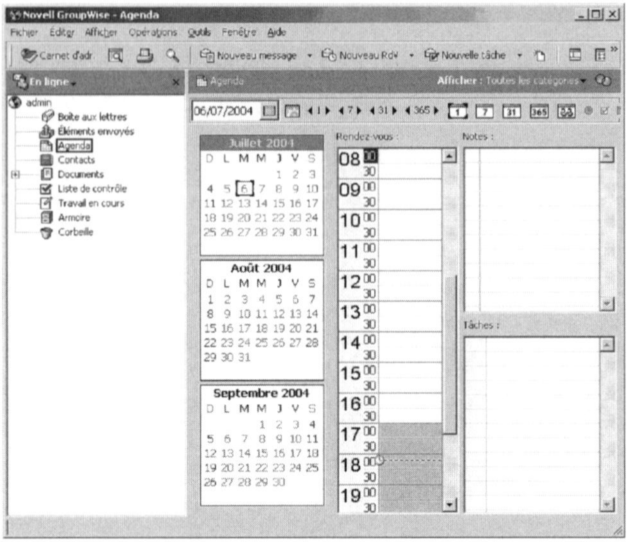

Figure 10.6 • La fenêtre du logiciel client GroupWise.

À noter

eDirectory est la plus récente version de la base de données d'objets de NetWare. C'est le successeur de l'annuaire NDS (*Novell Directory Services*). Il constitue une base de donnée hiérarchisée recevant tous les objets réseau : les arbres, les serveurs, les utilisateurs et tous les autres objets.

L'utilisateur accède au bureau de poste GroupWise dès que son compte est créé dans l'annuaire eDirectory (voir Figure 10.7). Pour inclure un utilisateur dans le bureau de poste GroupWise, il faut cocher la troisième case en partant du bas dans cette boîte.

Astuce

L'annuaire eDirectory peut fonctionner en tant que service autonome, ce qui permet de ne pas se cantonner au système d'exploitation NetWare. Vous trouverez d'autres détails au sujet de cet annuaire sur le site de Novell (http://www.novell.com).

GroupWise réunit tous les outils attendus d'un logiciel collaboratif : messagerie, calendrier, gestion de contacts et tâches. Il propose un outil à interface Web très pratique qui permet aux utilisateurs en déplacement d'accéder à leur compte GroupWise *via* Internet.

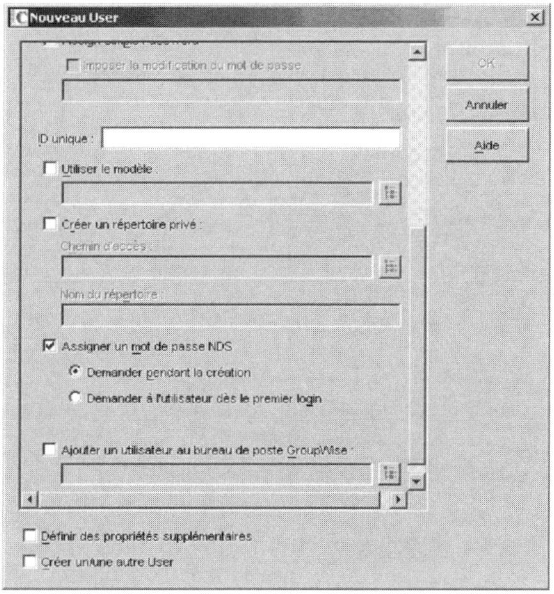

Figure 10.7 • Le bureau de poste GroupWise est atteint *via* un compte d'utilisateur dans l'annuaire eDirectory.

10.8.2 Lotus Notes et Domino

Lotus Notes est également une plate-forme de logiciel collaboratif client-serveur. Il fonctionne sur de nombreux systèmes d'exploitation : Microsoft Windows, Sun Solaris et Novell NetWare. Sa partie serveur s'appelle en réalité Lotus Domino Server. Le produit offre les fonctions de messagerie, de gestion de contacts, de tâches et plusieurs bases de données de discussion et de communication.

Le client Lotus Notes peut fonctionner sous de nombreux systèmes : Microsoft Windows et différentes versions de Linux et d'Unix. La Figure 10.8 donne un exemple de fenêtre client Lotus Notes.

Le serveur de Lotus Domino peut être administré depuis une interface sur ligne de commande ou au moyen de l'outil Domino Administrator. Dans les deux cas, vous pouvez ajouter des utilisateurs, des groupes et des règles à Lotus Notes. La Figure 10.9 montre la fenêtre de l'administrateur Domino.

Un des grands avantages de Lotus Notes (de l'avis de l'auteur de ce livre) est la possibilité de créer des bases de discussion. Elles ressemblent beaucoup aux groupes de discussion Internet dans lesquels un utilisateur poste un message auquel répondent ensuite les autres intervenants. Cela permet d'établir un dialogue en ligne sans passer par les messageries. Plusieurs personnes travaillant sur un même projet peuvent ainsi aisément engager une discussion et poster des informations et des avis dans la base de données.

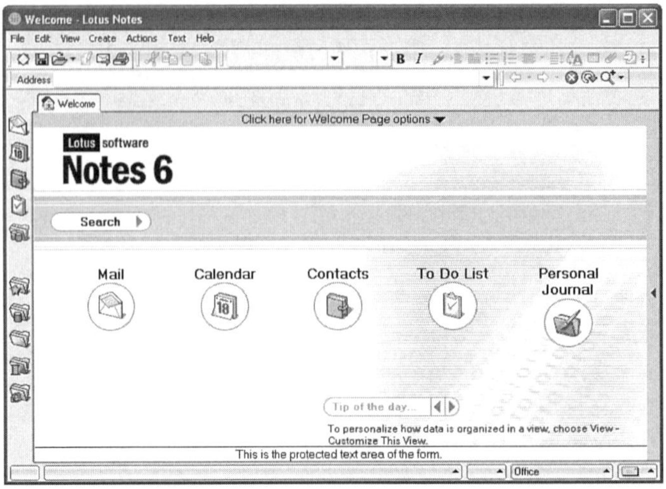

Figure 10.8 • Le client Lotus Notes.

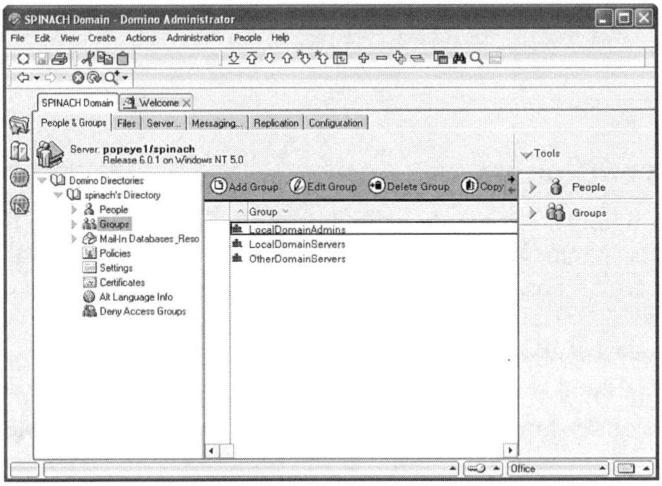

Figure 10.9 • La fenêtre Domino Administrator.

10.8.3 Microsoft Exchange/Outlook

Nous avons déjà rencontré Outlook en début de chapitre. Intéressons-nous au côté serveur de ce logiciel collaboratif. Microsoft Exchange Server peut fonctionner sur un ordinateur sur lequel est installé un système d'exploitation Windows pour réseau. (La dernière version d'Exchange n'accepte que Windows 2000 Server et Windows Server 2003.)

Exchange Server est intimement lié à l'annuaire de Microsoft, *Active Directory.* (Il s'agit d'une base de données hiérarchisée permettant de stocker tous les objets d'un réseau Windows.) Les utilisateurs définis dans cet annuaire peuvent accéder aux ressources d'Exchange Server en cochant la case Créer une boîte de réception Exchange dans leur boîte de propriétés de l'utilisateur.

L'administration du logiciel Exchange Server passe par le Gestionnaire système Exchange. Il permet à l'administrateur réseau de gérer les boîtes de réception et les dossiers publics (par exemple ceux qui contiennent les listes de distribution et tous les contacts publics). La Figure 10.10 donne l'aspect de la fenêtre du Gestionnaire système Exchange.

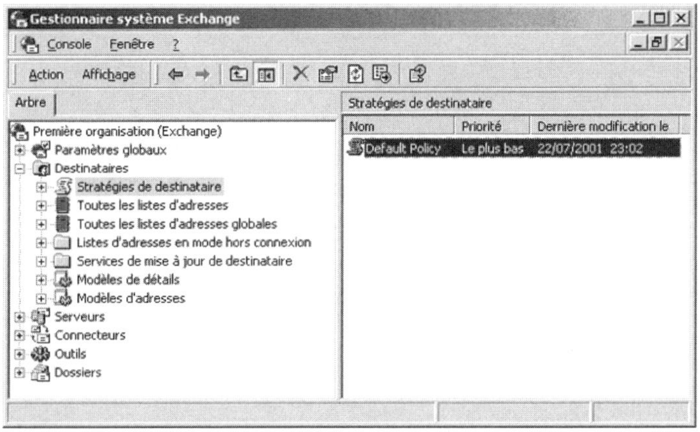

Figure 10.10 • Fenêtre Gestionnaire système Exchange.

Outlook est prévu pour fonctionner avec la suite bureautique Microsoft Office. Il peut stocker tous les documents générés dans Office dans un dossier spécial appelé "Journal". Chaque utilisateur peut ainsi suivre son utilisation des applications Office. Le journal permet également de suivre les activités d'Outlook et, donc, à l'utilisateur, de mieux s'organiser.

Les versions les plus récentes d'Outlook (Outlook 2000, 2002 et 2003) reconnaissent tous les protocoles de messagerie (POP3, IMAP4, HTTP) en plus des systèmes propriétaires de Microsoft fondés sur Exchange. De plus, le site Web de Microsoft permet de télécharger toute une série d'applications pour travail collaboratif. Outlook est devenu un client de messagerie assez puissant et ses fonctions de travail en groupe n'ont fait que se renforcer. S'il faut citer un problème au niveau d'Outlook, c'est le désir de Microsoft de proposer du contenu actif ou dynamique en insérant des pages Web et des programmes dans les messages, ce qui a ouvert la porte à de nombreux virus-macros. Un tel virus peut par exemple envoyer des copies d'un message infecté à toutes les personnes trouvées dans le carnet d'adresses ou la liste de contacts de l'utilisateur Outlook.

10.8.4 Autres logiciels

Nous venons de passer en revue les trois principaux logiciels collaboratifs, mais il en existe d'autres. Dans la catégorie des gestionnaires d'informations personnelles, nous pouvons citer ACT! de Symantec, Commence de Commence Corporation et Gold-Mine. Tous ces produits intègrent plus ou moins bien la messagerie et savent partager les informations concernant les contacts. Chacun utilise un agenda spécifique qui ne peut pour l'essentiel pas interagir avec celui d'un autre système. En revanche, tous sont dotés de fonction d'importation et d'exportation des données.

11

La connexion à Internet

Au sommaire de ce chapitre

- Les origines d'Internet
- Connexion à Internet
- Types de connexion Internet
- Le pare-feu, les serveurs proxy et le mécanisme NAT
- La messagerie Internet
- Le réseau Web, FTP et autres services Internet

À ce point d'avancement du livre, nous nous sommes uniquement consacrés aux réseaux locaux. Internet est un gigantesque réseau de réseaux qui est devenu indispensable tant pour les particuliers que pour les entreprises. Nous allons voir dans ce chapitre comment il s'est répandu et comment s'y connecter. Nous terminerons en découvrant les principaux services proposés sur Internet comme la messagerie et les pages Web.

11.1 Les origines d'Internet

Les origines d'Internet font l'objet de nombreuses rumeurs et erreurs. Nous avons tendance à penser qu'Internet n'existe que depuis le moment où nous avons pu accéder au Web grâce à un navigateur. Au départ, c'est une agence du département de la Défense des États-Unis nommée ARPA (*Advanced Research Projects Agency*) qui a travaillé au cours des années 1960 à la conception d'un réseau informatique à commutation de paquets et à vaste échelle. L'idée était d'interconnecter les sites de recherche militaires puis civils à travers tout le pays (les centres de recherche militaires et les universités). L'objectif du réseau ARPANET était de faciliter l'échange d'information entre les chercheurs.

La mise en place d'un tel réseau supposait de créer des protocoles définissant les règles et les modes de transmission des données par paquets de l'émetteur au destinataire. Sous son nom ARPANET, le réseau est entré en fonction aux États-Unis en 1971.

À noter

Le premier nœud d'ARPANET en 1969 a été installé à l'université de Los Angeles UCLA.

TCP/IP (*Transmission Control Protocol/Internet Protocol*), apparu en 1981, n'était donc pas le premier protocole défini pour ARPANET, mais il a été institué par le département de la Défense dès 1983 comme protocole universel des échanges à longue distance (autrement dit à une distance supérieure à celle des réseaux des campus universitaires de l'époque).

ARPANET n'est pas devenu la dorsale de ce qui est actuellement Internet ; seuls les protocoles et les équipements de commutation réseau ont été conservés. En 1986, la NSF (*National Science Foundation*) les a employés pour construire une dorsale de réseau. Le réseau, appelé NSFNET, a d'abord servi aux institutions d'éducation et aux sites NSF, devenus ensuite le début d'Internet. En 1994, NSF s'est retirée des activités Internet publiques, ce qui a permis à des fournisseurs privés de s'interconnecter à partir de différents points d'accès au réseau (certains de ces points avaient été créés par la NSF et d'autres par des entreprises privées telles que Sprint).

De nos jours, ceux qui utilisent Internet pour la messagerie, le Web et autres communications, imaginent difficilement qu'il y eut une époque sans Internet alors que son histoire s'étend sur moins de deux décennies.

11.2 Connexion à Internet

Pour bénéficier d'Internet, vous devez pouvoir établir une connexion avec une dorsale Internet. Dans la presque totalité des cas, cela suppose d'entrer en relation commerciale avec un FAI (fournisseur d'accès Internet), qui propose tous les services de base : messagerie électronique, navigation Web, etc. Ce bouquet de services est particulièrement pratique pour les petites entreprises et les particuliers qui ne peuvent pas établir une connexion directe à Internet. Cela leur évite aussi d'avoir à configurer un serveur de messagerie directement relié au réseau. Pourtant, aujourd'hui, toute entreprise qui se respecte devrait posséder son propre site. Pour cela, les FAI proposent des services d'hébergement de domaines (ils fournissent le service DNS [*Domain Name Service*]) où vous stockez les pages de votre site Web. L'entreprise, en fonction de sa taille et de son implication dans le cyberespace, décidera de mettre en place ses propres serveurs DNS, de messagerie et Web ou d'en confier la gestion à un fournisseur d'accès.

Si vous travaillez dans une très grande entreprise, inutile de songer à utiliser les services d'un FAI. Dans ce cas, mieux vaut entrer en contact avec un fournisseur de bande passante (IAP) comme Sprint ou France Télécom, qui permet de vous connecter à la dorsale d'Internet *via* des lignes à très haut débit. Une telle ligne correspond à un point d'accès réseau appelé GIX (*Global Internet eXchange*) en Europe ou NAP (*Network Access Point*) aux États-Unis. Les fournisseurs d'accès, qui font de la vente de détail, se connectent tous à un GIX.

Lorsque vous traitez avec une entreprise fournissant de la bande passante en gros, c'est à vous de mettre en place toute l'infrastructure réseau (serveurs DNS, serveurs de messagerie, etc.) pour faire fonctionner les applications Internet.

À noter

En France, c'est l'organisme public Renater qui gère le point d'accès GIX principal.

Voici quelques éléments de réflexion afin de bien sélectionner votre fournisseur d'accès :

- Est-il connecté de manière redondante à la liaison principale ? Pour être assuré d'une permanence de la connexion, vous devez savoir combien de liens redondants sont disponibles.
- Fournit-il les équipements (par exemple les routeurs) pour la connexion et les configure-t-il (notamment dans le cas d'une location de la liaison) ? Sinon, vous devrez les acquérir pour créer votre réseau global WAN (*Wide Area Network*).
- Peut-il vous fournir une plage d'adresses IP et obtenir un nom de domaine pour vous ? Vous pouvez alors facilement mettre en place de nouveaux postes clients et configurer des serveurs Web et DNS (qui ont tous deux besoin d'adresses IP fixes). En revanche, ce n'est pas nécessaire pour se connecter à Internet. D'autres solutions existent telles que les serveurs proxy et le mécanisme NAT de traduction d'adresse.
- Peut-il vous aider à sécuriser votre réseau IP ? Demandez-lui s'il propose des mécanismes de pare-feu et des serveurs proxy.
- Quel niveau du support technique offre-t-il (24 h/24 et 7 j/7) ?

Le coût est évidemment le critère principal de choix d'un FAI mais il faut tenir compte des points précédents. Une connexion économique mais souvent hors service n'a guère d'intérêt.

11.3 Types de connexion Internet

Nous avons vu au Chapitre 5 qu'il existait plusieurs possibilités pour se connecter *via* un fournisseur d'accès ou directement sur une dorsale. Un fournisseur qui présente de nombreuses références en connexion de réseaux d'entreprises pourra vous fournir une foule d'informations sur le type de connexion envisageable.

Si votre budget ne vous permet pas d'accéder à une ligne à très haut débit, vous n'êtes pas pour autant forcé de vous cantonner à un modem analogique. Il existe d'autres possibilités à haut débit. Revoyons-les brièvement.

11.3.1 Connexion par modem analogique

Nous avons présenté cette connexion minimale au Chapitre 6. Rappelons simplement qu'elle est très simple à mettre en place et qu'il existe même des possibilités d'accès gratuit chez certains fournisseurs. Il vous suffit de posséder un modem (dotation standard des ordinateurs actuels) et d'une prise téléphonique.

11.3.2 ADSL

Parmi les différents types de liaison numérique xDSL, la variante la plus connue est bien sûr l'ADSL (*Asymmetric Digital Subscriber Line*) qui permet aux particuliers de surfer sur Internet sans occuper la ligne téléphonique.

L'accès ADSL est tout à fait envisageable pour les petites entreprises, auxquelles un modem spécial est fourni. Préférez un routeur/modem ADSL qui pourra être connecté à un commutateur ou à un concentrateur afin de partager la connexion ADSL entre plusieurs machines. La Figure 11.1 montre l'aspect extérieur d'un routeur ADSL Cisco.

Figure 11.1 • Exemple routeur ADSL.

11.3.3 Liaison câble

La troisième catégorie d'accès physique à Internet correspond à la liaison par câble. Pour l'instant réservée aux zones urbaines, elle permet de transporter de la vidéo ainsi que des données IP. Les accès par câble sont, pour l'instant, beaucoup moins répandus en France qu'aux États-Unis.

11.4 Les pare-feu, les serveurs proxy et le mécanisme NAT

Quelle que soit la technologie utilisée pour accéder à Internet, vous devez dès le départ vous soucier de la protection de votre réseau contre les attaques extérieures. Deux outils permettent de protéger votre réseau, ce sont les pare-feu et les serveurs proxy.

Avec un serveur proxy, vous devez connaître le mécanisme de traduction d'adresses réseau NAT (*Network Address Translation*), consistant à attribuer des adresses IP privées aux membres du réseau local.

11.4.1 Pare-feu

Vous devez impérativement équiper votre réseau local d'un pare-feu (pare-feu logiciel ou pare-feu matériel), un ordinateur ou un équipement spécifique qui se place entre le routeur ou le modem d'accès à Internet et le réseau interne. Son rôle est de scruter toutes les données qui entrent dans le réseau local et qui en sortent. Il est capable de filtrer les données dans les deux sens. Lorsqu'il détecte un paquet de données qui ne satisfait pas à une règle prédéfinie, ce paquet est bloqué (en entrée ou en sortie). Autrement dit, le pare-feu vous protège contre les attaques extérieures mais contrôle également le type de connexion que tentent d'effectuer les utilisateurs du réseau local vers l'extérieur.

Les pare-feu se classent selon la manière dont ils gèrent le trafic réseau :

- **Pare-feu de filtrage de paquet.** Il se fonde sur un jeu de règles pour décider si les paquets de données qui entrent et qui sortent peuvent continuer leur chemin. Les règles ou les filtres peuvent par exemple s'intéresser à l'adresse IP, au numéro de port ou de service. Ces pare-feu laissent transiter les données très rapidement et constituent le type le plus simple.
- **Pare-feu au niveau circuit.** Ressemble au précédent puisqu'il filtre les paquets en fonction d'un jeu de règles, mais en faisant croire qu'il émet lui-même les paquets provenant du réseau local vers l'extérieur. Les paramètres des machines hôtes situées sur le réseau interne restent ainsi invisibles de l'extérieur. Il permet également de vérifier qu'une connexion établie entre une machine locale et un ordinateur situé après lui a été établie de manière correcte. Si ce n'est pas le cas, il peut interrompre la connexion.

- **Pare-feu de passerelle applicative.** Il utilise un mécanisme d'authentification très strict pour vérifier l'identité d'une machine qui tente de se connecter au réseau interne *via* un protocole TCP/IP tel que FTP (*File Transfer Protocol*) ou Telnet. Il peut aller jusqu'à contrôler quels périphériques peuvent être atteints par une machine hôte externe en exigeant d'abord l'accord du pare-feu qui réalise l'authentification de l'utilisateur demandeur.

De nombreux fabricants, parmi lesquels Cisco, 3Com et Ascend Communications, proposent des pare-feu, qui existent en différentes tailles selon l'importance du réseau à protéger. 3Com propose par exemple la gamme de pare-feu OfficeConnect Firewall pour les petites entreprises ou la gamme SuperStack 3 pour les plus grands réseaux.

Lorsque vous n'avez besoin de protéger qu'une seule machine des attaques externes, vous pouvez vous limiter à un pare-feu logiciel. Cette protection est d'ailleurs fortement conseillée par Microsoft pour les utilisateurs domestiques (en effet, Windows XP, comme ses prédécesseurs, souffre de certaines failles qui permettent les intrusions par des crackers). Windows XP est doté d'un pare-feu logiciel intégré. Un des logiciels pare-feu les plus utilisés est ZoneAlarm. Vous pouvez obtenir plus d'informations sur le site Web de l'éditeur (**http://www.zonealarm.com**).

Les pare-feu sont devenus indispensables, d'autant plus lorsqu'on utilise un système d'exploitation de Microsoft. Nous verrons plusieurs types d'attaques qui vous menacent au Chapitre 16.

11.4.2 Les serveurs proxy

Les pare-feu sont efficaces mais, seuls, ils ne suffisent pas à assurer la sécurité d'un réseau. En effet, si votre réseau interne utilise TCP/IP, chaque ordinateur dispose d'une adresse unique, qui peut offrir à des intrus une occasion inespérée de s'introduire sans y avoir été invité. Contre ce risque d'intrusion, placez un serveur *proxy*. Son rôle est de cacher les adresses IP internes au monde extérieur, tout en permettant à vos utilisateurs de naviguer sur Internet.

Pour cela, le logiciel TCP/IP de chaque utilisateur devra être configuré de façon qu'il pointe sur l'adresse IP d'un serveur proxy. Quand l'utilisateur clique sur un lien dans Netscape ou dans Internet Explorer, les paquets de données destinés à ce site Web ne sont pas envoyés directement au pare-feu, puis sur Internet. En réalité, le serveur proxy capture la requête de l'ordinateur interne en vue d'afficher la page Web, prend note de l'adresse IP de celui-ci, et envoie la requête, laquelle, maintenant, provient de l'adresse IP du serveur proxy et non de celle de l'ordinateur interne. Lorsque la réponse (dans cet exemple, la page Web) est renvoyée par Internet, le serveur proxy la collecte et la retransmet à l'adresse IP de l'ordinateur qui a émis la requête.

Ainsi, pour tout observateur extérieur au réseau, toutes les demandes (pages Web, fichiers FTP, etc.) semblent être issues d'un seul ordinateur.

Le mécanisme consistant à utiliser des adresses privées pour le réseau local, qui se connecte ensuite à Internet *via* un serveur proxy s'appelle la traduction d'adresses réseau NAT.

> ***À noter***
>
> De nos jours, les pare-feu sont également capables d'assurer la fonction de serveur proxy. Ces équipements hybrides vous permettent de configurer le mécanisme NAT.

11.4.3 Le mécanisme NAT

Le mécanisme NAT permet de cacher tout un groupe d'ordinateurs d'un réseau local derrière une seule adresse IP visible de l'extérieur. Dans l'univers Unix, ce mécanisme se nomme la *masquerade IP*. Votre réseau est protégé par le serveur NAT qui joue en général le rôle de serveur proxy et de pare-feu. Vous n'avez donc besoin que d'une seule adresse IP destinée au serveur où est installé le logiciel NAT. Le système d'adressage IP que vous utilisez dans le réseau local ainsi protégé peut être choisi librement, en tenant compte de quelques plages d'adresses IP réservées dont nous allons parler un peu plus loin.

Les pare-feu et les serveurs proxy qui proposent le service NAT doivent être configurés avec deux interfaces réseau et être équipés de deux cartes réseau. La première est configurée avec l'adresse IP fournie par votre fournisseur d'accès Internet ou reçue de manière dynamique depuis le serveur DHCP (*Dynamic Host Configuration Protocol*) de ce dernier. C'est cette carte qui est connectée au FAI et au monde extérieur (ou à un point d'accès Internet si vous êtes une très grosse entreprise). L'autre carte réseau est connectée à votre réseau local. Son adresse IP doit être cohérente avec la plage d'adresses choisie pour le réseau interne. À l'époque de la création d'IP version 4 par l'IETF, trois classes A, B et C avaient été définies avec une plage correspondant à chaque classe. Un sous-domaine d'adresses a été réservé dans chaque classe pour le mécanisme NAT :

- Classe A : 10.0.0.0 à 10.255.255.255, avec un masque de sous- réseau égal à 255.0.0.0
- Classe B : 172.16.0.0 à 172.31.255.255, avec un masque de sous-réseau égal à 255.255.0.0
- Classe C : 192.168.0.0 à 192.168.255.255, avec un masque de sous-réseau égal à 255.255.255.0

L'avantage d'un serveur proxy doté de la fonction NAT en tant que pare-feu (ou d'un serveur NAT direct) est de vous donner la possibilité de choisir librement les adresses IP internes, et de considérer votre réseau interne comme étant de classe A ou de classe B. Une seule adresse IP publique est utilisée pour le serveur NAT.

Un serveur proxy avec la fonction NAT procure un excellent niveau de sécurité et des possibilités de filtrage pour un grand réseau. Cela permet également de constituer des connexions à bas coût pour une petite entreprise (ou un réseau domestique dès que plusieurs ordinateurs doivent exploiter une seule connexion à Internet).

11.5 La messagerie Internet

Avec le Web, le service le plus usité aujourd'hui est la messagerie électronique. Sa capacité à envoyer des messages quasi instantanément à toute personne sur le globe en fait un outil indispensable.

Avant de choisir la meilleure méthode pour router du courrier sur Internet, vous devez d'abord connaître les différentes règles à suivre :

- **L'e-mail doit être correctement adressé.** Si vous l'envoyez à partir d'un système POP3 ou IMAP4, l'adresse de votre e-mail devra simplement se présenter sous la forme standard **machin@fournisseur.com**.
- **La messagerie doit disposer d'une connexion à Internet.** Cette connexion peut utiliser des lignes téléphoniques ordinaires, des lignes numériques commutées ou des connexions Internet dédiées, sur des liaisons T1 ou à relais de trames à 56 K. Un des avantages des logiciels TCP/IP est qu'ils peuvent fonctionner sur presque tous les médias.
- **Vous devez utiliser un domaine reconnu.** Si votre FAI est un fournisseur d'accès commercial, tel que Free ou Wanadoo, votre adresse e-mail aura la forme "machin@free.fr" ou "machin@ wanadoo.fr". Si, d'autre part, votre réseau est connecté à Internet avec une connexion permanente (T1, 56 K, DSL ou modem câble), vous pourrez y abriter votre propre domaine, tel que "monsite .com". Parfois, c'est le fournisseur d'accès Internet qui conserve et gère votre domaine sur ses serveurs, il *héberge* votre domaine.

Si ces trois critères ne sont pas réunis, la messagerie Internet ne pourra pas fonctionner convenablement. Cela impose de mettre en place au moins un serveur de messagerie, exploitant la norme SMTP ou POP3 (ou IMAP), pour envoyer et recevoir des messages en relation avec les clients du réseau. Nous avons vu plusieurs logiciels clients de messagerie et serveurs au Chapitre 10 (par exemple Microsoft Exchange ou Novell GroupWise).

> ***À noter***
>
> Vous serez peut-être surpris d'apprendre que la fonction de messagerie Internet n'avait absolument pas été prévue par les concepteurs du réseau ARPANET. Elle n'a été ajoutée à ARPANET qu'en 1972, pour devenir rapidement l'application la plus utilisée sur le réseau.

11.6 Le réseau Web et autres services Internet

En vous connectant à Internet, vous pouvez accéder à toute une série de plates-formes de communication. Il y a bien sûr d'abord le réseau Web, le téléchargement de fichiers FTP et les groupes de discussion (sans compter toutes les plates-formes de discussion propriétaires comme Microsoft Messenger et Yahoo Chat).

Vous avez peut-être déjà utilisé le protocole FTP si vous avez téléchargé un fichier. C'est un des premiers à avoir été défini pour la pile de protocoles TCP/IP. La plupart des navigateurs Web le supportent.

11.6.1 Utilisation du Web

Le protocole et le langage de codage qui ont donné naissance au réseau WWW (*World Wide Web*) n'ont été conçus qu'en 1991 par des scientifiques du centre de recherche CERN (*Conseil européen pour la recherche nucléaire*) en Suisse. Le langage de codage est le fameux HTML (*Hypertext Markup Language*) et le protocole correspondant est HTTP (*Hypertext Transfer Protocol*). Ces deux éléments ont défini les modalités d'échange d'informations entre les chercheurs scientifiques *via* un réseau TCP/IP.

- **HTML** est le format de fichier qui définit la présentation des documents tels qu'ils peuvent être chargés par un navigateur Web. C'est un ensemble de balises qui contrôlent l'aspect visuel du texte qu'elles délimitent. Un document HTML contient du texte, mais également des graphiques, du son, de la vidéo et des liens hypertexte permettant de sauter d'un document HTML à un autre, sur le même site Web ou un autre.
- **HTTP** fait partie de la pile de protocoles TCP/IP. Ce protocole définit les conditions de connexion entre un client HTTP (l'ordinateur sur lequel s'exécute le navigateur Web) et un serveur HTTP (un serveur Web). Le client Web envoie une requête pour se connecter au serveur en utilisant HTTP (qui se base sur TCP pour la connexion). Le serveur Web est désigné par son adresse URL (*Uniform Resource Locator*), qui équivaut au nom DNS du serveur.

Le serveur Web qui gère la page HTML demandée transmet le contenu du fichier correspondant, en établissant une communication HTTP volatile (sans maintenir la connexion). Le navigateur Web du client peut alors afficher le contenu de la page Web après avoir interprété les balises (pour la mise en gras, le passage en caractères de titre, etc.).

Vous connaissez les principaux logiciels de navigation Web (Internet Explorer, Netscape, Mozilla et Opera). Celui qui règne dans le monde Unix/Linux est le serveur Apache (utilisable également sous Windows), alors que Netscape Enterprise fonctionne sous Windows, Linux et Unix et que le serveur IIS (*Internet Information Server*) de Microsoft sert sous Windows Server 2003 et Windows 2000 Server.

11.6.2 Le protocole FTP

Le mécanisme FTP permet à un poste client d'accéder à des dossiers sur le disque d'un serveur de fichiers, après identification *via* un nom de connexion et un mot de passe. C'est le serveur FTP qui valide l'identité de l'utilisateur pour l'autoriser à accéder aux fichiers.

Sur Internet, il existe de nombreux sites FTP publics qui permettent de se connecter de façon anonyme. En général, le nom d'utilisateur à fournir pour se connecter est "**anonymous**". Le mot de passe est souvent votre adresse de messagerie électronique. Ce genre de site est appelé *site FTP anonyme.* La Figure 11.2 montre un exemple de site FTP tel qu'il est visible dans un navigateur Web. Si vous regardez la ligne d'adresse, vous constatez que le début de l'adresse URL stipule **ftp** au lieu de **http**.

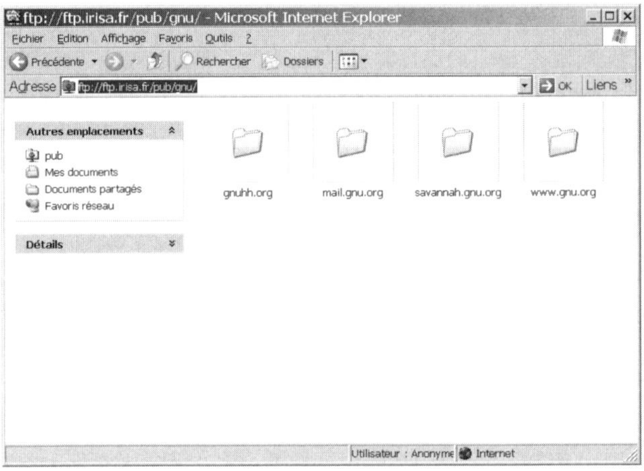

Figure 11.2 • Exemple d'accès à un site FTP anonyme.

Sur un ordinateur fonctionnant sous Windows, les répertoires du site FTP prennent le même aspect dans la fenêtre du navigateur d'Internet Explorer que les dossiers locaux. Vous accédez donc aussi facilement à des fichiers situés à l'autre bout de la planète qu'à vos fichiers personnels.

Il existe un vaste choix de clients FTP, la plupart gratuits. L'utilisation d'un tel logiciel donne plus de souplesse à vos opérations de transfert de fichiers. Vous en aurez dans tous les cas besoin pour accéder à des sites qui obligent à fournir un identifiant et un mot de passe. Pour trouver un client FTP, rendez-vous par exemple sur le site de téléchargement **www.tucows.com**.

La Figure 11.3 montre un exemple de client FTP connecté au site d'un éditeur. Vous constatez que les deux volets permettent de voir à gauche le répertoire local de votre machine et à droite celui du site FTP. Vous pouvez de ce fait facilement transférer des fichiers dans un sens ou dans l'autre.

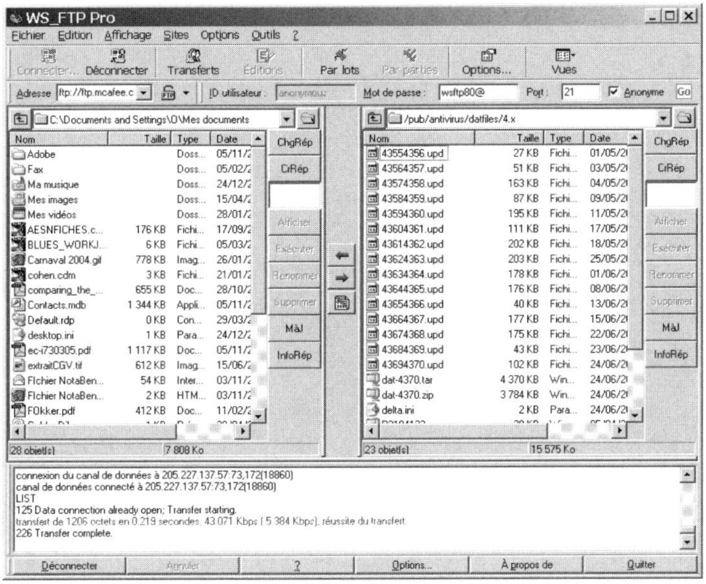

Figure 11.3 •
Exemple de client FTP.

Astuce

Vous n'êtes pas obligé de télécharger et d'installer un client FTP sur votre machine ; la plupart des systèmes d'exploitation (notamment toutes les variantes d'Unix/Linux et Microsoft Windows) disposent d'un outil en ligne de commande pour accéder à un site FTP.

12

TCP/IP

Au sommaire de ce chapitre

- Configuration d'un équipement pour TCP/IP
- Principes du protocole DHCP
- Configuration d'un client pour DHCP
- Principes du système DNS
- Obtention d'un nom de domaine

Nous avons eu un bref aperçu du protocole TCP/IP (*Transmission Control Protocol/Internet Protocol*) au Chapitre 3. Il est indispensable de savoir comment le configurer sur un client et un serveur et comment fonctionne le service de noms de domaines qui sert à convertir une adresse IP en nom (et *vice versa*).

Nous allons dans ce chapitre découvrir plus en détail la configuration du protocole réseau TCP/IP, tant sur un client que sur un serveur. Nous découvrirons également le protocole de configuration dynamique DHCP (*Dynamic Host Configuration Protocol*) et le serveur de noms de domaines DNS (*Domain Name Service*). Nous verrons enfin comment obtenir un nom de domaine.

12.1 Configuration d'un équipement pour TCP/IP

Une première approche dans la fourniture d'une adresse IP pour les équipements d'un réseau (les nœuds) consiste à fournir une adresse IP statique avec un masque de sous-réseau. Il existe une autre solution, l'attribution dynamique d'adresses IP au moyen du protocole DHCP, dont nous verrons les détails un peu plus loin.

12.1.1 Configuration d'adresse IP statique d'un serveur

Un serveur réseau qui héberge un service tel que DNS et DHCP (et d'autres services spéciaux tels qu'un serveur Web, un serveur de messagerie ou un serveur d'impression ou de fichiers) a besoin de disposer d'une adresse IP qui ne change pas dans le temps, c'est-à-dire une adresse IP statique.

> ***Attention***
>
> Lorsqu'un serveur doit fournir des services d'annuaire réseau (par exemple, dans l'environnement Windows Server 2003, le contrôleur de domaine qui gère l'annuaire Active Directory pour le réseau), il doit disposer d'une adresse IP qui ne change pas. Il en est de même pour les serveurs NetWare qui gèrent l'annuaire eDirectory.

Chaque système d'exploitation réseau et chaque plate-forme client fournissent un mécanisme spécifique pour configurer un ordinateur avec une adresse IP statique et un masque de sous-réseau. En général, ces deux paramètres sont définis pendant l'installation du système d'exploitation sur la machine serveur, mais vous pouvez les modifier une fois l'installation achevée.

Voyons par exemple comment se présente la configuration d'un serveur sous Windows Server. Les paramètres TCP/IP sont disponibles dans la boîte de dialogue Propriétés de protocole Internet TCP/IP (à laquelle vous accédez au moyen de la boîte des propriétés de la connexion au réseau local du serveur) [voir Figure 12.1].

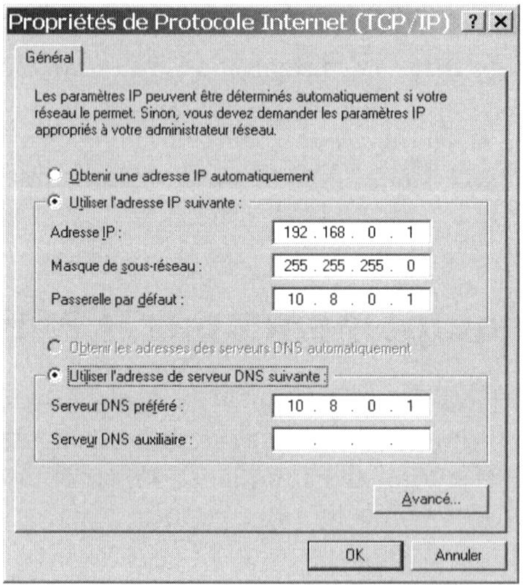

Figure 12.1 • Boîte permettant de saisir l'adresse IP et le masque de sous-réseau sous Windows.

Nous constatons que l'adresse IP et le masque de sous-réseau ne sont pas les deux seuls paramètres à fournir lorsqu'il s'agit de configurer un serveur pour TCP/IP. Il faut également donner l'adresse de la passerelle par défaut du serveur. Il s'agit de l'interface de routage qui est connectée au segment sur lequel se trouve le serveur.

Un autre paramètre à fournir est l'adresse IP du serveur DNS primaire qui effectue la *résolution* des noms, c'est-à-dire leur conversion. Dans un grand réseau, plusieurs serveurs DNS seront mis en place, et c'est pourquoi il faut pouvoir spécifier plusieurs adresses IP. Dans le cas d'un réseau Windows, vous aurez peut-être à déployer un serveur WINS (*Windows Internet Naming Service*), dont l'adresse IP sera alors spécifiée dans les paramètres TCP/IP (vous y accédez au moyen du bouton Avancé dans la boîte de dialogue de la Figure 12.1).

À noter

Les réseaux sous Windows antérieurs à Windows 2000 (par exemple les versions Windows 95, 98 et Me) vous obligent à déployer un serveur de noms spécifique appelé WINS. En effet, les anciens systèmes d'exploitation de bureau Windows utilisent les noms NetBIOS comme noms affichés pour les ordinateurs du réseau (alors que les versions plus récentes de Windows utilisent des noms standard DNS). Il en résulte que le client risque de consommer une grande partie de la bande passante à envoyer à tous les autres postes des messages servant à résoudre les noms NetBIOS pour obtenir des adresses IP. Le serveur WINS se charge de la traduction des noms NetBIOS en adresses IP (et *vice versa*), ce qui réduit la quantité de messages diffusés par les clients et libère donc de la bande passante réseau.

La configuration TCP/IP d'un serveur suppose de rassembler plus d'informations que la simple adresse IP et le masque de sous-réseau. Si vous tentez de configurer le serveur sans disposer de tous les paramètres requis, vous allez certainement faire face à des problèmes de communication entre le serveur et le reste du réseau.

12.1.2 Paramétrage d'adresse IP statique sur les stations clientes

Si votre réseau est très petit, vous aurez peut-être intérêt à configurer les clients avec une adresse IP statique. Vous allez cependant vite constater qu'un réseau ne comptant que 10 ou 15 clients suppose déjà de consacrer un effort non négligeable à la configuration TCP/IP de chaque poste. Sur un réseau plus grand, la gestion des adresses IP affectées à chaque poste et de celles qui sont encore disponibles peut devenir un véritable cauchemar.

Le déploiement d'un serveur DHCP devient alors une solution efficace. Il permet d'automatiser l'attribution d'une adresse IP et d'un masque de sous-réseau à chaque station d'un réseau, ainsi que d'autres paramètres TCP/IP comme l'adresse de la passerelle par défaut et les serveurs DNS privilégiés.

12.2 Principes du protocole DHCP

DHCP est une évolution d'un protocole appelé BOOTP qui servait à attribuer des adresses IP aux stations de travail Unix sans disque ni disquette qui se rencontraient voici quelques années. BOOTP n'effectuait pas réellement l'attribution de l'adresse IP de manière dynamique. L'outil se chargeait de récupérer les adresses IP à partir d'un fichier statique BOOTP qui était créé et géré par l'administrateur du réseau.

DHCP permet réellement d'attribuer de manière dynamique une adresse IP à chacun des nœuds d'un réseau. Les adresses sont prises à partir d'une plage d'adresses et peuvent être attribuées de manière permanente ou pour une durée prédéfinie. Ce mécanisme est très intéressant si vous songez au travail que constitue l'attribution d'une adresse IP, d'un masque de sous-réseau, d'une adresse de passerelle par défaut et d'une adresse de serveur DNS pour chacun des postes, avec toutes les erreurs qui peuvent en découler. La plupart des systèmes d'exploitation, et notamment Sun Solaris, Linux, Novell NetWare et Microsoft Windows Server 2003, proposent ce service.

Voyons de quelle façon un client DHCP (une machine qui est configurée pour recevoir son adresse IP de manière dynamique) peut demander une adresse IP depuis le serveur DHCP.

Au premier démarrage du client, DHCP cherche une adresse IP. Il initialise une version limitée du protocole TCP/IP puis diffuse un message (de type *broadcast*) `DHCPDISCOVER` qui correspond à une demande d'attribution IP reçue par tous les serveurs DHCP (l'adresse du destinataire est `255.255.255.255`, ce qui concerne tous les nœuds du réseau). Ce message diffusé contient le nom de l'hôte client (qui est également en général le nom NetBIOS de ce client) et l'adresse matérielle MAC (*Media Access Control*), celle qui est gravée une fois pour toutes dans la carte réseau de la machine.

Suite à cette requête, le serveur DHCP du sous-réseau mentionné répond par un message `DHCPOFFER` qui contient une adresse IP candidate, un masque de sous-réseau et une durée d'attribution. Le message, qui contient en outre l'adresse IP du serveur DHCP émetteur, est diffusé à toutes les stations puisque le client IP demandeur n'a pas encore d'adresse IP pour être identifié.

Dès que le client concerné reçoit le premier message `DHCPOFFER` (il peut en recevoir plusieurs, mais il va s'arrêter au premier), il diffuse un message `DHCPREQUEST` à tous les serveurs DHCP du réseau pour dire qu'il accepte la proposition. Le message contient l'adresse IP octroyée par le serveur DHCP. Les autres serveurs du réseau annulent leur proposition et récupèrent l'adresse IP qu'ils avaient suggérée pour le prochain client qui en fait la demande. (C'est effectivement un mécanisme de recyclage.)

Pour finir, le serveur DHCP choisi envoie une confirmation au client sous la forme d'un message `DHCPPACK`, qui contient l'adresse IP attribuée et d'autres informations de configuration TCP/IP. Le client mémorise toutes ces informations (sous Windows, elles sont stockées dans la base de registre).

À noter

Nous avons dit que la plupart des systèmes d'exploitation réseau permettaient de mettre en place un service DHCP. Nous verrons plus en détail comment y parvenir au Chapitre 15.

12.3 Configuration d'un client pour DHCP

La configuration d'un client réseau ou même d'un serveur en tant que serveur DHCP est très simple. Chaque client ou serveur propose une boîte de dialogue qui permet de saisir les paramètres appropriés à la connexion.

Dans la Figure 12.1, nous pouvons voir que le serveur en cours de configuration aurait pu être défini en tant que client DHCP par un simple clic sur l'option d'obtention automatique d'une adresse IP. À partir de ce moment, l'ordinateur devient un client DHCP.

La plupart des systèmes proposent une interface utilisateur graphique pour configurer les ordinateurs en tant que clients DHCP. La Figure 12.2 montre la boîte correspondante sous Linux Red Hat. Remarquez que vous pouvez configurer l'ordinateur en tant que client DHCP ou choisir d'obtenir une adresse IP statique.

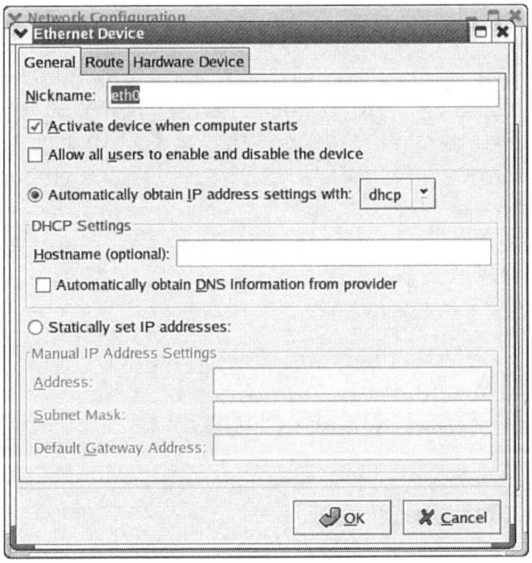

Figure 12.2 • Les systèmes d'exploitation réseau proposent une interface graphique pour configurer les propriétés TCP/IP.

Pour faire gagner du temps à ceux qui sont chargés de la configuration, la plupart des clients réseau sont configurés par défaut comme clients DHCP. Cela vous permet de consacrer plus de temps à la mise en place de la plage d'adresses et à d'autres paramètres de configuration requis au niveau du serveur DHCP.

12.4 Principes du système DNS

Tout administrateur réseau qui se respecte doit avoir bien compris les principes du système DNS. Il s'agit d'une technique de résolution hiérarchisée des noms pour traduire un nom de domaine totalement qualifié (FQDN, *Fully Qualified Domain Name*) en une adresse IP numérique. Grâce à un serveur DNS, vous pouvez utiliser les fameuses adresses Web que tout le monde connaît alors que les serveurs ne peuvent comprendre que des adresses IP numériques. Le même service permet d'effectuer l'opération inverse pour retrouver le nom d'un domaine à partir d'une adresse IP.

Le système DNS a été conçu à l'origine pour le réseau Internet et vous y recourez dès que vous vous connectez à une adresse Web telle que **www.pearsoneducation.fr**. Ce nom facile à retenir est traduit par un serveur DNS de votre réseau, avec l'aide éventuelle de serveurs DNS d'Internet, pour obtenir l'adresse IP du site Web recherché.

À noter

C'est en 1980 que l'organisme DARPA a choisi le protocole TCP/IP. Le système DNS a été conçu pour résoudre le problème des noms. Au cours de son développement, la base de données des correspondances entre noms et adresses sur les différents serveurs DNS a été distribuée, autrement dit répartie sur l'ensemble du réseau Internet. Ces serveurs peuvent ensuite s'interroger mutuellement pour résoudre les requêtes.

Les serveurs DNS dialoguent entre eux. C'est de cette manière qu'ils parviennent à résoudre les noms qualifiés FQDN pour lesquels l'un d'entre eux ne trouve pas de correspondance dans sa base locale. Autrement dit, tous les serveurs DNS forment une sorte de réseau technique à l'intérieur du réseau. Chacun partage ses informations avec les serveurs les plus proches. De cette manière, les requêtes et les réponses transitent de serveur DNS en serveur DNS. Ce processus de collecte de nouvelles données permet à chaque serveur d'enrichir sa propre base de données.

Avant de voir le fonctionnement du système DNS et le nombre de serveurs DNS qu'il faut mettre en place selon la taille du réseau, intéressons-nous à l'espace des noms DNS, qui définit la structure hiérarchisée des noms qualifiés FQDN.

12.4.1 L'espace des noms de domaine

L'espace des noms de domaine est une convention servant à nommer les domaines qui se situent à différents niveaux dans l'arborescence hiérarchique DNS. C'est grâce à cet espace que l'on peut connaître les noms d'hôtes (chaque nœud du réseau). Il est conçu de telle manière que chaque nœud d'un réseau TCP/IP se termine par un nom qualifié unique FQDN.

L'espace des noms est divisé en plusieurs niveaux, les domaines. Chaque nom de domaine peut avoir jusqu'à 63 caractères et doit nécessairement commencer par une lettre. Pour les caractères suivants, chiffres et tirets sont également autorisés. Les majuscules ne sont pas distinguées des minuscules.

L'espace des noms de domaine ressemble à un arbre inversé dont la base est le domaine racine (*root*). Celui du réseau Internet correspond au signe point (.). À partir de là émergent les domaines de premier niveau. Ils correspondent aux suffixes bien connus tels que **.com**, **.edu**, **.fr**, etc. Voici les noms de domaine de premier niveau les plus connus :

- **.com**. Utilisé par toute organisation à but lucratif. C'est par exemple le cas de **www.pearson.com**.
- **.edu**. Réservé à l'éducation. Par exemple, **une.edu** est le nom de domaine de l'université de la Nouvelle-Angleterre.
- **.org**. Réservé aux organisations et institutions non lucratives. Par exemple **gsusa.org** est le nom de domaine des scouts féminins des États-Unis.
- **.gov**. Réservé au gouvernement des Etats-Unis. Par exemple **senate.gov** correspond au Sénat des Etats-Unis.
- **.net**. Utilisé par les entreprises dont l'activité concerne l'infrastructure Internet, comme les fournisseurs d'accès.
- **.fr**. L'identifiant de chaque pays de la planète est codé sur deux lettres. Ainsi nous avons **www.pearsoneducation.fr**.
- **.biz**. Nouveau nom de domaine de premier niveau destiné aux entreprises.
- **.info**. Autre nouveau nom de domaine servant aux sites Web d'information et à tout autre site n'entrant pas dans les catégories précédentes.

Après les noms de domaine de premier niveau viennent ceux de deuxième niveau. Ils correspondent à des noms d'entreprises, d'institutions etc., autrement dit la partie principale de l'adresse d'un site Internet tel que **pearsoneducation.fr**. Viennent ensuite des sous- domaines qui permettent de subdiviser un domaine secondaire en différentes zones géographiques ou fonctionnelles. En supposant une entreprise portant le nom de domaine secondaire **mondomaine.com** et constituée de deux activités différentes (consulting et ventes), nous pouvons envisager les deux sous-domaines **consulting.mondomaine.com** et **ventes.mondomaine.com**. Cet exemple est représenté dans le diagramme de la Figure 12.3.

Les domaines de second niveau et les sous-domaines peuvent désigner directement des machines hôtes, c'est-à-dire les ordinateurs et les nœuds réseau qui y sont accessibles. Si nous supposons un ordinateur dont le nom est **admin1** et appartenant au sous-domaine **ventes.mondomaine.com**, nous pouvons y accéder par l'adresse **admin1.ventes.mondomaine.com**, ce qui correspond aux conventions de noms DNS.

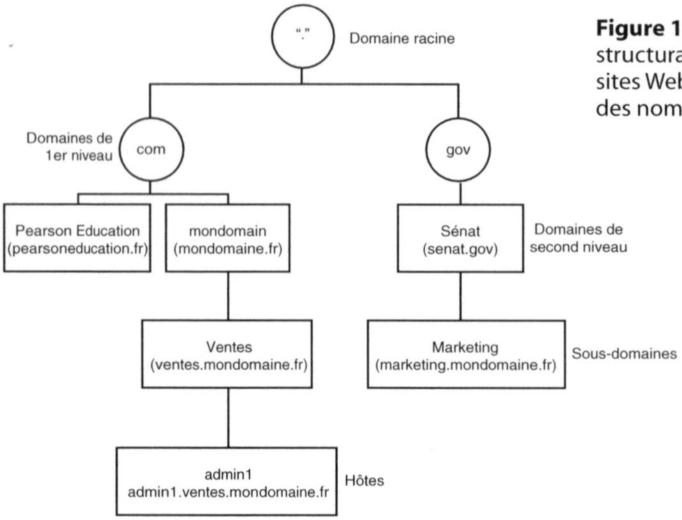

Figure 12.3 • Exemple de structuration de plusieurs sites Web dans l'arborescence des noms de domaine.

12.4.2 Fonctionnement du système DNS

Il existe deux types de serveurs DNS : les maîtres et les esclaves. Le serveur maître est par définition le premier serveur DNS à mettre en place sur un réseau. C'est lui qui mémorise la base de données des noms locaux, contenant un enregistrement pour chaque machine hôte qui fournit les adresses FQDN et les adresses IP correspondantes. Autrement dit, la création des enregistrements et l'optimisation de la base sont réalisées sur le serveur DNS maître. La responsabilité de ce serveur est telle qu'il est souvent désigné comme maître de sa *zone d'autorité*.

> ***À noter***
>
> Les zones et les types d'enregistrements jouent un rôle important dans le fonctionnement du système DNS. Nous en parlons au Chapitre 15.

Un serveur DNS esclave contient une copie de la base de données du serveur DNS maître. Une demande de résolution pourra ainsi être satisfaite par l'un ou l'autre. Cela ajoute par ailleurs de la redondance au réseau. En effet, le service DNS est toujours disponible même si le serveur DNS maître est hors de fonction. De ce fait, un serveur DNS (maître ou esclave) tente de résoudre une requête d'adresse FQDN provenant d'un des clients de la zone d'autorité du serveur DNS principal. Les machines clientes peuvent lui adresser des requêtes grâce à l'existence d'une entité qui s'appelle le **résolveur**. Ce mécanisme est intégré aux applications Web telles que les navigateurs qui ont besoin de cette conversion de noms de domaine en adresses IP.

Lorsqu'un client a besoin de connaître l'adresse IP correspondant à un nom, le résolveur scrute une zone de mémoire cache local (lorsqu'il est configuré pour gérer un cache local ; la plupart des clients réseau, quel que soit le système, gèrent un cache DNS). Il recherche une entrée correspondant au nom de domaine pour trouver l'adresse IP. S'il la trouve, le processus s'achève et l'adresse IP peut être résolue directement par le poste client.

Si l'information ne se trouve pas dans le cache local, le résolveur se sert de l'adresse IP du serveur DNS local (qui est indiqué dans les paramètres TCP/IP du client) auquel il envoie une requête.

Si le nom recherché concerne une machine hôte qui se trouve sur le réseau local, le serveur le trouve dans la base et renvoie l'adresse IP correspondante. Si le nom correspond à une machine qui ne se trouve pas dans le domaine, deux possibilités se font jour. Soit le nom peut être résolu *via* le cache géré au niveau du serveur DNS local. Le serveur va alors le mémoriser après l'avoir résolu. Soit le nom ne se trouve pas dans le cache du serveur DNS, lequel adresse alors une requête au serveur racine du domaine de premier niveau de l'hôte. Le serveur racine se sert du nom d'hôte pour connaître l'adresse IP du serveur DNS ayant autorité sur le domaine auquel appartient le destinataire. Votre serveur DNS, une fois qu'il dispose de l'adresse IP du serveur DNS de l'autre domaine, lance une requête auprès de ce serveur pour obtenir la conversion du nom de domaine en adresse IP. Le serveur DNS local renvoie ensuite l'information à la machine qui l'a réclamée.

12.5 Obtention d'un nom de domaine

Avant de pouvoir configurer un serveur DNS, il faut que vous possédiez un nom de domaine. D'ailleurs, si votre entreprise veut être présente sur Internet et sur le Web, elle doit en avoir un.

Vous pouvez demander un nom de domaine en **.fr** ou un nom générique en **.com**, **.org** ou **.net** en demandant à votre fournisseur d'accès ou à un organisme d'enregistrement. Notez que les fournisseurs qui réservent les noms de domaine ne sont pas les mêmes selon l'extension. Pour le **.fr** et ses variantes, vous devez contacter l'AFNIC. Pour les noms de domaines génériques, vous contactez les organismes internationaux. C'est en fonction de votre secteur d'activité que vous choisirez entre **.com**, **.org** ou **.net**. Les associations choisissent en général **.org** alors que les entreprises choisissent **.com**. Si le nom de domaine est déjà réservé en **.com**, vous pouvez essayer de le réserver en **.biz**.

Un des plus importants organismes attribuant des noms de domaine est InterNIC (l'adresse est **http://internicdomainservices.com**). Il en existe bien d'autres. Il fournit un moteur de recherche qui permet de vérifier si le nom de domaine est déjà réservé.

Lorsque vous réservez votre nom de domaine, vous devez savoir comment les services DNS vont être gérés par rapport à ce domaine. Vous pouvez mettre en place vos propres serveurs DNS ou utiliser ceux de votre fournisseur d'accès.

La location d'un nom de domaine est très peu coûteuse. En France, les conditions d'attribution des noms de domaine en **.fr** ont été allégées en mai 2004 : il n'est plus nécessaire de présenter une preuve officielle de propriété d'un nom commercial pour pouvoir réserver un nom de domaine en **.fr** utilisant ce nom.

13

Réseaux Microsoft

Au sommaire de ce chapitre

- Structure logique d'un réseau Microsoft
- Installation et configuration d'un serveur Microsoft
- Configuration d'un client Windows comme membre de domaine
- Partage de dossiers et d'imprimantes
- Administration d'un serveur Microsoft

Microsoft n'a pas été le premier sur le marché des systèmes d'exploitation réseau, mais la société est active dans ce secteur depuis le début des années 1980. Les premiers efforts ont vu apparaître NetBEUI et le projet de système d'exploitation OS/2, tous deux en collaboration avec IBM. La première tentative de système d'exploitation réseau de Microsoft s'appelait LAN Manager.

C'est en 1992 que Microsoft a commercialisé Microsoft Windows NT Server 3.1. C'était la première version de son système réseau à nouvelle technologie (NT). La plus récente version de cette lignée est Microsoft Windows Server 2003 que nous verrons dans ce chapitre. Nous allons étudier les mécanismes du service d'annuaire et le partage des ressources d'un serveur Microsoft Windows.

13.1 Structure logique d'un réseau Microsoft

Microsoft a rencontré le succès dans les systèmes d'exploitation réseau lors de la sortie de la version 4.0 de NT Server. Le nombre d'installations a alors commencé à croître. Malgré ce succès, le service d'annuaire restait établi sur un modèle plat. L'unité fondamentale d'administration du réseau était le domaine (c'est toujours le cas, mais avec certaines variations que nous allons voir) – collection de serveurs (au minimum un) –, de clients, d'utilisateurs et de ressources réseau, tous ces éléments étant administrés par le **contrôleur de domaine**. Ce dernier est implanté sur un serveur chargé d'authentifier les utilisateurs et de gérer la base des comptes d'utilisateur et des ressources et fonctionne sous le système d'exploitation réseau.

Astuce

Lorsqu'un domaine Windows NT atteint une certaine taille ou lorsque l'administrateur désire le sécuriser, il est judicieux de mettre en place un contrôleur secondaire (*backup domain controller*). Ce serveur de secours fonctionne lui aussi sous NT 4.0. Il est capable d'authentifier les utilisateurs et gère une copie de la base de données des comptes.

Sous Windows NT, le modèle du domaine ne fournit aucune espèce d'arborescence comme le permet l'annuaire NDS (*NetWare Directory Service*) de Novell. Ce modèle de domaine se résumait donc à un vaste réservoir dans lequel vous rassembliez les informations concernant toutes vos machines, vos utilisateurs et vos ressources. Le fonctionnement du modèle n'était pourtant pas mauvais : d'après Microsoft, un seul domaine pouvait gérer plus de 10 000 utilisateurs.

Mais ce modèle plat s'est montré très peu efficace dans les grands réseaux (avec beaucoup d'administration) parce qu'il fallait le diviser en plusieurs domaines partageant des ressources au moyen de relations de confiance appelées **trusts**. Le concept de trust (toujours utilisé dans les réseaux Windows actuels) définit une relation entre deux domaines leur permettant de partager des ressources.

Chaque domaine possède son contrôleur (avec des contrôleurs secondaires éventuels) et des relations de confiance par rapport à d'autres domaines, ce qui entraînait beaucoup de travail pour les administrateurs réseau. Imaginez une série de cuves reliées par des tuyaux d'arrosage. Votre objectif est de maintenir l'eau au même niveau dans toutes les cuves tout en effectuant l'arrosage. Vous comprenez le travail que cela représente dans un réseau NT de maintenir en équilibre la bande passante, les accès des utilisateurs et la disponibilité des ressources.

À noter

Dans les très grands réseaux Windows NT, Microsoft conseillait aux administrateurs d'adopter le modèle de domaine maître. Il s'agissait d'un domaine contenant des utilisateurs et des groupes auxquels étaient affectées des relations de confiance par rapport à des domaines contenant des ressources réseau. Ces derniers étaient les domaines de ressources véritables.

Microsoft a abandonné le modèle de domaine plat lors du lancement de Microsoft Windows 2000 Server. Le nouveau système se fonde sur l'annuaire *Active Directory*, structure arborescente permettant de créer des branches contenant plusieurs domaines. Le domaine reste l'unité de gestion élémentaire des réseaux Microsoft, chaque domaine étant toujours contrôlé par un contrôleur de domaine. (Dans Active Directory, vous pouvez mettre en place plusieurs contrôleurs dans le même domaine.)

L'unité de gestion de niveau suivante est l'**arbre**, un domaine racine qui correspond au premier domaine à activer. Un arbre peut contenir plusieurs domaines (et notamment le domaine racine). Les autres domaines ajoutés à l'arbre sont des domaines enfant (voir Figure 13.1). Tous les domaines d'un même arbre disposent de relations de confiance implicites et transitives. Ces relations transitives établissent des liens dans les deux sens entre les domaines, ce qui leur permet de partager leurs ressources réciproquement.

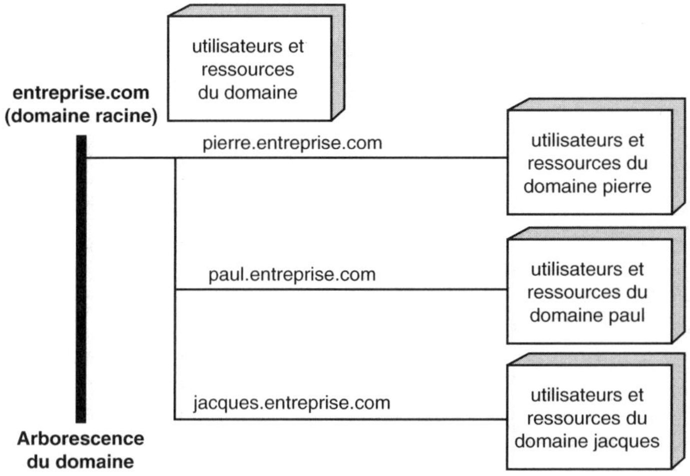

Figure 13.1 • Structure de l'annuaire Active Directory formant une arborescence avec un domaine racine et des domaines enfant.

Pour installer un réseau Microsoft, il faut d'abord mettre en ligne un contrôleur de domaine puis créer le domaine racine pour l'arbre Active Directory. Les très grands réseaux définissent plusieurs arbres. Cela s'appelle une forêt.

13.2 Installation et configuration d'un serveur Microsoft

Microsoft Windows Server 2003 suppose, comme tout logiciel, une configuration matérielle et logicielle minimale pour pouvoir fonctionner.

Voici un rappel des recommandations et des contraintes minimales :

- Vitesse du processeur : 133 MHz (550 MHz conseillés)
- Mémoire vive : 128 Mo (256 Mo recommandés ; 4 Go maximum sur Standard Server)
- Espace disque pour le système : 1,5 Go
- Lecteur de CD-ROM : 12×
- Ecran : Super VGA en résolution 800 × 600

Il va sans dire que la configuration matérielle minimale porte vraiment bien son nom. Avec elle, vous n'irez pas très loin si vous avez besoin d'ajouter quelques utilisateurs et services. Prévoyez un processeur offrant au minimum 2 GHz de fréquence d'horloge et au moins 512 Mo de mémoire vive, ainsi que les disques durs SCSI, qui vous permettent de tirer profit des mécanismes de redondance RAID.

Les contraintes matérielles précédentes ne sont pas les seules à satisfaire. Le serveur que vous décidez d'utiliser doit également être compatible. Si vous comptez mettre en place un serveur dans un environnement de travail réel avec des services stratégiques, le matériel doit absolument être cité dans la liste de compatibilité matérielle de Windows Server 2003 telle qu'elle est visible à la page : **http://www.microsoft.com/windowsserver2003/default.mspx**.

À noter

Windows Server 2003 est disponible en quatre versions : Standard Edition, Enterprise Edition, Datacenter Edition et Web Edition. L'édition Standard correspond à l'entrée de gamme. L'édition Enterprise supporte plusieurs processeurs et le regroupement (*clustering*) de serveurs. C'est la version de prédilection pour les très grands réseaux. L'édition Datacenter offre des fonctions de regroupement encore plus évoluées. Elle n'est disponible que *via* le programme spécial Microsoft Datacenter. Les versions Enterprise et Datacenter seront disponibles pour les processeurs 64 bits. Enfin, l'édition Web est une version allégée destinée à ne servir que de serveur Web. Il existe également une variante nommée Windows Small Business Server 2003 Standard Edition qui réunit Windows Server 2003 et une série de services issus d'Exchange Server 2003.

Lorsque vous commencez l'installation, le logiciel vous propose d'effectuer une installation à partir de zéro ou une mise à jour. Si possible, choisissez la première possibilité. Elle est plus longue mais permet de configurer tous les paramètres sans risquer d'interférences avec des valeurs antérieures défectueuses des mêmes paramètres.

Quand des domaines et des forêts existent (pour une mise à jour depuis Windows 2000 Server), il faut les préparer pour la mise à jour au moyen d'un outil appelé **addprep** qui se trouve sur le CD de Windows Server 2003. Si vous procédez à une mise à jour, étudiez les opérations à réaliser avant de vous lancer. Les détails sont trop nombreux pour pouvoir être cités dans ce livre. Rendez-vous dans les pages concernées du site Web de Microsoft.

Voyons rapidement comment se déroule l'installation. Nous verrons ensuite comment configurer un serveur en tant que contrôleur de domaine et comment mettre en place d'autres rôles tels qu'un serveur de fichier.

Attention

L'installation et la configuration de Microsoft Windows Server 2003 sont très simples, mais cela ne signifie pas que vous puissiez installer et démarrer votre serveur sans aucune planification. Etablissez un schéma du réseau et réfléchissez à son évolution future (revoyez le Chapitre 8 notamment).

13.2.1 Le processus d'installation

L'installation de Windows Server 2003 sur une machine qualifiée est très simple lorsqu'il ne s'agit pas d'une mise à jour. Vous pouvez normalement démarrer depuis le lecteur de CD (il faudra peut-être modifier la configuration du BIOS pour permettre un amorçage depuis le lecteur de CD). Une fois le logiciel serveur lancé, vous passez par une première phase en mode texte qui vous permet de choisir (en la créant si nécessaire) la partition de disque dur qui va accueillir le système. Si nécessaire, formatez cette partition.

Windows Server 2003 reconnaît trois systèmes de fichiers disque : FAT, FAT32 et NTFS. FAT est le format utilisé par les anciennes machines sous MS-DOS ; FAT32 en a été une évolution disponible à partir de Windows 95. NTFS 5 est la plus récente version du système de fichier NTFS qui offre plus de sécurité grâce à un mécanisme de récupération des fichiers système. C'est ce format que vous choisirez car il est indispensable pour l'annuaire Active Directory.

Une fois la partition destinataire définie, le logiciel redémarre en environnement Windows pour la fin de l'installation. C'est l'occasion pour vous de définir des paramètres réseau supplémentaires et de nouveaux protocoles ; le protocole standard est TCP/IP. Par défaut, le serveur est déjà défini comme appartenant au groupe de travail WORKGROUP.

Nous vous conseillons de laisser toutes les valeurs par défaut pendant l'installation, car il est plus simple de personnaliser les paramètres une fois le système totalement installé. En fin d'installation, le système redémarre et vous demande de vous connecter au serveur au moyen du mot de passe d'administrateur défini pendant l'installation. Une fois que le serveur fonctionne, vous passez à la configuration des rôles et des services spécifiques.

13.2.2 Configuration d'un serveur Windows 2003

Les opérations de configuration en tant que contrôleur de domaine, de serveur de fichiers ou autres services tels que l'accès distant, DNS ou DHCP, sont toutes très simples. Une fenêtre de configuration de serveur s'ouvre au démarrage du système. Vous pouvez y ajouter, supprimer et gérer tous les rôles définis pour le serveur (voir Figure 13.2). Cette fenêtre affiche les rôles actuellement pris en charge par le serveur et vous permet d'en ajouter facilement d'autres.

Si vous voulez par exemple faire du serveur un contrôleur de domaine (ce qui est nécessaire pour créer le domaine racine d'un réseau), il suffit de choisir l'option d'ajout ou de suppression de rôle dans la fenêtre. Elle vous amène à l'assistant de configuration de serveur qui présente tous les rôles possibles (serveur de fichiers d'impression, contrôleur de domaine, serveur DNS, etc.).

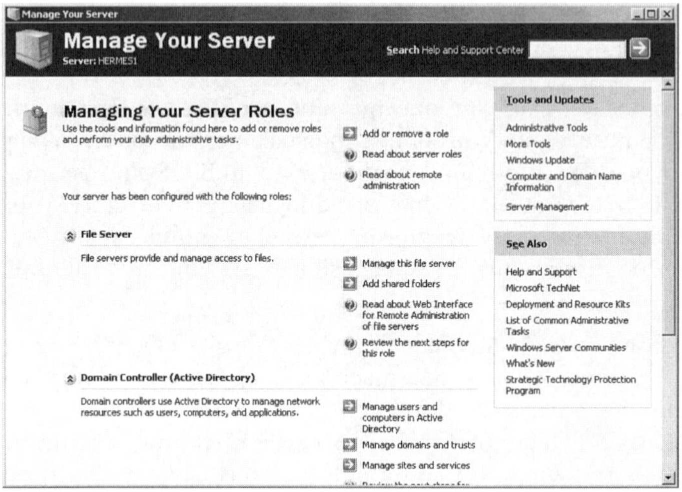

Figure 13.2 • La fenêtre de configuration de serveur centralise toutes les options de configuration.

Vous ajoutez un rôle en le choisissant dans la fenêtre de configuration du serveur puis en cliquant sur Suivant. Dans le cas du rôle du contrôleur de domaine, l'assistant vous guide le long des étapes qui permettent de définir un nouveau contrôleur dans une nouvelle forêt et un nouvel arbre. Il vous faudra fournir un nom de domaine DNS totalement qualifié pour le domaine racine (voir la Figure 13.3).

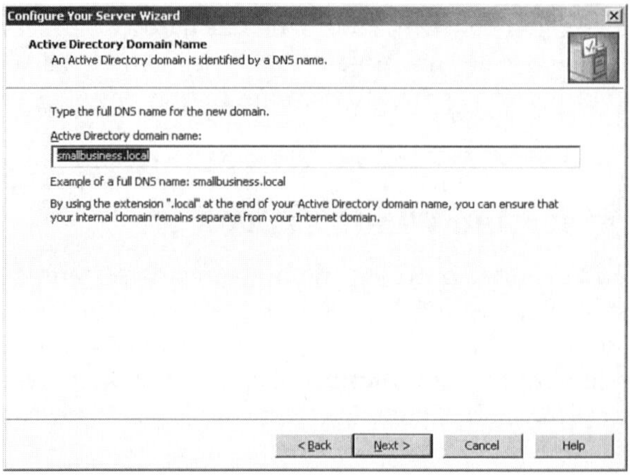

Figure 13.3 • L'assistant de configuration de serveur permet d'ajouter facilement un rôle au serveur.

Si les services indispensables tels que DNS et DHCP ne sont pas encore disponibles sur le réseau, l'assistant peut configurer le serveur pour qu'il les fournisse. Une fois le processus achevé, le nouveau rôle est ajouté dans la fenêtre de configuration de serveur à partir de laquelle vous pouvez ensuite modifier les paramètres du rôle. Par exemple, après avoir ajouté le rôle de contrôleur de domaine, vous pouvez facilement activer les outils liés à l'annuaire Active Directory et notamment le module concernant les utilisateurs et les ordinateurs Active Directory.

Ce module permet d'administrer tous les objets de l'annuaire Active Directory : utilisateurs, groupes et ordinateurs (voir Figure 13.4). Vous constaterez que tous les outils du serveur Windows offrent un aspect cohérent ; ils fonctionnent en effet tous dans la console d'administration Microsoft MMC (*Microsoft Management Console*).

Il faut bien sûr créer un compte d'utilisateur pour chaque personne qui désire accéder aux ressources du réseau. Vous ajoutez les comptes clients au moyen du module donc nous venons de parler.

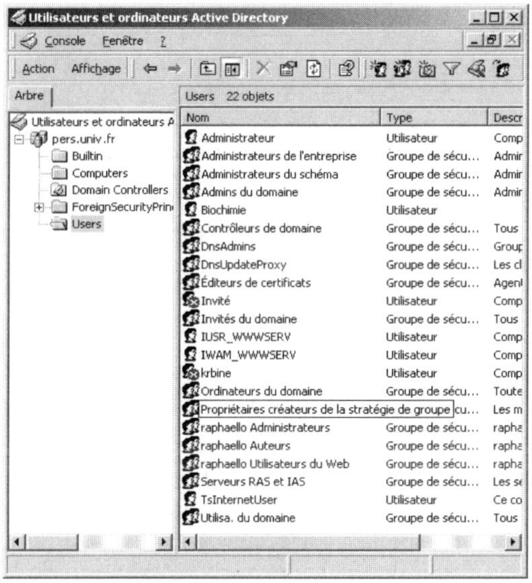

Figure 13.4 • Le module Utilisateurs et ordinateurs Active Directory permet de gérer les utilisateurs, les groupes et les ordinateurs d'un domaine.

Lorsque le domaine est défini, vous devez y ajouter des ordinateurs, ce que nous allons voir maintenant.

À noter

Windows Server 2003 peut être configuré pour proposer des services réseau tels que DNS et DHCP. Il peut également fournir les services de terminal et d'accès distant aux ordinateurs clients du réseau et à ceux qui se connectent à distance. Les détails de configuration de ces différents services dépassent le cadre de ce livre.

13.3 Configuration d'un client Windows comme membre de domaine

Pour qu'un client Windows puisse exister dans un domaine, il faut en faire un membre. Ce client doit être configuré avec au moins un des protocoles réseau configurés sur le serveur. Cette opération n'est en général pas nécessaire dans la mesure où Windows Server 2003 et Microsoft Windows XP Professionnel sont configurés par défaut avec TCP/IP. Nous allons cependant voir comment atteindre les paramètres de protocole réseau sur un client Windows (ces informations sont également valables lorsque vous configurez un groupe de travail poste à poste).

13.3.1 Ajout d'un client à un domaine

Les clients d'un domaine peuvent utiliser n'importe quelle version de Windows depuis Windows XP Professionnel jusqu'à Windows 98 et même Windows pour Workgroups 3.11 (même MS-DOS). Voyons comment ajouter une machine fonctionnant sous Windows XP Professionnel. C'est sans doute le cas qui se présentera le plus souvent dans la réalité.

À noter

Un serveur Windows peut proposer des services réseau à des ordinateurs Macintosh ou sous Unix/Linux. Il faut que des services spécifiques soient ajoutés au serveur pour qu'il puisse entrer en interaction avec ces clients "spéciaux".

Pour qu'un utilisateur possédant déjà un compte d'utilisateur dans l'annuaire Active Directory puisse se connecter à un réseau *via* un des ordinateurs clients du réseau (sous Windows NT 4, Windows 2000 ou Windows XP Professionnel), il faut aussi ajouter l'ordinateur au domaine. Deux solutions sont possibles pour le faire reconnaître par l'annuaire : l'ajouter soit sur le serveur au moyen du module vu précédemment concernant les utilisateurs et les ordinateurs Active Directory, soit en modifiant sa qualité de membre dans la page *Nom d'ordinateur* des propriétés système de la machine. Dans cette seconde approche, vous devez vous placer devant chacun des postes clients ou bien attribuer des droits d'administrateur aux utilisateurs pour qu'ils puissent ajouter eux-mêmes leur machine au domaine (ce n'est pas conseillé en terme de sécurité réseau).

Ajouter un ordinateur à un domaine

Voyons comment ajouter un ordinateur à un domaine Windows au moyen du module Utilisateurs et ordinateurs Active Directory.

1. Dans le menu Démarrer, accédez au menu Outils d'administration et choisissez Utilisateurs et ordinateurs Active Directory.
2. Dans l'arborescence, cliquez sur le nœud Ordinateur.
3. Dans le volet des détails, faites un clic droit et choisissez, dans le menu local, la commande Nouveau puis Ordinateur. Vous accédez à la boîte présentée en Figure 13.5.

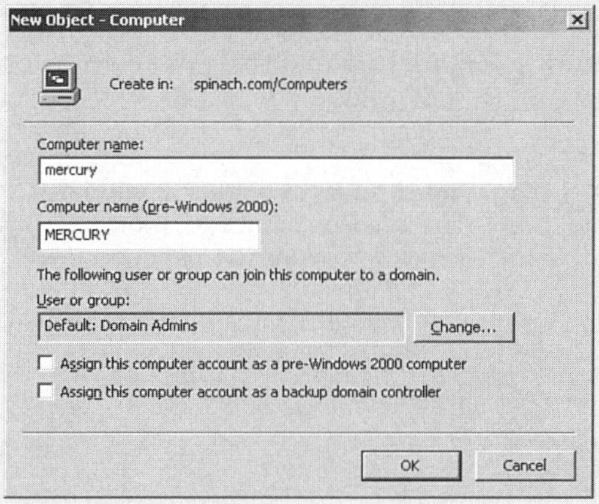

Figure 13.5 • Saisi du nom d'un ordinateur à ajouter à un domaine.

4. Saisissez le nom de l'ordinateur dans la première zone de texte.
5. Cliquez sur OK pour valider l'ajout de l'ordinateur au domaine.

Cet ordinateur fait dorénavant partie du domaine et les utilisateurs peuvent s'en servir pour s'y connecter.

Astuce

Pour ajouter un client au domaine depuis l'ordinateur du client, connectez-vous sur sa machine en tant qu'administrateur puis cliquez du bouton droit sur l'icône Poste de travail sur le Bureau. Choisissez Propriétés dans le menu local pour accéder à la page *Nom de l'ordinateur.* Cliquez sur le bouton Identifiant réseau pour accéder à l'assistant. Celui-ci vous guidera en plusieurs étapes pour ajouter l'ordinateur à l'annuaire Active Directory. Si vous n'êtes pas connecté en tant qu'administrateur du domaine, il vous faudra fournir le nom et le mot de passe d'un compte qui détient les droits d'ajouter un ordinateur au domaine.

13.3.2 Configuration des protocoles réseau sous Windows

Nous avons vu dans des chapitres précédents (notamment au Chapitre 4) que deux machines ne peuvent communiquer *via* un réseau que si elles sont configurées avec le même protocole réseau. Le standard est de nos jours TCP/IP, et les plus récentes versions de Windows Server et de client Microsoft (Windows XP Professionnel) l'utilisent par défaut. Cependant, ces systèmes sont configurés pour recevoir leur adresse IP et leur masque de sous-réseau de façon dynamique auprès d'un serveur DHCP (elles reçoivent également l'adresse IP du serveur DNS primaire et d'autres paramètres IP).

Pour accéder à votre connexion réseau sous Windows XP ou Windows Server 2003, vous utilisez l'icône Connexions réseau du Panneau de configuration. Il suffit de faire un clic droit sur le nom d'une connexion locale (les clients possèdent en général une seule carte réseau et les serveurs plusieurs, notamment s'ils jouent également le rôle de routeur, de pare-feu ou d'accès à Internet). En cliquant sur le nom d'une connexion, vous accédez aux propriétés. La Figure 13.6 montre la boîte de propriétés de la connexion au réseau local d'un client sous Windows XP.

Figure 13.6 • La boîte des propriétés de connexion montre les protocoles installés et permet de les configurer.

Pour ajouter un protocole, cliquez sur le bouton Installer puis choisissez le nouveau protocole. NetBEUI n'est plus disponible à partir de Windows XP ; la seule autre possibilité par rapport à TCP/IP est NWlink qui est la version Microsoft du protocole IPX/SPX de Novell.

Pour configurer un protocole tel que TCP/IP, il suffit de le sélectionner dans la boîte des propriétés puis de cliquer sur le bouton Propriétés. La Figure 13.7 montre les paramètres par défaut pour TCP/IP sur un client Windows XP.

Vous pouvez constater que le client est configuré par défaut pour obtenir son adresse IP et son masque de sous-réseau (parmi d'autres paramètres) de façon dynamique, en provenance d'un serveur DHCP. Pour que le client utilise une adresse IP statique, il faut cliquer sur l'option Utiliser l'adresse IP suivante et saisir l'adresse IP,

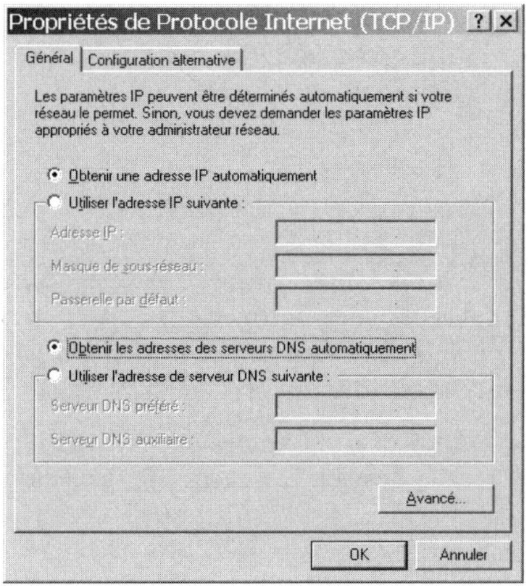

Figure 13.7 • Par défaut, les clients Windows XP obtiennent leur adresse IP depuis un serveur DHCP.

le masque de sous-réseau et l'adresse de passerelle par défaut (une interface routeur), ainsi que l'adresse du serveur DNS primaire.

Le bouton Avancé de cette boîte de dialogue permet d'accéder à d'autres paramètres IP (voir Chapitre 12).

> ***Astuce***
>
> Lorsque vous configurez un serveur pour TCP/IP, attribuez-lui une adresse statique. C'est obligatoire pour un serveur qui joue le rôle de contrôleur de domaine ou assure les services DNS ou DHCP. C'est aussi utile pour un serveur de fichiers.

Une fois que vous avez déterminé la manière dont le client reçoit son adresse IP, vous pouvez cliquer sur OK deux fois de suite pour sortir des boîtes de dialogue.

13.4 Partage de dossiers et d'imprimantes

Une fois le serveur configuré, les comptes utilisateurs créés et les clients connectés au domaine, vous pouvez passer à la définition des fichiers et ressources à partager. Dans un petit réseau, le contrôleur de domaine peut servir de serveur de fichiers et d'impression et assurer les services DNS et DHCP. Si le réseau est plus grand, mieux vaut distribuer le travail entre plusieurs serveurs.

Dans un réseau Microsoft, un serveur de fichiers ou d'impression n'a pas besoin d'être configuré comme contrôleur de domaine. C'est un serveur membre dont la configuration est proche de celle d'un simple client. Il faut l'ajouter au domaine au moyen du module déjà mentionné et le configurer au niveau du protocole réseau (en général TCP/IP).

L'assistant de configuration de serveur permet de définir un serveur membre comme serveur de fichiers ou d'impression. L'essentiel consiste à désigner les fichiers ou l'imprimante qui doivent pouvoir être utilisés par les clients du réseau.

13.4.1 Partage de dossiers

Il est également possible de partager un dossier ou un disque d'un serveur à la volée *via* l'Explorateur Windows sur le serveur. Une ressource ainsi partagée s'appelle un partage (*share*). Vous pouvez définir des droits d'accès (des permissions). Dans un réseau Microsoft, les droits d'accès peuvent aller jusqu'au niveau de chaque fichier *via* les permissions NTFS (disponibles seulement sur les disques durs formatés NTFS).

Pour définir une ressource partagée de type fichier avec l'Explorateur Windows, placez-vous dans le dossier correspondant ou créez le dossier. Faites un clic droit sur l'icône du dossier dans l'Explorateur et choisissez Partage et sécurité. Vous accédez à la boîte des propriétés avec la page Partage sélectionnée (voir Figure 13.8).

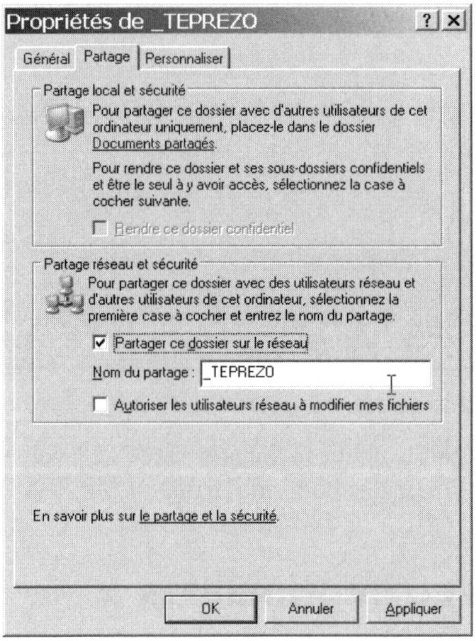

Figure 13.8 • Partage d'un dossier *via* ses propriétés.

Il suffit de cliquer sur l'option Partager ce dossier et de spécifier un nom. Si certains clients du réseau utilisent une version antérieure à Windows 2000 Professionnel, votre nom de partage doit compter au maximum 15 caractères. Sinon, ces anciens clients ne pourront pas exploiter cette ressource. La boîte de propriétés Partage permet aussi de définir des droits d'accès à la ressource (par exemple le droit de lire et de modifier ou seulement de lire).

Une fois les propriétés définies, fermez en cliquant sur OK. La ressource est immédiatement accessible sur le réseau.

À noter

Un administrateur peut définir une ressource comme partagée sans qu'elle soit visible, *via* le Poste de travail ou l'Explorateur. Pour cela, il faut lors de la création de la ressource partagée faire suivre le nom de partage du signe $. Les seuls à pouvoir accéder à ces ressources partagées cachées sont les administrateurs.

13.4.2 Partage d'imprimante

Le partage d'une imprimante dans un réseau Windows est aussi simple que celle d'un fichier ou d'un dossier. Il faut que l'imprimante ait été installée au niveau du serveur (il peut s'agir d'une imprimante locale ou d'une imprimante réseau qui sont toutes deux gérées par le serveur d'impression). Pour rendre l'imprimante accessible, vous ajoutez le rôle de serveur d'impression au serveur *via* l'assistant de configuration.

Vous pouvez aussi la partager au moyen de la boîte de dialogue des propriétés de l'imprimante, mais l'assistant offre l'avantage de chercher l'imprimante à votre place si elle est à distance et de lancer l'assistant d'ajout de pilote d'impression. Cela permet de garantir que les pilotes requis seront accessibles au client réseau, c'est-à-dire téléchargeables depuis le serveur d'impression lorsque chaque client se connectera à l'imprimante. La Figure 13.9 montre la boîte de l'assistant d'ajout de pilote d'impression. C'est dans cette boîte que vous choisissez le système d'exploitation pour lequel il faut prévoir un pilote d'imprimante.

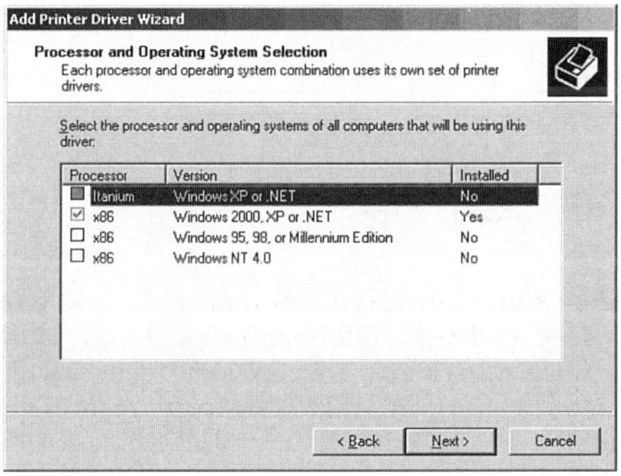

Figure 13.9 • Lors du partage d'une imprimante, vous pouvez décider des pilotes d'impression qui doivent être disponibles pour les clients.

Un même serveur d'impression peut gérer plusieurs imprimantes connectées directement au réseau. (La plupart des imprimantes laser actuelles peuvent être équipées d'une carte réseau pour les connecter directement au réseau.) Le serveur d'impression va se charger de mettre les travaux en file d'attente dans son spouleur. Il faut donc prévoir assez d'espace mémoire et de disque dur sur le serveur pour éviter que la fonction d'impression réseau devienne une cause de dégradation des performances.

13.5 Administration d'un serveur Microsoft

Le module permettant de créer des utilisateurs et des ordinateurs au niveau de l'annuaire Active Directory est un bon exemple d'outil d'administration qui dépend de la fenêtre d'administration Microsoft MM. Vous disposez sur le même modèle de différents modules pour administrer les relations de confiance, les sous-réseaux et les services tels que DNS, DHCP ainsi que le routage et l'accès distant.

Voyons par exemple le module d'administration de serveur de fichiers. L'outil présente la liste des utilisateurs connectés au serveur de fichiers avec les noms des fichiers en cours d'accès. Il permet de créer très facilement de nouvelles ressources partagées et de lancer la sauvegarde du serveur. La Figure 13.10 monter l'aspect général de ce module.

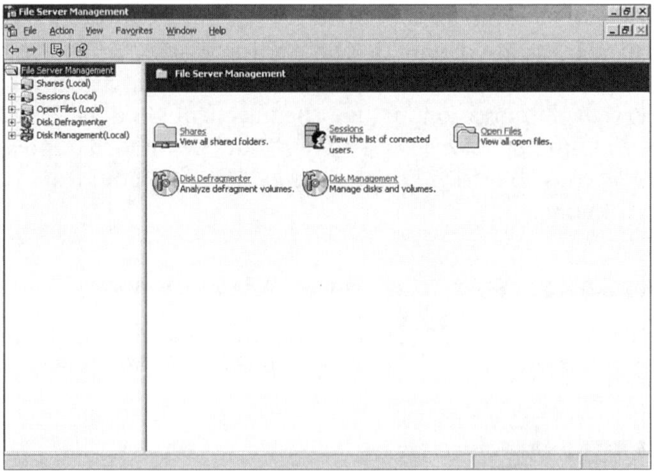

Figure 13.10 • Le module d'administration de serveur de fichiers.

Bien d'autres outils sont nécessaires pour assurer l'administration d'un serveur Windows. Vous pouvez avoir besoin de surveiller ses performances et celles du réseau au moyen de l'outil de suivi des performances. Celui-ci permet d'ajouter dans sa fenêtre des objets qui sont des compteurs vous informant de l'état des performances des différents équipements du serveur. Il sert par exemple à surveiller l'espace de mémoire virtuelle ou le fonctionnement du mécanisme de pagination (lorsque vous constatez de fréquentes pointes, il faut songer à ajouter de la mémoire). De même, vous pouvez y suivre le taux d'occupation du processeur. La Figure 13.11 donne un exemple de cette fenêtre de surveillance des performances. Les données peuvent être présentées sous forme graphique ou dans un rapport.

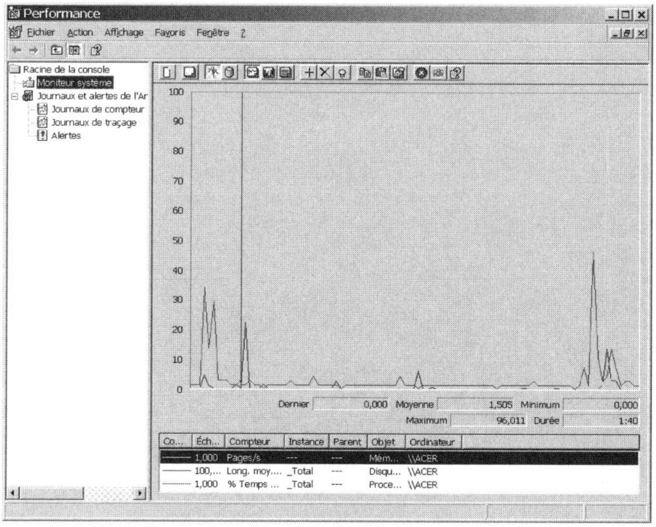

Figure 13.11 • Exemple d'utilisation du suivi de performances sur un serveur.

L'administration d'un serveur ne se limite pas à surveiller les services qu'il propose au réseau. Son niveau de performances est également très important.

Astuce

Au moment de la mise en place d'un nouveau serveur (quel que soit son type), il est conseillé d'appliquer un outil de mesure des performances pour calibrer le serveur au niveau du disque dur, de l'utilisation mémoire et du processeur. L'étalonnage et le suivi des performances sont décrits en détail au Chapitre 18.

14

Unix et Linux

Au sommaire de ce chapitre

- Comment tout a commencé
- Unix/Linux comme système d'exploitation réseau
- Services réseau et paramétrage d'un serveur Linux
- Mécanismes de partage de fichiers
- Mise à jour d'un serveur Linux

Un des premiers systèmes conçus pour gérer des réseaux a été Unix. Nous allons en découvrir quelques aspects théoriques et pratiques dans ce chapitre.

Nous découvrirons également Linux, le petit dernier rejeton du monde Unix développé sur le modèle des logiciels libres. Il constitue une solution alternative intéressante aux produits existants.

14.1 Comment tout a commencé

À la fin des années 1960, les laboratoires de Bell AT&T commencèrent à travailler sur un système d'exploitation multi-utilisateur, c'est-à-dire qui pourrait prendre en charge plus d'une session utilisateur à la fois, appelé *Multics*. Les programmeurs y trouvèrent matière à raillerie : il était encombrant, lent, difficile à manier et issu d'un cahier des charges technocratique. Multics n'était pas extensible : les ressources (périphériques) disponibles se limitaient à celles prévues au départ.

Pour se moquer de l'équipe de développement de Multics, plusieurs programmeurs des laboratoires de Bell AT&T entreprirent de construire un système d'exploitation léger, rapide, multi-utilisateur, extensible et qui encouragerait ses utilisateurs à le modifier en fonction de leurs besoins. Ils réussirent leur pari et appelèrent leur système d'exploitation *Unix*. Unix dérivait de "unique" comme Multics dérivait de "multiple".

À l'origine, Unix était considéré comme un paradis pour *hackers* (nous utilisons le terme de hacker pour désigner un individu très astucieux ou un bon programmeur. Une personne qui s'introduit illégalement est un *cracker*). Personne ne pensait vraiment qu'il pourrait agir comme un logiciel d'entreprise. Il était léger, très modulaire (possibilité d'y ajouter des modules) et il n'avait pas été écrit selon les habitudes des entreprises. Mais il était intéressant parce que léger et peu cher. Les universités et certaines entreprises de haute technologie emboîtèrent le pas, tout simplement parce qu'Unix pouvait fonctionner sur des machines moins puissantes que les systèmes d'exploitation traditionnels tels que le VM d'IBM ou le VMS de Digital. Unix convenait aux personnes et aux institutions peu fortunées qui pouvaient ainsi profiter de la puissance des mainframes au prix de micro-ordinateurs. Système très peu coûteux, la première version AT&T d'Unix ne fonctionnait que sur un petit nombre de plates-formes.

14.1.1 La renommée mondiale

Au milieu des années 1970, Unix fut intégralement réécrit en langage C, un langage de programmation très portable – un code écrit en langage C peut en effet facilement être porté sur d'autres machines. Le but de tout cela était de pouvoir exécuter Unix sur la plus grande variété de machines possible. Chaque distribution d'Unix incluait son code source qui pouvait être recompilé, c'est-à-dire traduit vers le langage machine de n'importe quelle plate-forme.

Au milieu de ces années-là, un autre événement important se produisit dans l'histoire d'Unix. Ken Thompson, un des premiers programmeurs C, rencontra à l'université californienne de Berkeley un étudiant de troisième cycle nommé Bill Joy. Fasciné par Unix, Joy écrivit une variante à celle des laboratoires AT&T et l'appela BSD (*Berkeley Software Distribution*). Aujourd'hui, toutes les déclinaisons d'Unix sont issues de l'une de ces deux variantes et adhèrent forcément aux standards Unix.

À noter

L'opérateur américain AT&T avait vendu la marque déposée Unix et les droits afférents à la société Novell au début des années 1990, qui a revendu le tout quelques années plus tard à la société SCO (Santa Cruz Operation). C'est un éditeur qui avait développé des systèmes d'exploitation et autres logiciels Unix pour ordinateurs personnels Intel (*SCO OpenServer* et *OpenDesktop*, notamment). En 2003, constatant le succès croissant de Linux à son détriment, SCO a prétendu que des programmes incorporés à Linux violaient ses droits de propriété intellectuelle sur Unix. Les programmeurs Linux, à commencer par son concepteur Linus Torvalds, ont considéré ces allégations comme non fondées, mais la société a persisté en assignant IBM en justice, rendant furieuse la communauté des développeurs Linux. SCO a également tenté d'empêcher l'acquisition début 2004 de la distribution Linux allemande SuSE par la société Novell. Enfin, elle a annoncé qu'elle songeait à poursuivre les utilisateurs de Linux pour violation de ses droits d'auteur. Il n'est pas étonnant dans cette ambiance d'apprendre que son site Web a récemment fait l'objet de plusieurs attaques par saturation (déni de service).

Les utilisations courantes d'Unix sont très diverses. En entrée de gamme (conçu d'abord pour processeurs compatibles Intel), il est utilisé comme serveur Web et mail performant, fiable et très bon marché. Novell l'intègre dorénavant à sa stratégie suite à son rachat de la distribution allemande SuSE Linux. À l'échelon supérieur, Unix est utilisé sur des stations de travail – typiquement, des machines à processeur SPARC exécutant SunOS ou Solaris ou des machines INDY de Silicon Graphics, des RS/6000 d'IBM sous AIX ou des PA-RISC sous HP-UX. Ces machines ne sont pas utilisées en tant que serveurs, mais en tant que puissantes stations de travail de développement ou de d'ingénierie (CAO, images de synthèse 3D).

Maintenant que nous connaissons l'histoire d'Unix, examinons ce qui en fait un système aussi puissant.

14.1.2 Concepts fondamentaux d'Unix

Le premier concept, et probablement le plus difficile à appréhender, est le fait que dans Unix, *tout* est un fichier, qu'il s'agisse du disque dur, d'un port série ou d'un fichier texte. Or, que peut-on faire avec des fichiers, sinon les lire et y écrire ? Ainsi, sous Unix, lorsque vous écrivez sur un disque dur, le logiciel "comprend" qu'il écrit sur un fichier de type bloc puisqu'il le lit bloc par bloc. S'il lit caractère par caractère, il s'agit d'un fichier de type caractère.

Deuxièmement, Unix définit un canal d'entrée et un canal de sortie standard qui permettent la redirection. Cela signifie que vous pouvez chaîner des programmes et vous servir de la sortie d'un programme pour alimenter l'entrée du programme suivant. Par exemple, il existe une commande, appelée **ps**, qui permet de lister tous les programmes en cours d'exécution (en Unix, on parle de processus). Si vous tapez `ps`, vous verrez défiler à l'écran la liste des processus ; mais, l'écran ne supportant que 25 lignes, vous ne pourrez pas tous les visualiser. Si, en revanche, vous tapez la commande `ps | more`, la liste des processus s'affichera écran par écran. Le symbole "|" représente un tube (*pipe* en anglais) reliant la sortie d'un programme (`ps`) à l'entrée d'un autre outil système appelé **more**.

Dans la plupart des systèmes d'exploitation, vous devez écrire des programmes complexes pour filtrer ou modifier le contenu d'un fichier. Ce n'est pas le cas avec Unix, qui est un noyau de taille modeste autour duquel se placent des centaines de programmes modulaires dédiés chacun à une tâche très spécifique. En utilisant l'entrée standard (le clavier ou un fichier), la sortie standard (l'écran), et les tubes (représentés par le caractère "|"), il est possible de transférer des données entre programmes et d'accomplir un grand nombre de tâches complexes, simplement à partir de la ligne de commande.

Les tubes sont très pratiques, mais ils ne peuvent pas répondre à tous les besoins de redirection. Supposons qu'il faille récupérer les données générées par une commande de listage de contenu d'un répertoire `ps` pour les stocker dans un fichier afin d'en permettre l'édition et l'impression. La ligne de commande pourrait s'écrire `ps > /tmp/ps-output`. Elle demande de capter les données en sortie de `ps` pour les rediriger vers le fichier `ps-output` du répertoire `/tmp` (le nom du fichier est à choix libre). En langage humain, la commande signifie : "Exécuter `ps` puis envoyer les données renvoyées dans le fichier `/tmp/ps-output`".

Très simple, n'est-ce pas ? Mais dans cette ligne de commande, le fichier est vidé à chaque lancement de la commande. Pour que les nouvelles lignes soient ajoutées au contenu existant du fichier, il faut utiliser le signe de redirection doublé, comme ceci : `ps >> /tmp/ps-output`. Dans ce cas, si le fichier existe, son contenu n'est pas supprimé.

Le troisième concept Unix édicte que tout fichier appartient à un système de fichiers hiérarchique. Ce système de fichiers commence par le symbole réservé / (barre oblique, l'inverse sous Windows) et s'appelle le système de fichiers racine (root). De ce système de fichiers racine dépend la totalité des ressources connues par le système. Les disques durs sont des ressources montées dans des sous-répertoires de la racine. Il en découle que la totalité de l'espace de stockage réparti sur un nombre de disques non limité est disponible à partir de la racine. La Figure 14.1 donne un exemple du contenu du répertoire racine d'une machine sous Linux. Les noms sont presque tous des sous-répertoires. Cet affichage est le fruit de la commande de listage `ls`.

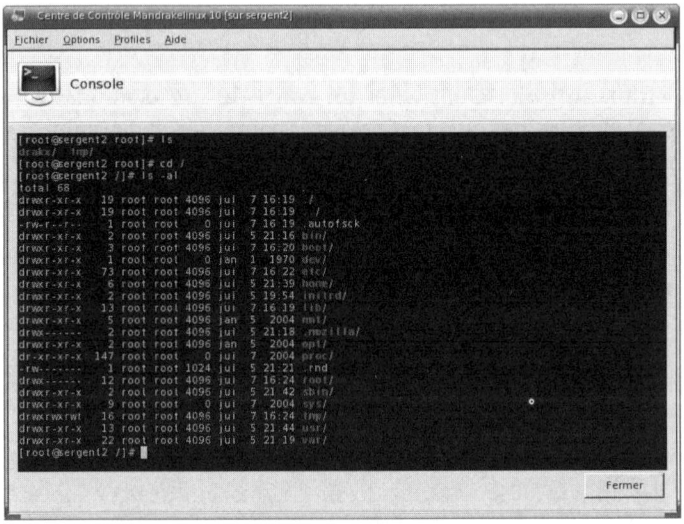

Figure 14.1 • Exemple d'une hiérarchie de fichiers Unix/Linux.

Dans le monde Windows, la racine de chaque disque est une lettre attribuée à une partition (tout un disque physique ou une partie d'un disque) comme C:\ ou D:\. Si un disque est plein, il n'y a aucun moyen d'étendre son système de fichiers à d'autres disques. Sous Unix/Linux, les disques sont des ressources montées dans des sous-répertoires du système de fichiers racine. Par conséquent, tout l'espace disque disponible d'un nouveau disque vient s'ajouter à l'espace global du système de fichiers racine. La philosophie d'Unix permet de n'être jamais à court d'espace de stockage et offre une grande souplesse.

Il n'existe pas encore de standard reconnu quant aux noms des sous-répertoires obligatoires d'un système Unix, mais une initiative en ce sens a été menée pour Linux. Le Tableau 14.1 décrit les principaux sous-répertoires d'un système Unix.

Tableau 14.1 • Sous-répertoires principaux d'un système de fichiers Unix

/	Racine du système de fichiers. Ce répertoire de départ dont le nom est le symbole barre oblique (/) contient les noms des sous-répertoires de premier niveau dont la description suit.
`/bin`	Répertoire technique rassemblant les fichiers exécutables du système ("binaires").
`/dev`	Répertoire à usage technique contenant des fichiers spéciaux assurant les échanges de données entre le noyau du système et les périphériques (disques durs, ports série pour connecter les terminaux appelés tty, clavier, souris, ports USB, etc.).
`/etc`	Répertoire technique contenant notamment les fichiers de définition des groupes d'utilisateurs et les fichiers des mots de passe (le contenu en est codé).
`/home`	Ce sous-répertoire est la racine relative dans laquelle sont implantés les sous-répertoires (dossiers) des utilisateurs. Chaque utilisateur défini sur un système Unix se voit attribuer un sous-répertoire portant son identifiant : par exemple, si Jean Dupont possède l'identifiant de connexion jdupont, son répertoire personnel se nommera `/home/jdupont`. Chaque sous-répertoire personnel contient au minimum un fichier `.profile` contenant des instructions qui sont exécutées lorsque l'utilisateur se connecte au système. Ce fichier personnalise l'environnement de travail, lance des applications et autres tâches servant à configurer la session qui s'ouvre selon les possibilités de personnalisation offertes à l'utilisateur.
`/opt`	Ce sous-répertoire n'est pas présent dans toutes les variantes d'Unix. Il reçoit les fichiers exécutables des applications supplémentaires (celles installées après la mise en place du système). HP-UX se sert de /opt pour stocker les compilateurs et outils des langages de programmation tels que le C.
`/tmp`	Ce sous-répertoire accueille tout ce qui n'entre dans aucun des autres répertoires standard. Il sert surtout de lieu de stockage temporaire (d'où le nom). En effet, dans la plupart des distibutions Unix, le contenu de ce répertoire est d'office supprimé à chaque redémarrage. Mieux vaut ne pas y stocker des fichiers à conserver.
`/usr`	Ce répertoire contient les fichiers exécutables et annexes pour de nombreux logiciels considérés comme faisant partie de la distribution concernée. Certains fichiers dans `/usr/bin` sont en fait des liens (*alias*) vers des fichiers qui se trouvent en réalité dans `/bin`. IBM implante par exemple la plupart des logiciels associés au système, comme les compilateurs de langage, dans `/usr`.
`/var`	Ce sous-répertoire est technique, au sens où il sert à stocker les données de statistiques d'utilisation et d'autres éléments variables comme les fichiers des journaux (*log files*). C'est dans `/var/adm/logs` ou dans `/var/logs` que sont placés en général les journaux système.

Enfin, un autre concept majeur d'Unix réside dans les possibilités de synergie fonctionnelle et la conformité aux standards des systèmes ouverts *Open Systems*. Dans la mesure où les systèmes Unix adhèrent à des standards ouverts publiés par l'IETF (*Internet Engineering Task Force*), ils sont assez facilement interopérables. Une version d'Unix d'un constructeur ou éditeur fonctionne généralement très bien avec la version d'un autre fournisseur grâce aux nombreux standards. C'est pour cette raison que les services Web et la messagerie Internet sont si fréquemment confiés à des serveurs sous Unix ou Linux ; ils sont conformes à des standards ouverts définis par des comités publics. C'est aussi la raison pour laquelle les systèmes Unix ont un comportement bien plus prévisible que d'autres systèmes d'exploitation propriétaires, ce qui en réduit également le coût.

14.2 Unix/Linux comme système d'exploitation réseau

Un serveur sous Unix ou Linux peut offrir toute la gamme de services réseau, du partage de fichiers au service DNS et au serveur Web. Pour la mise en place initiale d'un serveur Unix, un administrateur réseau motivé a longtemps été indispensable, car les compétences à acquérir dès le début sont importantes, le produit se pilotant surtout *via* la ligne de commande en mode texte. La formidable évolution du rapport prix/puissance des ordinateurs au cours des années 1980 a permis d'envisager l'ajout d'une interface utilisateur graphique. Parallèlement à l'avènement de Mac OS d'Apple puis de Microsoft Windows, le monde Unix inventait le serveur d'affichage graphique X Window (sans "s" final) et les plus fervents Chopin du clavier Azerty ont pu goûter aux joies d'une interface graphique. De nos jours, toutes les distributions d'Unix et de Linux offrent non pas une, mais toute une gamme d'interfaces graphiques. Sous Linux, les deux plus répandues sont KDE (d'origine allemande) et Gnome (américaine). La Figure 14.2 montre l'aspect général de l'interface KDE sur un serveur Linux. (KDE, comme Gnome, est développé en tant que logiciel libre à licence GPL, *General Public License.*)

Lors de l'installation d'un système Unix ou Linux sur un serveur (ou une station, puisque Solaris et presque toutes les distributions Linux offrent le choix entre les deux approches à partir des mêmes CD), il faut d'abord créer un compte utilisateur spécial appelé compte racine. C'est l'équivalent du compte **administrateur** sous Windows ou **admin** sous NetWare.

Ce compte de super-utilisateur sert bien sûr à administrer le système (paramètres, suivi, création de comptes, etc.). Lorsque l'administrateur a terminé d'implanter un serveur Unix ou Linux ou achevé les opérations de maintenance, il sort de ce compte pour plus de sécurité. Pour basculer en mode super-utilisateur, il suffit d'utiliser la commande su ou son équivalent graphique et de saisir le mot de passe (voir la Figure 14.3). Vous remarquerez que le symbole de l'invite de commande qui était le signe dollar $ est devenu le signe dièse # lorsque l'utilisateur s'est connecté en tant qu'administrateur *root*.

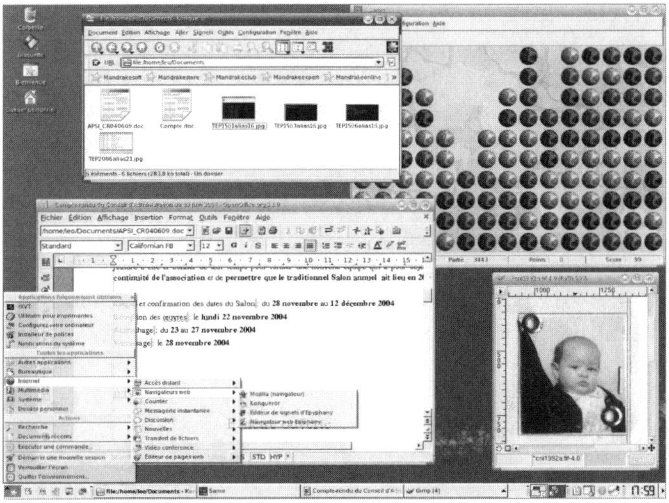

Figure 14.2 • Aspect général d'un ordinateur sous Linux avec l'interface utilisateur graphique KDE.

Dès que ce n'est plus nécessaire d'agir en tant que super-utilisateur, il est conseillé de se déconnecter pour revenir sur un profil plus classique. Il suffit de taper la commande `exit` puis de presser la touche Entrée.

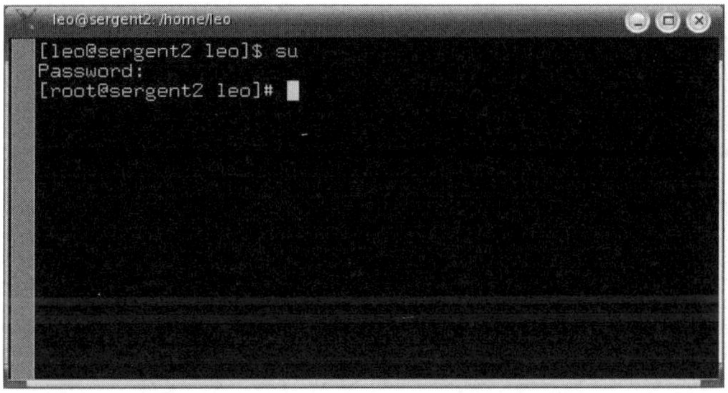

Figure 14.3 • L'administrateur peut se connecter à tout moment *via* la ligne de commande en tant que *root*.

Une excellente méthode pour découvrir le monde d'Unix consiste à installer Linux. Il existe même des distributions Linux de test (appelées "live") qui ne réclament pas d'être installées sur un disque dur et fonctionnent depuis le CD. Avec une version payante, vous bénéficiez d'un certain nombre d'heures de support technique.

> ### *À noter*
> Linux est le fruit du travail d'un étudiant finlandais nommé Linus Torvalds. Linux se singularise par le fait que le code source est librement disponible (d'où le terme "logiciel libre") et peut être notamment amélioré et enrichi par toute personne s'en sentant capable. Linux est très proche d'Unix dans l'esprit et en pratique.

Les trois distributions les plus connues sont Mandrake Linux (française), SuSE Linux (allemande) et Red Hat Linux (américaine). Ces distributions existent parce que le noyau de Linux est publié avec la licence GPL des logiciels libres. Elles partent du noyau standard et y ajoutent une sélection d'outils et de logiciels adaptés au genre d'utilisation visée. Il existe ainsi une distribution élémentaire pour un poste de bureautique isolé, une distribution destinée aux scientifiques, une distribution spécifique aux collèges et lycées, etc. Dans la suite, nous verrons des exemples montrant la configuration des services et ressources réseau. Vous pouvez télécharger gratuitement les images CD (fichiers ISO) des différentes distributions depuis Internet (par exemple la Red Hat sur **www.linux-iso.org** ou la Mandrake sur **www.mandrakesoft.com**), et graver ces images sur CD puis passer à l'installation. Une interface graphique vous guide au long de cette installation.

À noter

Une distribution Linux demande généralement moins de puissance et d'espace mémoire que l'équivalent fonctionnel sous Windows ou NetWare. Il est cependant conseillé de ne pas se limiter à la configuration minimale, car les contraintes du réseau peuvent relever le seuil de satisfaction. La configuration minimale pour l'Unix Sun Solaris en version 9 sous processeur compatible Intel X86 sur 32 bits suppose 64 Mo de mémoire et 1 Go d'espace disque. Linux Red Hat 8 est un peu plus gourmand (mais tout est relatif) : le processeur doit être au moins à 200 MHz, avec 128 Mo de mémoire et 2 Go d'espace disque.

14.3 Services réseau et paramétrage d'un serveur Linux

Un serveur sous Linux peut proposer tous les services réseau habituels : DNS, DHCP, serveur Web et partage de fichiers. La configuration et l'activation de services réseau sous Linux supposent d'être connecté en tant que super-utilisateur *root*.

Les services réseaux (présentés au Chapitre 15) peuvent être configurés depuis la ligne de commande ou à l'aide d'outils à interface graphique sous KDE ou Gnome. Un service fréquemment déployé sous Linux est celui correspondant au serveur Web Apache. Disponible depuis quelque temps sous Windows et porté récemment sous Novell NetWare, c'est une solution de serveur Web très utilisée qui offre un environnement très fiable. La Figure 14.4 donne un exemple d'outil de configuration Apache permettant de définir le nom du serveur parmi d'autres paramètres du service Web.

Les paramètres réseau d'un serveur peuvent donc être gérés *via* une interface graphique. L'outil de configuration réseau permet de visualiser et de configurer les périphériques réseau (voir en Figure 14.5) et d'intervenir sur les paramètres du protocole TCP/IP d'une carte réseau. Vous pouvez en outre créer les correspondances entre noms d'hôtes et adresses IP et saisir les informations relatives au service DNS (nom d'ordinateur et paramètres du serveur DNS).

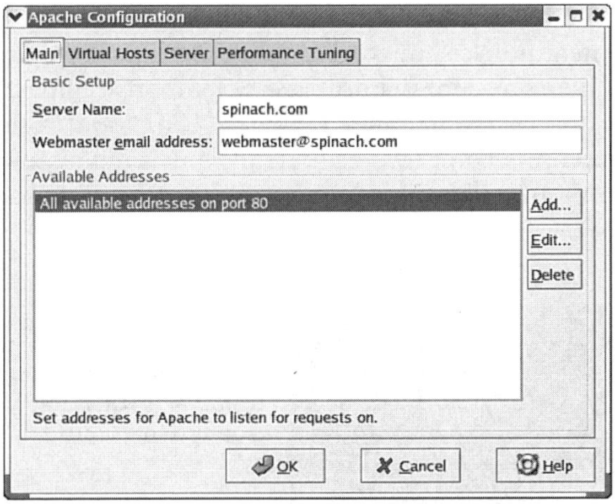

Figure 14.4 • Outil à interface graphique pour configurer les services réseau du serveur Apache sous Linux.

Figure 14.5 • Outil de configuration réseau.

La description des outils de paramétrage d'un serveur Linux, sur ligne de commande comme dans une fenêtre, ne peut pas être décrite dans le cadre de ce livre. À moins d'adopter une distribution Linux commercialisée (comme les versions destinées aux entreprises proposées par Red Hat ou SuSE), la version de Linux que vous utiliserez sera en constante évolution. Des outils très pratiques peuvent disparaître dans la version plus récente d'une même distribution. C'est le prix à payer pour faire partie du mouvement du logiciel libre : les programmeurs conçoivent de nouvelles solutions et abandonnent en cours de route des outils qu'ils jugent moins prometteurs.

Ces changements concernent essentiellement les outils en mode graphique ; par conséquent si vous pensez sérieusement utiliser Linux en tant que serveur de réseau, apprenez de préférence à utiliser les lignes de commande. Passé ce temps d'acclimatation, vous constaterez rapidement que les commandes Linux (et Unix) sont assez intuitives. Par exemple, pour ajouter un compte d'utilisateur, vous employez la commande `adduser`. La Figure 14.6 montre l'ajout de l'utilisateur `kimrich` et de son mot de passe.

Figure 14.6 • La commande *adduser* et ses options permettent d'ajouter un utilisateur à un système Linux.

14.4 Mécanismes de partage de fichiers

Plusieurs solutions de partage des fichiers dans un réseau Linux sont envisageables. Nous allons en découvrir deux : NFS (*Network File System*) et Samba.

14.4.1 NFS

Le système de fichiers réseau NFS, conçu par la société Sun Microsystems pour Unix, a longtemps eu un rôle central dans le monde Unix. Il est également disponible sous Linux, ce qui permet à des machines Linux de partager des fichiers *via* une interface de système de fichiers virtuel (VFS, *Virtual File System*) qui s'exécute au-dessus du protocole TCP/IP. Les fichiers ainsi partagés sur un serveur distant peuvent être exploités par les utilisateurs comme des ressources locales.

NFS est un bon exemple d'environnement client/serveur dans lequel la même machine Linux peut jouer le rôle de client et de serveur NFS. Sous KDE, vous disposez d'un outil pour configurer le serveur NFS (NFS *Server Configuration*), mais vous avez aussi un accès par la ligne de commande. Les répertoires partagés *via* NFS s'appellent des partages (*shares*).

Sous KDE, vous lancez l'outil depuis le Bureau en ouvrant le menu principal KDE, puis en choisissant Paramètres système (*System Settings*), puis Serveur NFS (*NFS Server*) [voir Figure 14.7].

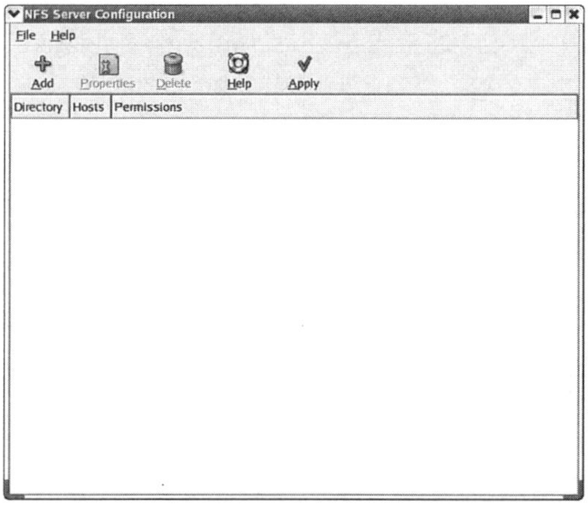

Figure 14.7 • L'outil de configuration du serveur NFS sous KDE.

Ajout d'un partage NFS sur un serveur Linux *via* l'outil de configuration à interface graphique

1. Cliquez sur le bouton Ajouter (*Add*) dans la fenêtre de l'outil pour accéder à la boîte de nouveau partage.
2. Indiquez le nom du répertoire à partager ou utilisez le bouton Parcourir pour le désigner.
3. Indiquez ensuite les machines hôtes qui seront autorisées à accéder à cette ressource, soit par leur nom d'hôte qualifié, soit par leur adresse IP. Vous pouvez profiter du métacaractère astérisque (*). En saisissant par exemple **192.168.186.***, vous autorisez toutes les machines du sous- réseau **192.168.186**. (les sous-réseaux IP ont été vus au Chapitre 12) [voir Figure 14.8].
4. Grâce aux options du bas de la page, définissez les droits d'accès en lecture seule ou en lecture/écriture.

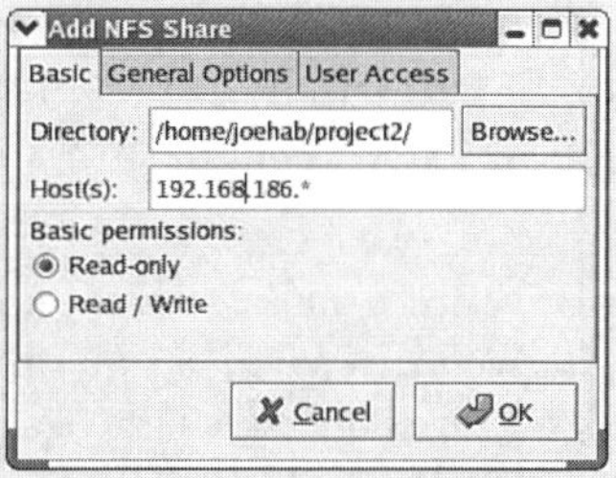

Figure 14.8 • Désignation du répertoire à partager et des hôtes autorisés à y accéder.

5. L'onglet de la page Accès utilisateur (*User Access*) permet, parmi d'autres options, d'autoriser un accès anonyme de niveau *root* ou utilisateur régulier. Vous pouvez aussi affecter les utilisateurs anonymes à un groupe sur la machine Linux.

   Cliquez sur OK pour valider vos choix. La ressource partagée est immédiatement visible dans la liste de l'outil NFS.

Une fois le partage configuré, il faut lancer le service NFS pour en profiter. Cliquez sur le bouton Appliquer de la fenêtre de l'outil NFS Server. Une confirmation vous est demandée dans une boîte message. Cliquez sur Oui. Vous voilà propriétaire d'une ressource NFS accessible à tous les autres utilisateurs du réseau.

Le mécanisme NFS a été reformulé par Sun pour fonctionner aussi sur PC. Dans ce cas, une autre solution existe pour faire coopérer des machines sous Microsoft Windows et sous Linux et leur faire partager des ressources réseau : Samba. Ce nom est tiré de SMB (*Server Message Block*), constituant important du protocole NetBIOS permettant l'échange de blocs de données entre clients et serveurs ou entre postes d'un réseau Microsoft.

14.4.2 Samba et SWAT

Samba est un logiciel système qui simule le fonctionnement du mécanisme SMB et procure les services NetBIOS sur un réseau IP (TCP/IP est bien sûr la pile de protocoles sous Linux). Cela permet à une machine sous Linux de jouer le rôle d'un client Windows partageant des ressources (dossiers et imprimante) dans un groupe de travail. Une machine Linux dotée de Samba peut donc s'intégrer à un réseau poste à poste Windows ou même jouer le rôle de serveur Windows NT.

Nombreuses sont les distributions Linux qui offrent Samba en standard. Vous devez seulement en demander l'installation lors du choix des logiciels.

Pour configurer Samba, vous devez éditer les fichiers de configuration Samba *via* un éditeur de texte ou en profitant de l'interface graphique des outils qui sont apparus pour réaliser cette tâche. L'outil graphique le plus accessible est certainement **SWAT** (*Samba Web Administration Tool*) qui fonctionne dans une fenêtre de navigateur Web. Il est fourni avec certaines distributions de Linux. Vous pouvez aussi le télécharger sur un des nombreux sites Linux comme **www.linux.org**.

Une fois SWAT installé, vous l'ouvrez dans votre navigateur Web pour accéder confortablement aux fichiers de configuration Samba. Vous devez être en possession du mot de passe root. Dans le navigateur, saisissez l'adresse **http://localhost:901/** et validez par Entrée. La valeur 901 est le numéro de port activant une connexion TCP entre SWAT et le navigateur. (Ce numéro et l'adresse IP permettent de créer le *socket* qui établit le canal de communication entre TCP et HTTP.) La Figure 14.9 montre SWAT dans Mozilla.

À partir de SWAT, vous configurez Samba pour permettre à la machine Linux de communiquer avec les postes du groupe de travail Windows *via* les paramètres globaux de Samba. SWAT permet aussi de créer des partages en associant des répertoires Linux à des noms de partage en passant par l'écran Partages (*Shares*). Le même écran sert à régler les options de sécurité de chaque partage au niveau des droits d'accès et celles concernant l'accès aux machines du groupe de travail.

Une fois Samba totalement configuré (SWAT est doté d'un système d'aide), vous lancez les services **smbd** et **nmbd** grâce à l'écran Statut de SWAT, ce qui active Samba. Les fichiers de la machine Linux deviennent accessibles aux machines Windows et *vice versa*. Voyez aussi le site **www.samba.org**.

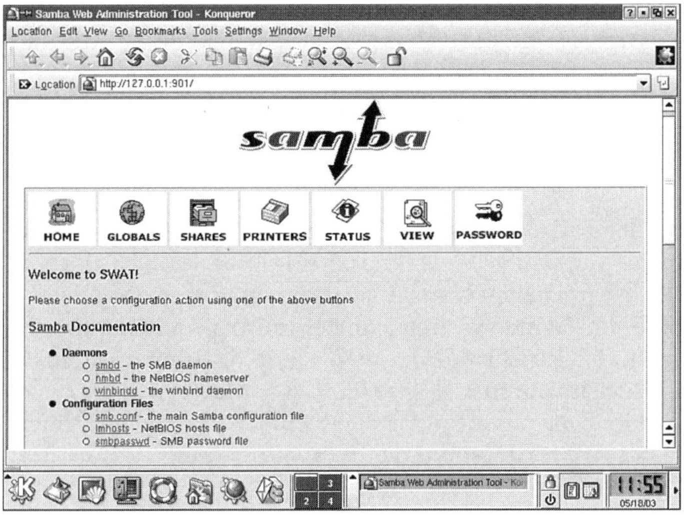

Figure 14.9 • SWAT simplifie la configuration de Samba.

14.5 Mise à jour d'un serveur Linux

La mise à jour d'un serveur Linux peut sembler légèrement plus complexe que celle d'un serveur Windows ou Netware, notamment avec une distribution gratuite sans aucun support technique formel. Il existe en effet plusieurs formats des paquetages d'installation (outils d'administration, suite bureautique, messagerie, etc.).

Un des formats les plus répandus est celui créé par Red Hat, le RPM (*Red Hat Package Manager*). L'extension correspondante est .rpm. Il suffit de télécharger le fichier (par exemple depuis **www.redhat.com**) et d'atteindre le répertoire récepteur avec l'explorateur (Conqueror sous KDE). Sélectionnez le fichier pour lancer l'outil Red Hat Package Manager et installer le contenu.

D'autres logiciels sont livrés au format d'archive Unix appelé **tarball**. Un tarball est un fichier archive créé avec l'outil Unix **tar** et contenant les fichiers source du logiciel désiré, en général sous forme compressée (grâce à Gzip). L'extension est dans ce cas `.tar.gz`. L'exploitation d'un fichier tarball suppose en général la saisie de quelques lignes de commande. Supposons par exemple le fichier de départ `jean.tar.gz`. Pour le désarchiver, ouvrez d'abord une fenêtre de terminal. Dans cette fenêtre de terminal, entrez dans le sous-répertoire contenant le fichier, en utilisant la commande `cd` (comme dans `cd /nomrep`). Saisissez ensuite la commande suivante :

```
~ tar zxf jean.tar.gz /tmp
```

Le bloc d'options `zxf` demande de décompresser l'archive (z), d'extraire le contenu (x) et de partir du fichier mentionné (f). La mention terminale `/tmp` stipule que le ou les fichiers sont à stocker dans le répertoire `tmp` du système. (Vous pouvez librement changer ce nom de destination.) Il suffit de se placer ensuite dans le répertoire dans lequel les fichiers ont été désarchivés (en général, `tmp`) *via* la commande `cd /tmp` puis de saisir la commande suivante :

```
~ ./configure
~ make
~ make install
```

Cette ligne de commande demande de créer les fichiers d'installation du logiciel désiré et de lancer l'installation. Vous pouvez ensuite utiliser le logiciel en le démarrant depuis l'interface graphique ou bien en saisissant une commande dans la fenêtre de terminal. Comme sous Windows, une icône est normalement ajoutée au Bureau. Les jeux de commandes varient quelque peu d'une distribution Linux à l'autre. Pour information, visitez les dizaines de sites français consacrés à Linux ou les milliers de sites en anglais. Plongez-vous aussi dans la documentation et les fichiers HowTo qui répondent à la plupart des questions des nouveaux entrants.

15

Les services réseau de base

Au sommaire de ce chapitre

- Déploiement de services de base
- Les services de fichiers et d'impression
- Déploiement du service DHCP
- Déploiement du service DNS

Dans les chapitres précédents, nous avons vu les règles de l'art de la conception d'un réseau et comment préparer un réseau sous Windows et sous Linux. Nous allons nous intéresser ici aux services de base et à leur déploiement. Le service de partage de fichiers et d'impression est demandé par les utilisateurs dans quasiment tous les réseaux, même les petits ne fonctionnant pas sous le protocole TCP/IP. Nous verrons également les deux services DHCP (*Dynamic Host Configuration Protocol*) et DNS (*Domain Name Service*).

15.1 Déploiement de services de base

Créer un réseau a pour objectif la fourniture de services aux utilisateurs. Ce sont par exemple le partage de fichiers, d'une imprimante et, sous TCP/IP (*Transmission Control Protocol/Internet Protocol*) le serveur DNS, le serveur Web ou un serveur de communication et de messagerie. À chaque service correspond un serveur, mais ce n'est pas obligatoire d'utiliser une machine différente pour chacun. C'est en effet courant de rassembler plusieurs services sur la même machine serveur, notamment dans les petits réseaux. Le niveau de spécialisation (le nombre de serveurs dédiés à un ou deux services seulement) dépend de la taille du réseau. Dans un grand réseau avec beaucoup de trafic, il est préférable de déployer plusieurs serveurs dédiés. Dans un petit réseau, cela n'est pas nécessaire, un ou deux serveurs pouvant suffire. Revoyons les différents types de serveurs et services de base :

- **Serveur de fichiers.** Il permet à des utilisateurs d'accéder à des fichiers *via* le réseau. Les fichiers sont normalement stockés dans des dossiers à accès public, même si ces derniers peuvent contenir des sous-dossiers privés qui ne sont accessibles qu'à un utilisateur en particulier. L'avantage des serveurs de fichiers est de supprimer tout problème de fichiers exploités en plusieurs exemplaires, ce qui entraîne des problèmes de synchronisation. Cela simplifie également la sauvegarde des données.
- **Serveur d'impression.** Il permet d'accéder à une imprimante réseau, dont il contrôle l'accès. Les demandes d'impression sont mises dans une file d'attente appelée spouleur, qui est en fait une zone de stockage intermédiaire sur le serveur d'impression. Cette zone correspond à un certain espace disque.
- **Serveur de communication.** Il exécute un logiciel spécifique facilitant les échanges d'information entre les utilisateurs *via* le réseau. Il fournit notamment le service de messagerie électronique et les groupes de discussion. Nous avons vu des serveurs de communication au Chapitre 10.
- **Serveur d'applications.** Il héberge et fait fonctionner une ou plusieurs applications et notamment des gestionnaires de base de données. Certains donnent accès à une suite bureautique (traitement de texte, tableur, etc.). Cette pratique de centralisation simplifie les mises à jour des applications en évitant de devoir le faire sur chacune des machines des utilisateurs. Nous avons parlé des serveurs d'applications, comme Microsoft SQL au Chapitre 8).
- **Serveur Web.** Il permet de rendre accessible le contenu d'un site Web sur Internet. Si l'accès est limité aux salariés de l'entreprise, cela s'appelle un intranet. Toutes les entreprises ne mettent pas en place des serveurs Web internes, elles peuvent déléguer ce travail à leur fournisseur d'accès Internet.
- **Serveur DHCP.** Il n'a qu'un seul objectif : attribuer des adresses IP, des masques de sous-réseau et d'autres paramètres de configuration TCP/IP aux machines qui en font la demande. Dès que vous utilisez TCP/IP, il est logique de mettre en place un serveur DHCP. Nous avons présenté DHCP en détail au Chapitre 12.
- **Serveur DNS.** L'accès à Internet depuis un réseau local est devenu quasi obligatoire. Il faut pour cela déployer un serveur DNS, qui effectue les conversions entre les adresses numériques IP et les noms de domaine (les adresses Internet auxquelles vous êtes habitué). Pour certains systèmes d'exploitation réseau, comme Windows Server 2003 pour utiliser l'annuaire Active Directory, il faut installer un serveur DNS même si vous n'êtes pas connecté à Internet. Nous avons présenté les serveurs DNS au Chapitre 12.

Tous les systèmes d'exploitation réseau rencontrés au cours de ce livre (Microsoft Windows Server 2003, Red Hat Linux, Novell NetWare, Unix) disposent de tous ces services dans leur version de base ou parfois sous forme de logiciels complémentaires.

Planifier et configurer un réseau hétérogène qui contient plusieurs systèmes d'exploitation différents est un peu plus difficile. Par exemple, si un réseau utilise le système Windows pour l'authentification des utilisateurs et la fourniture de certains services tout en profitant d'un partage de fichiers et d'imprimante NetWare qui existait auparavant. Vous pouvez également y ajouter un serveur Web qui fonctionne sous Linux ou Unix afin de tirer pleinement profit de la plate-forme serveur Web Apache.

Que le réseau soit homogène ou hétérogène, c'est à l'administrateur réseau de mettre en place les services attendus par les clients.

À noter

Il existe un autre type de serveur que nous n'avons pas mentionné : le serveur d'authentification qui fournit une hiérarchie logique permettant de gérer les objets réseau tels que les utilisateurs. Avant de mettre en activité un service, il faut configurer le serveur qui se chargera de l'authentification des utilisateurs et de la mise en place de la hiérarchie logique des objets réseau. En général, c'est le premier serveur que vous mettrez en place qui en sera chargé. Dans un environnement Windows, c'est cette machine qui s'appelle le contrôleur de domaine. Dans un réseau NetWare, c'est le serveur qui héberge les services de l'annuaire eDirectory.

15.2 Les services de fichiers et d'impression

Le plus petit des réseaux a besoin d'un service de partage de fichiers et d'impression. Ces deux services constituent d'ailleurs l'une des premières raisons de l'apparition des matériels et logiciels permettant d'interconnecter des ordinateurs. Il est donc peu étonnant que ces services soient intégrés en standard dans les systèmes d'exploitation de poste de travail tel que Windows, Mac OS, Linux, Unix, y compris dans la configuration minimale des réseaux poste à poste.

15.2.1 Déploiement d'un serveur de fichiers

Un réseau de plusieurs serveurs fonctionnant sous un système d'exploitation Windows peut tirer parti d'un serveur de fichiers tournant sous NetWare ou sous Unix/Linux. Linux constitue d'ailleurs une alternative très bon marché pour ajouter un serveur de fichiers à un réseau (le système est gratuit et il n'y a pas licence client supplémentaire à acquérir). Un serveur Linux peut en effet offrir des services de partage de fichiers à des clients Windows au moyen du logiciel Samba décrit au Chapitre 14.

Nous faisons cette remarque non pas pour vous pousser à créer des réseaux locaux hétérogènes, mais pour que vous sachiez qu'il est possible de faire coexister plusieurs systèmes d'exploitation dans un même réseau.

Pour tous les systèmes d'exploitation réseau vus dans ce livre, la mise en place d'un serveur de fichiers est très simple. Sous Windows, vous devez créer des partages sur le serveur (par exemple sous Windows Server 2003) puis des permissions liées à la ressource partagée (un dossier partagé sur le serveur) qui doivent être attribuées aux utilisateurs avec différents degrés de droits d'accès. Nous avons parlé du partage des fichiers et des dossiers sous Windows au Chapitre 13.

Sous Unix/Linux, il existe notamment les deux systèmes Samba et NFS. Ils ont été décrits au Chapitre 14.

Sous Novell NetWare, vous commencez par créer un réservoir (*pool*) sur le serveur qui réserve une certaine quantité d'espace disque pour le nouveau volume. La Figure 15.1 montre l'écran de création de NetWare Remote Manager. Tout l'espace libre disponible d'un disque peut être attribué à la création de ce réservoir, mais vous pouvez aussi n'en sélectionner qu'une partie.

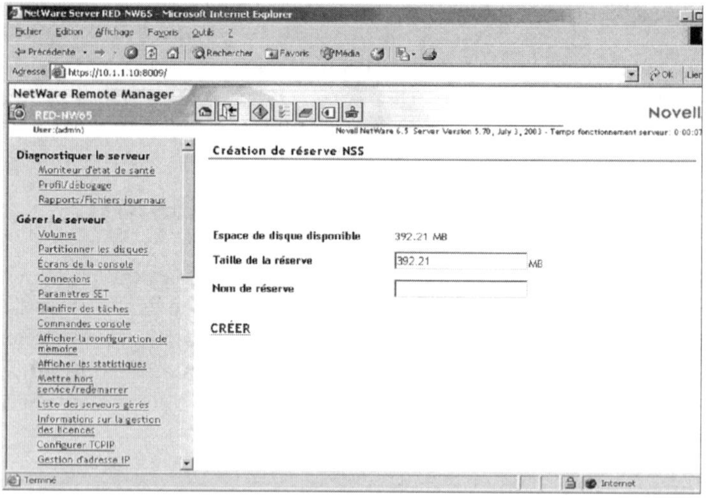

Figure 15.1 • Vous devez créer un réservoir pour configurer un volume sur le disque dur d'un serveur NetWare.

Lorsque ce réservoir est créé, vous pouvez y installer un ou plusieurs volumes (chaque volume correspond à un disque logique). Il faut ensuite monter le volume, c'est-à-dire le rendre accessible aux utilisateurs du réseau. Une fois le volume monté, il est possible d'y créer des répertoires et d'y stocker des fichiers.

À noter

Dans NetWare 6.0, Novell a apporté plusieurs modifications fondamentales. Le système utilise un nouvel annuaire appelé eDirectory (une base hiérarchique des objets du réseau) ainsi qu'un nouveau système de fichiers appelé NSS (*Novell Storage Services*). Celui-ci permet à l'administrateur de créer et de faire évoluer des volumes de plus grande taille que précédemment.

Pour créer un répertoire sur un nouveau volume, vous utilisez le même gestionnaire NetWare Remote Manager (cet outil est accessible *via* un navigateur Web). Vous pouvez attribuer des droits d'accès à différents niveaux aux utilisateurs par rapport à ce volume.

L'administrateur crée normalement les répertoires sur un volume du serveur de fichiers (dans l'environnement NetWare le compte d'administrateur se nomme **admin**). Il est propriétaire du répertoire et dispose de tous les droits d'accès. S'il veut établir des relations de confiance pour l'accès à ce répertoire afin d'en assurer la maintenance et l'exploitation, il peut le faire une fois le répertoire créé. La Figure 15.2 montre l'écran NetWare Remote Manager permettant d'ajouter des "trustees" à un répertoire.

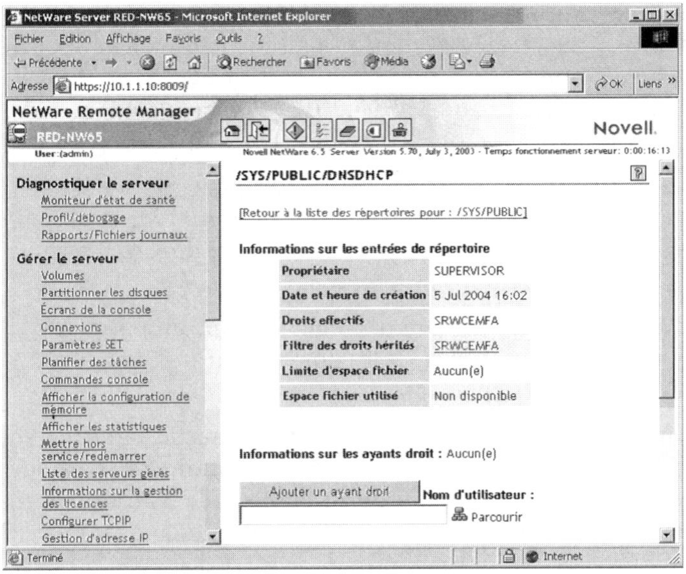

Figure 15.2 • Ajout de trustees à un répertoire pour en permettre la maintenance à distance.

Tous les systèmes d'exploitation réseau permettent d'attribuer des permissions et des droits d'accès à chaque répertoire partagé. L'administrateur doit décider à bon escient du niveau d'accès qu'il attribue à chaque utilisateur d'un réseau pour les différents fichiers du serveur.

Lorsque le réseau atteint une taille appréciable, c'est préférable de dédier une machine au rôle de serveur de fichiers, car le nombre de requêtes d'accès aux fichiers risque de devenir assez important. Les contenus des fichiers évoluent au cours du temps et il faut donc penser à intégrer le serveur correspondant à la stratégie de sauvegarde périodique. Comme tout ordinateur, un serveur de fichiers peut souffrir d'altération de données, d'infections virale, voire d'effacements accidentels de fichiers. Il est donc essentiel de procéder à des sauvegardes régulières (voir Chapitre 17).

15.2.2 Déploiement d'un serveur d'impression

La possibilité d'utiliser une imprimante à plusieurs est un autre service fondamental d'un réseau. Toutes les plates-formes réseau décrites dans ce livre permettent de créer un serveur d'impression, qui se charge de la surveillance et de la gestion des demandes d'impression dirigées vers l'imprimante concernée.

Une certaine confusion peut apparaître à propos des termes utilisés pour désigner les imprimantes qui sont installées dans un réseau local. Voici les trois termes qu'il ne faut pas confondre :

- **Imprimante locale.** Une imprimante directement connectée à un serveur. Elle n'est locale que pour le serveur. Normalement, ce dernier va rendre cette imprimante accessible au service d'impression.
- **Imprimante distante.** Une imprimante connectée à un autre ordinateur que le serveur. Cela peut entraîner une certaine confusion puisque l'ordinateur auquel l'imprimante est attachée la considère comme son imprimante locale. Le fait qu'une imprimante soit locale ou distante dépend de l'ordinateur qui sert de point de référence.
- **Imprimante à connexion directe.** Appelée également imprimante réseau. Il s'agit d'un équipement possédant sa propre carte réseau avec un processeur et un certain espace mémoire. Ce genre d'imprimante peut être connecté directement à un concentrateur ou à un commutateur réseau *via* un câble réseau.

Lorsqu'un utilisateur demande l'impression d'un document depuis un poste client, un logiciel de redirection sur sa machine transmet les données sur le réseau jusqu'à l'ordinateur qui fait office de serveur d'impression.

Le serveur d'impression utilise un logiciel appelé **spouleur** qui reçoit la demande d'impression et place le travail dans sa file d'attente (un espace mémoire réservé pour y stocker les contenus des travaux d'impression jusqu'au moment de les transmettre réellement à l'imprimante). Dès que l'imprimante a terminé tous les autres travaux en attente, la demande est traitée à son tour et supprimée de la file d'attente.

Dans un réseau Windows, les imprimantes partagées ressemblent beaucoup à des dossiers partagés. Nous avons parlé de l'impression partagée au Chapitre 13. Sous Unix/Linux, vous pouvez exploiter une imprimante réseau *via* Samba ; il suffit de créer une nouvelle file d'attente d'impression. Sous Linux Red Hat, vous pouvez créer une file d'attente pour une imprimante locale, une imprimante Unix en réseau, une imprimante Windows, Novell ou encore une imprimante directement connectée au réseau. La Figure 15.3 montre l'utilitaire Linux de configuration d'imprimante réseau.

L'ordinateur qui héberge le service d'impression réseau n'est pas nécessairement une machine puissante. En effet, la plupart des imprimantes prévues pour fonctionner en réseau possèdent une certaine quantité de mémoire qui leur permet de recevoir un volume de travail d'impression important. La configuration matérielle du serveur d'impression dépend du volume d'impression et du type de travaux. Dans un environnement supposant l'impression de nombreux documents graphiques, comme dans une agence de prépresse, il faut plus d'espace de stockage pour les données correspondantes. Autrement dit, les performances du serveur devront être revues à la hausse dans un environnement produisant de nombreux documents complexes.

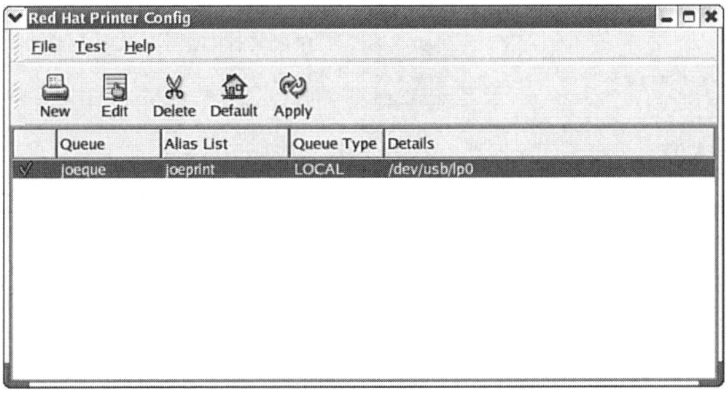

Figure 15.3 • Outil à interface graphique pour configurer les imprimantes réseau sous Linux.

15.3 Déploiement du service DHCP

Nous avons vu au Chapitre 12 que le service DHCP constituait la solution la plus pratique pour obtenir des adresses IP, des masques de sous-réseau et d'autres paramètres TCP/IP. Il est donc quasiment indispensable de procéder à sa mise en place. Selon la taille du réseau, et notamment lorsque celui-ci est divisé en plusieurs sous-réseaux ou segments, vous devrez peut-être prévoir plusieurs serveurs DHCP. En effet, DHCP transmet ses messages à tous les postes (message de type *broadcast*), mais les routeurs ne retransmettent pas les messages de ce type. Il faut donc logiquement placer un serveur DHCP sur chaque sous-réseau.

Astuce

Lorsque le réseau compte un ou plusieurs routeurs, vous pouvez configurer un serveur en tant qu'agent relais DHCP. Il se chargera de retransmettre les messages DHCP aux clients DHCP des autres sous-réseaux, ce qui vous évite de devoir installer un serveur DHCP sur chaque sous-réseau. Vous pouvez parfois aussi configurer les routeurs pour qu'ils transmettent les requêtes DHCP provenant des agents relais.

Tous les systèmes d'exploitation réseau actuels (Windows Server 2003, Unix/Linux et Novell NetWare) fournissent le service DHCP en standard.

DHCP sert à attribuer une adresse IP ou une plage d'adresses (avec le masque de sous-réseau correspondant) en fonction de la portée définie par l'administrateur sur le serveur DHCP. La portée correspond à la plage d'adresses pouvant être attribuée aux clients du réseau. La Figure 15.4 montre l'assistant de création de nouvelles étendues (*scope*) sur un serveur sous Windows Server 2003. Vous remarquez qu'il faut saisir l'adresse IP de début et de fin et le masque de sous-réseau.

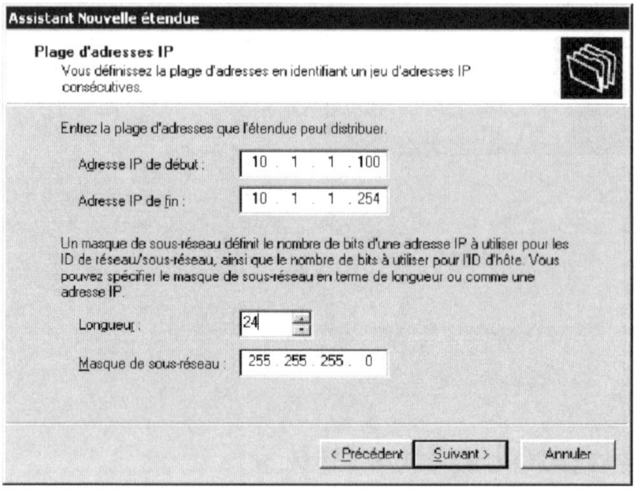

Figure 15.4 • Configuration d'une étendue sur un serveur DHCP.

Vous pouvez aussi définir des exclusions par rapport à l'étendue. Cela vous permet de configurer une étendue contenant toute la plage d'adresses IP. Dans un deuxième temps, vous excluez les adresses que vous devez attribuer de façon statique au serveur DHCP et aux autres serveurs et périphériques particuliers comme les routeurs. Vous pouvez même configurer des réservations, ce qui est nécessaire lorsqu'un équipement tel qu'un serveur d'imprimante doit toujours utiliser la même adresse IP (cela simplifie l'exploitation des utilisateurs qui veulent utiliser l'imprimante *via* son adresse IP). Dans ce cas, l'adresse IP est attribuée de manière dynamique, mais elle ne change jamais.

Lorsque le serveur DHCP transmet à un client l'adresse IP, le masque de sous-réseau et les autres paramètres TCP/IP, l'ensemble est appelé un **bail** (*lease*). C'est au moment où vous définissez l'étendue du serveur que vous choisissez la durée de validité des adresses IP à attribuer aux clients. Vous êtes seul maître de la durée du bail. Avec une durée trop longue, vous prenez des risques au niveau de la sécurité du réseau puisque les adresses sont presque équivalentes à des adresses IP statiques qui peuvent être piratées. Inversement, des durées trop courtes entraînent du trafic réseau supplémentaire à cause des multiples messages à diffuser. À vous de trouver un juste équilibre entre bande passante et sécurité.

Il faut également prendre en considération le nombre de serveurs DHCP déployés. Les réseaux utilisant des routeurs doivent obligatoirement en posséder un pour les sous-réseaux ou bien mettre en place des agents relais DHCP. Dans un grand réseau, c'est souvent préférable d'en mettre plusieurs en place pour distribuer le stock d'adresses total. Vous bénéficiez ainsi d'une certaine redondance qui vous protège si un des serveurs DHCP tombe en panne. En effet, les autres peuvent reprendre le travail du serveur défectueux afin que tous les clients reçoivent bien les adresses qu'ils demandent.

15.4 Déploiement du service DNS

Vous savez que le service DNS sert à traduire les noms de domaines en adresses IP. Si votre réseau fonctionne sous TCP/IP, vous devez avoir un serveur DNS (ou plusieurs) pour effectuer la résolution des noms. (Dans un petit réseau, il est possible d'utiliser le service DNS du fournisseur d'accès à Internet.) Si vous hébergez un domaine, vous devez fournir les adresses IP des deux serveurs DNS au service d'enregistrement des domaines qui vous attribue votre nom de domaine Internet.

NetWare, Windows Server 2003 et Unix/Linux fournissent tous un service DNS. Vous pouvez le mettre en place sur un serveur réseau existant (si la surcharge n'est pas un problème) ou mettre en place un nouveau serveur sur lequel vous l'activez.

Un serveur DNS ne peut fonctionner que s'il a été configuré avec au moins une zone, à savoir un périmètre logique du réseau sur lequel il a autorité. Il s'agit plus précisément d'une zone FLZ (*Forward Lookup Zone*), qui permet d'effectuer des requêtes de recherche directe, afin qu'une machine puisse trouver l'adresse IP à partir du nom d'hôte d'un ordinateur ou d'un périphérique. (C'est le serveur DNS qui répond à la requête.)

Lorsque vous créez la zone FLZ, vous devez lui donner un nom qui sera le même que le nom du domaine DNS de la portion du réseau sur lequel le serveur DNS a autorité. Par exemple, si le nom du domaine est marketing.mondomaine.com, le nom de la zone doit être marketing.mondomaine.com. Si votre réseau est de plus grande taille (pas de sous-domaine), la zone FLZ s'écrira par exemple mondomaine.com.

Lors de la mise en place des serveurs DNS, vous commencez par un serveur qui fournit le service DNS et gère l'exemplaire maître de la base de données DNS. La zone FLZ située sur ce serveur s'appelle la **zone primaire**.

Vous déployez ensuite des serveurs DNS qui gèrent des copies de la base de données de zone primaire. Ils servent à seconder le serveur ayant autorité sur la zone. Cette réplique de zone se nomme logiquement **zone secondaire**.

Le serveur DNS primaire peut également recevoir la définition d'une **zone de recherche inverse** RLZ (*Reverse Lookup Zone*). Ce type de zone sert à convertir une adresse IP en nom de domaine qualifié FQDN (*Fully Qualified Domain Name*) – c'est l'opération inverse de la zone de recherche directe. Pour configurer une zone de recherche inverse, vous saisissez l'identifiant du réseau (l'adresse IP du réseau fournie par votre fournisseur d'accès ou par l'organisme auprès duquel vous avez reçu vos adresses). Une fois que les zones ont été créées sur le serveur DNS, il faut encore les paramétrer en y insérant des enregistrements. Plusieurs types d'enregistrements sont à prévoir, le plus important étant l'enregistrement hôte qui donne l'équivalence entre nom qualifié FQDN et adresse IP pour les machines hôtes du réseau. La Figure 15.5 montre un outil à interface graphique sur un serveur DNS Linux permettant de créer un nouvel enregistrement.

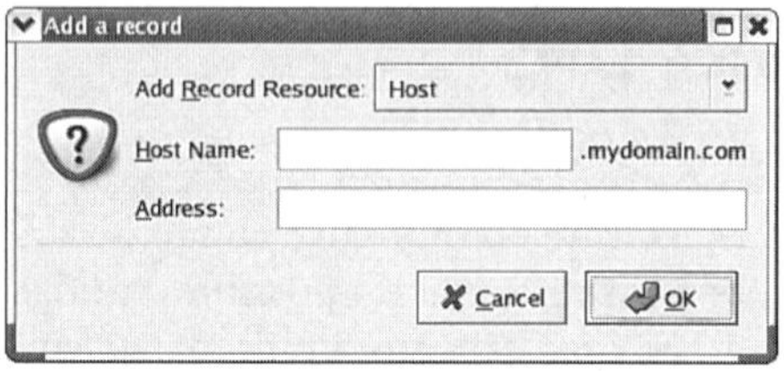

Figure 15.5 • Ajout d'enregistrements hôtes à la base de données DNS.

Parmi les autres types d'enregistrements DNS, voici ceux que vous aurez le plus de chance de rencontrer lorsque vous configurerez un serveur DNS :

- **SOA** (*Start of Authority*). Indique le nom du serveur ayant autorité sur les données dans le domaine. Doit être le premier enregistrement du fichier de base de données de la zone. Il est créé automatiquement lors de la mise en activité du serveur primaire.
- **NS** (*Name Server*). Un enregistrement existe pour chaque serveur de nom affecté au domaine.
- **A Host.** Définit la correspondance entre nom d'hôte et adresse IP dans une zone de recherche directe.
- **PTR Pointer.** Désigne un enregistrement hôte. L'enregistrement PTR se trouve dans les zones de recherche inverse et fournit la correspondance entre adresse IP et nom d'hôte (contrairement à l'enregistrement A qui renvoie l'adresse IP d'un nom de domaine).
- **SRV.** Il permet de connaître les services qui fonctionnent sur une machine hôte. Les enregistrements SRV servent notamment à identifier les contrôleurs de domaine d'un réseau.
- **MX** (*Mail Exchanger*). Type d'enregistrement qui identifie les serveurs de messagerie du réseau en indiquant dans quel ordre ces serveurs doivent être contactés.
- **CNAME** (*Canonical Name or Alias*). Permet de créer un *alias* pour un enregistrement existant, offrant ainsi la possibilité d'utiliser plusieurs noms pour la même adresse IP. Il est par exemple nécessaire pour accéder à votre serveur Web depuis votre réseau.
- **HINFO** (*Host information*). Il peut servir d'outil de suivi des ressources pour votre serveur DNS. Il permet d'obtenir des informations concernant le processeur, le système d'exploitation et d'autres éléments matériels et logiciels.

En fonction du type de DNS utilisé (qui dépend du système d'exploitation réseau choisi), vous aurez à créer un certain nombre d'enregistrements dans la base DNS. Certaines versions de DNS, comme DDNS (*Dynamic DNS*) de Microsoft, y insèrent automatiquement des enregistrements, et notamment ceux des hôtes.

Enfin, le serveur DNS doit connaître les adresses IP des serveurs DNS les plus proches. C'est ce qui lui permet de les interroger lorsqu'il ne parvient pas à résoudre une requête lui-même. Si les voisins ne trouvent pas non plus de réponse, ils peuvent continuer à propager la requête à leurs serveurs voisins. De ce fait, tous les serveurs DNS s'épaulent mutuellement pour trouver les informations *via* cette méthode indirecte de propagation des requêtes au voisinage.

Comme pour tout autre serveur du réseau, vous devez vous assurer que le serveur DNS primaire et tous les serveurs secondaires disposent d'une configuration matérielle permettant de fournir le service de manière efficace. Vous ne devez pas oublier de surveiller les contenus des journaux afin de détecter l'apparition d'un problème. Sous Windows Server 2003, un journal spécifique DNS est créé sur le serveur. Vous devez notamment vérifier que les clients ne rencontrent pas de problèmes avec la résolution de nom. Cela risque en effet de consommer de la bande passante (à cause de l'accroissement du nombre de requêtes), et peut même entraîner des problèmes de connexion entre les clients et les serveurs et par rapport à ceux qui tentent de se connecter à votre réseau local *via* Internet.

16

Sécurité des réseaux

Au sommaire de ce chapitre

- Sécurisation du réseau interne
- Les virus
- Les attaques externes
- La sécurité IP avec IPSec
- Conseil de sécurisation d'un réseau
- Le radioreniflage (*wardriving*)

Le sens de l'expression "sécurité réseau" a énormément changé en une dizaine d'années. À l'origine, il s'agissait de protéger les ressources d'un réseau local contre les pertes accidentelles ou les accès non autorisés à partir de postes situés dans l'entreprise, ou plus rarement des personnes extérieures (ces intrusions *via* l'accès à distance restent un risque important).

À partir du moment où le réseau interne d'une entreprise autorise une connexion au réseau Internet, tout change. Les plus gros problèmes de sécurité sont dorénavant liés aux attaques provenant de l'extérieur. Il peut s'agir d'attaques directes, comme celle d'un cracker qui entre dans un réseau en analysant les adresses IP (nous y revenons plus loin), soit une attaque indirecte par injection d'un virus ou d'une autre charge active dans un message électronique transmis à grande échelle.

> ***Attention***
>
> La plupart des professionnels de l'informatique et amateurs passionnés aiment être appelés hackers. Un hacker est une personne passionnée d'informatique, sans intention de nuire à autrui. Un cracker est quelqu'un qui tente de détruire les systèmes de protection des réseaux ou de diffuser des virus. Dans la suite, nous prendrons soin de faire la différence.

La sécurité informatique est un combat permanent. Vous devez mettre en place un plan de sécurité pour sécuriser le réseau contre les attaques internes et externes. Nous verrons dans ce chapitre comment procéder.

16.1 Sécurisation du réseau interne

La première ligne de défense d'un réseau informatique consiste à bien gérer les identifiants de connexion des utilisateurs et les droits d'accès aux ressources. C'est à l'administrateur réseau de vérifier que cette mesure de protection est efficace. Il doit disposer d'un jeu de règles pour attribuer des noms d'utilisateur et des mots de passe très difficiles, voire impossibles à deviner.

Vous pouvez sécuriser les ressources du réseau en définissant des droits d'accès pour chaque utilisateur (droit de lire seulement certains fichiers d'une base de données, par exemple).

À noter

D'un système d'exploitation à l'autre, les termes changent, mais le sens est le même. Droits d'accès (Novell ou Linux) et permissions (réseaux Microsoft) ont la même signification.

16.1.1 Accès des utilisateurs

C'est l'administrateur réseau qui se charge de créer les comptes des utilisateurs. Tous les systèmes d'exploitation réseau définissent par défaut un compte d'administrateur qui permet de créer et modifier les comptes des autres utilisateurs et de gérer les ressources du réseau. Le nom de ce compte change selon le système d'exploitation. Sous Unix/Linux il s'agit de **root**, sous NetWare d'**admin** et sous Windows d'**administrateur** ou **administrator**.

L'administrateur détermine les conventions de création des noms des utilisateurs ainsi que les règles concernant les mots de passe et les heures de connexion autorisées.

Vous n'augmentez pas beaucoup la sécurité du réseau en trouvant des noms d'utilisateur très complexes. Vous risquez surtout de multiplier les oublis d'identifiants. En général, les administrateurs choisissent la première lettre du prénom et le nom complet de l'utilisateur. C'est une méthode cohérente et très répandue.

À noter

Le nombre de caractères maximal autorisé dans un nom d'utilisateur varie en fonction du système, chacun ayant ses règles. Par exemple, Windows autorise 20 caractères pour l'identifiant. Les noms de l'annuaire eDirectory de NetWare peuvent en compter jusqu'à 64. Certains caractères sont interdits, notamment la barre oblique (/), la barre oblique inverse (\) et quelques caractères spéciaux. Certains systèmes d'exploitation autorisent l'espace et d'autres non.

Stratégie des mots de passe

Puisque l'identifiant n'est pas difficile à deviner, c'est le mot de passe qui endosse toute la stratégie de sécurité d'accès à un réseau. Vous devez en définir les règles (tous les systèmes le permettent). Vous pouvez créer les mots de passe vous-même, mais vous gagnerez du temps en définissant seulement les règles puis en laissant chaque utilisateur créer et modifier son propre mot de passe à partir de ces règles.

L'objectif est d'obtenir des mots de passe efficaces, quasiment inviolables. En voici les caractéristiques selon Microsoft :

- Un mot de passe strict doit contenir au moins sept caractères.
- Il ne doit contenir aucun nom réel de l'utilisateur ou de son entreprise.
- Il ne doit pas contenir de mots qui se trouvent dans le dictionnaire.
- Il doit combiner des caractères numériques, alphabétiques et des symboles.

Sous Microsoft Server 2003, les règles des mots de passe réseau sont gérées *via* un outil appelé Stratégies de groupe. Cet outil constitue une base permettant de contrôler l'environnement de l'utilisateur et de l'ordinateur dans un domaine Windows. La Figure 16.1 en montre un aspect.

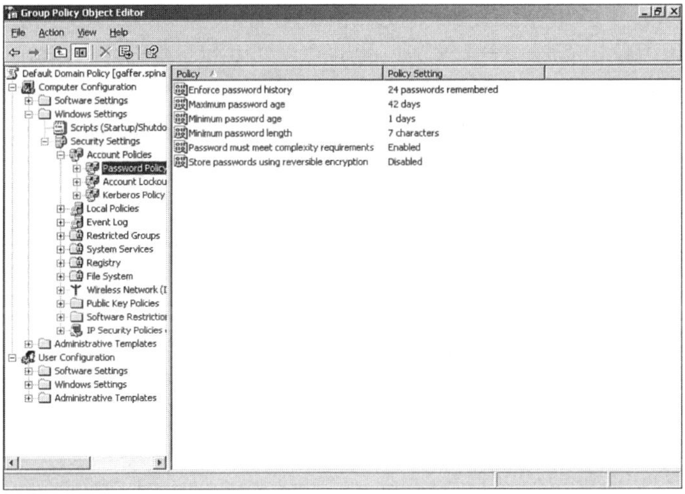

Figure 16.1 • L'outil de définition des stratégies de groupe de Microsoft Windows Server.

À noter

Les Stratégies de groupe servent à définir des règles fondées sur des objets stratégiques de groupe dans un réseau Windows. Chaque objet peut contenir des paramètres concernant un ordinateur ou un utilisateur. Un serveur Windows est toujours configuré avec des objets stratégiques de groupe par défaut. L'administrateur peut en créer d'autres selon les besoins.

Une méthode essentielle consiste à obliger les utilisateurs à changer de mot de passe à intervalles périodiques. Chaque système d'exploitation est doté d'un outil d'administration permettant d'en contrôler la durée de vie. Attention, cependant, car bien que vous aidiez les utilisateurs à protéger leur compte en les forçant à changer de mot de passe fréquemment, ceux-ci peuvent craindre de l'oublier et le noter sur un papier… Choisissez une durée de vie qui offre un bon équilibre entre sécurité et capacité de mémorisation.

Astuce

Une solution radicale pour protéger le réseau contre les accès illicites consiste à limiter les heures de connexion autorisées (par exemple, interdire les connexions le week-end si nul ne travaille). Vous pouvez même désigner les ordinateurs sur lesquels chaque utilisateur peut se connecter. Vous réduisez encore les chances de voir un visiteur indésirable entrer dans votre réseau.

Journalisation des connexions

Une fois que vous avez mis en place une stratégie de mots de passe rigoureuse, pensez à exploiter les journaux qui permettent de s'informer sur toutes les connexions. Vous pouvez notamment y détecter les tentatives d'accès infructueuses. Si vous remarquez que le même utilisateur échoue souvent, c'est peut-être l'indice d'une tentative d'intrusion par usurpation de ce compte d'utilisateur.

Tous les systèmes d'exploitation disposent d'un mécanisme de journalisation des accès. Sous Windows Server 2003, c'est le journal Sécurité ; sous Unix, le journal `/var/adm/wtmp`, `/var/adm/syslog`, parmi d'autres.

L'approche de la journalisation varie d'un système à l'autre. Voyons la stratégie de journalisation sous Windows.Vous accédez aux définitions des stratégies de groupe d'un domaine *via* le module de gestion des stratégies de groupe montré à la Figure 16.2 (revoir aussi le Chapitre 13).

Vous pouvez modifier une stratégie de groupe donnée. Il suffit de faire un clic droit sur son nom pour choisir **Modifier** dans le menu local. Les stratégies de groupe permettent de journaliser les événements de connexion, parmi d'autres comme les accès aux objets et les événements système.

La Figure 16.3 montre l'Editeur d'objet de stratégie de groupe et les différents objets disponibles sur un serveur sous Microsoft Windows Server. Quand tous ces objets de journalisation sont activés, les événements correspondants peuvent être suivis par le journal de sécurité Windows. (Nous reverrons les journaux et la surveillance du réseau au Chapitre 18.)

Cet exemple montre que vous pouvez surveiller avec précision les événements qui se produisent sur votre réseau. Cela vous aide à détecter les tentatives d'intrusion et d'accès à certains fichiers de données ou d'autres ressources.

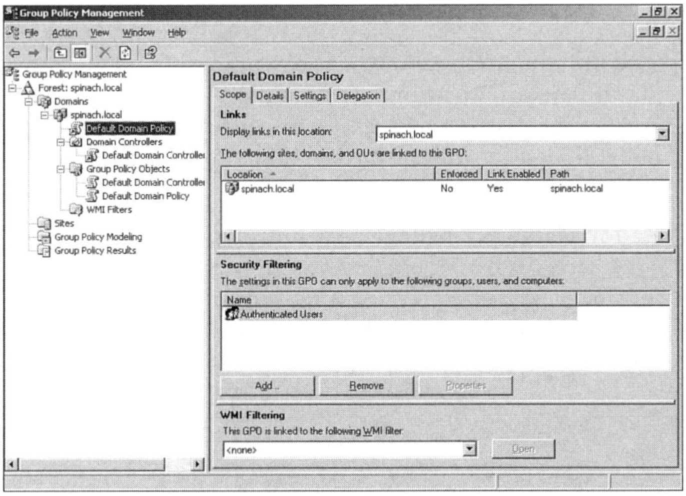

Figure 16.2 • Le module de gestion des stratégies de groupe de Windows Server permet de voir les niveaux de stratégie du domaine.

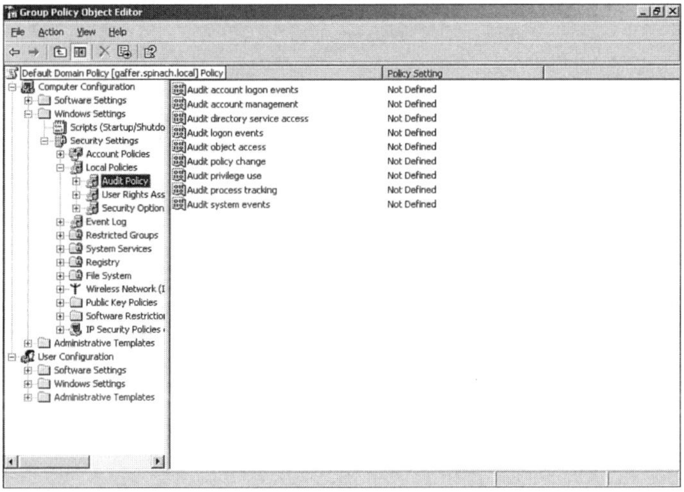

Figure 16.3 • Vous activez la journalisation dans l'Editeur d'objet de stratégie de groupe.

Astuce

Dans vos paramètres de configuration des comptes utilisateurs, vous pouvez préciser le nombre d'essais infructueux qui peuvent être réalisés avant de rendre le compte inutilisable. N'hésitez pas à profiter de cette possibilité de sécurisation supplémentaire.

16.1.2 Droits d'accès aux ressources

La gestion fine des comptes d'utilisateur et des mots de passe n'est qu'un aspect de la sécurité interne d'un réseau. Il faut également mettre en place et assurer la maintenance des droits d'accès appropriés aux données et aux ressources accessibles *via* le réseau. C'est l'administrateur du réseau qui choisit l'étendue des droits d'accès de chaque utilisateur aux ressources (fichiers, imprimante, etc.).

Tous les systèmes d'exploitation réseau permettent de définir des droits d'accès à des répertoires sur les disques des serveurs. La Figure 16.4 montre comment affecter des droits à un volume d'un serveur de fichier NetWare au moyen de l'utilitaire *NetWare Remote Manager*. Les trois niveaux de droit d'accès principaux sont en lecture, en écriture et en modification (ces droits correspondants à des permissions sous Windows).

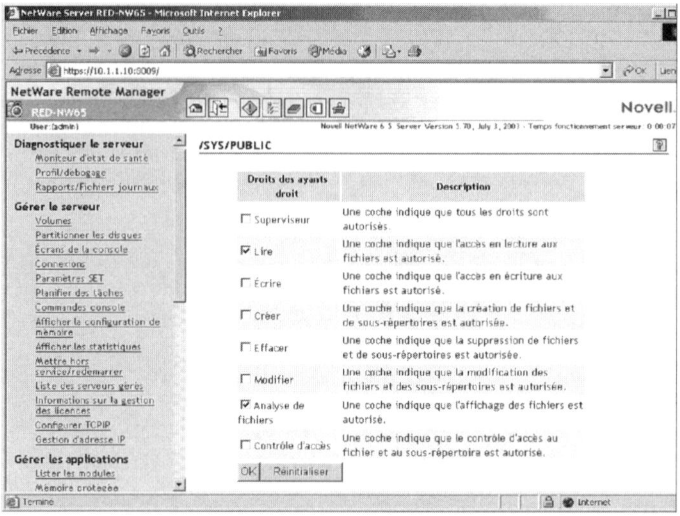

Figure 16.4 • Exemple de gestion des droits d'accès à des fichiers sous NetWare.

Bien qu'il soit très pratique d'attribuer les mêmes droits à tous les utilisateurs d'une ressource, nuancez-en l'attribution en fonction des besoins de chacun. Le comptable devra pouvoir modifier les feuilles de calcul sur le serveur alors que l'assistant n'aura besoin que de visualiser les données. Évidemment, la gestion fine des droits d'accès en fonction du profil de chaque utilisateur est coûteuse en temps, d'autant qu'il faut également communiquer sur les droits que vous attribuez, par écrit et par oral. Profitez de la notion de groupe que proposent les systèmes d'exploitation. Attribuez des droits d'accès à un groupe et seuls ses membres pourront y accéder.

Les droits d'accès n'empêchent pas les crackers avisés de faire des dégâts sur votre réseau s'ils parviennent à y pénétrer, mais cela les ralentit.

16.2 Les virus

Les **virus** (tout petits logiciels capables de se dupliquer et de se diffuser d'un ordinateur à un autre) sont une des menaces les plus connues qui pèsent sur un réseau local.

Il en existe plusieurs espèces qui ont évolué au cours des ans :

- **Virus de secteur d'amorçage.** Ils ont été les premiers à apparaître, et se propagent *via* le secteur d'amorçage qui se trouve au début des disquettes et des autres supports amovibles. Leur propagation est facilitée par des utilisateurs peu précautionneux. Tant que vous ne redémarrez pas le système avec une disquette infectée par un tel virus, rien ne se passe. Mais, si la disquette a été malencontreusement laissée dans le lecteur, le système va tenter de démarrer à partir de celle-ci et s'infecter. Le virus est chargé en mémoire puis infecte le disque dur et tous les disques que vous insérez dans le lecteur. Un exemple connu de virus de secteur amorce est Exebug.
- **Virus fichiers.** Ces virus, devenus très rares, s'inséraient dans un fichier exécutable à extension **.exe** ou **.com.** Lors du lancement de l'exécutable infecté, le virus était chargé en mémoire et pouvait alors affecter d'autres fichiers exécutables qu'il trouvait. Une variante était le virus écraseur : il écrasait le fichier exécutable à infecter. Nous pouvons citer Dark Avenger et KMIT.
- **Virus macros.** Les plus récents. Normalement écrits en langage Visual Basic, ils se logent dans les fichiers de bureautique (textes et feuilles de calcul notamment) et non dans les fichiers exécutables. Lorsqu'un document infecté est ouvert dans le traitement de texte Word, le code du virus est exécuté comme les autres macros associées à ce document. Un danger supplémentaire des virus macros est lié au fait qu'ils ne sont pas spécifiques à un système d'exploitation. En effet, Microsoft Word et Excel fonctionnent sous Macintosh et sous Windows. Le même virus macro peut donc circuler entre les deux plates-formes. La suite bureautique de Microsoft est la principale cible, mais ce n'est pas la seule. Certains virus macros sont apparus dans la suite bureautique Lotus SmartSuite. Un des plus connus est le fameux Melissa qui se diffusait *via* les messageries électroniques dans une pièce jointe au format Word.
- **Virus multiparties.** Appelés également **virus polymorphes**, ils réunissent les caractéristiques des virus de secteur d'amorce et des virus fichiers. Ils peuvent donc se propager de disque en disque et infecter des fichiers exécutables. Certains des plus virulents sont capables d'infecter les fichiers des pilotes de périphérique (par exemple le pilote d'une carte réseau). Comme exemple, nous pouvons citer Pastika. Ce virus ne se réveille que certains jours du mois (en général le 21 et le 22) et peut aller jusqu'à écraser la totalité du contenu d'un disque dur.

Le nombre total de virus en circulation varie selon les époques, mais il a tendance à croître inexorablement. Les virus macros ont la croissance la plus rapide.

À noter

Pour ne pas être pris au dépourvu en cas de vague d'attaques virales, vous devez être informé. En France, plusieurs sites sont dédiés à la lutte antivirale. Voyez par exemple de site http://www.f-secure.com ainsi que le site du réseau Renater ou encore le CERT.

Hormis pour les virus macros (il suffit de ne pas ouvrir la pièce jointe), le seul moyen de se protéger est d'installer un logiciel antivirus. Il en existe de toutes sortes, des plus simples qui sont gratuits et réservés à l'usage domestique aux logiciels pour réseaux avec utilisation d'un pare-feu. Il est conseillé de mettre en place le plus d'analyseurs de fichiers possible entre les utilisateurs et les données (qu'il s'agisse de données Internet ou de données internes). Cela entraîne une légère dégradation des performances, mais mieux vaut prévenir que guérir. En général, les logiciels antivirus peuvent être installés sur chaque machine, programmés et mis à jour de manière automatique sans perturber les tâches de l'utilisateur.

À noter

Il n'y a pas que les virus qui soient des logiciels malveillants. Votre réseau doit également être protégé contre les chevaux de Troie et les vers. Un cheval de Troie est un programme qui donne à croire qu'il a un but utile (c'est souvent un économiseur d'écran ou un petit jeu). Dès que vous l'exécutez, il réalise des opérations qui n'étaient pas prévues, comme l'utilisation du contenu du carnet d'adresses pour se diffuser à tous vos correspondants par messagerie. Un ver est un petit programme qui circule d'un ordinateur à l'autre dans un réseau. À la différence d'un virus, il n'a pas besoin d'être activé. Les effets d'un ver peuvent être désastreux sur un réseau de grande taille tel qu'Internet parce qu'il peut se répandre très rapidement et saturer le réseau. La plupart des antivirus savent détecter les chevaux de Troie et les vers, mais il faut pour cela maintenir les fichiers de définition de virus à jour.

16.3 Les attaques externes

TCP/IP (*Transmission Control Protocol/Internet Protocol*), qui est devenu la technologie standard des réseaux, n'avait pas été conçu à l'origine pour assurer une grande sécurité. Chaque protocole de la pile échange des données *via* un canal qui correspond à un numéro de port (voir Chapitre 12). Le protocole HTTP (*Hypertext Transfer Protocol*) des serveurs Web utilise par exemple le port numéro 80 et celui du téléchargement de fichiers FTP (*File Transfer Protocol*) les ports 21 et 20. Il existe plus de 1 000 ports standardisés. Chacun constitue une voie d'accès probable pour des envahisseurs. Les pare-feu permettent de les protéger (voir Chapitre 11).

Le mode de fonctionnement de la pile de protocoles TCP/IP et la disponibilité d'un grand nombre d'outils de surveillance des réseaux et d'analyse de protocole ont obligé les envahisseurs à trouver des techniques pour contourner les mesures de sécurité (la surveillance des réseaux est présentée au Chapitre 7).

Voici les quatre principales techniques d'attaque que les administrateurs réseau doivent redouter :

- **Usurpation d'adresse IP** (IP *Spoofing*). Cette attaque consiste pour un cracker à analyser le flux de données qui entre dans un réseau et qui en sort jusqu'à parvenir à détecter une adresse IP appartenant à un système qui se trouve derrière le pare-feu. Lorsqu'il dispose de l'adresse, il peut commencer à envoyer et recevoir des données comme s'il s'agissait de la machine possédant cette adresse IP.
- **Découverte de mots de passe par force brute.** Cette technique est très simple. Le pirate utilise un dictionnaire électronique pour essayer des milliers de mots de passe afin de se connecter à un compte. Le processus est généralement très long. Si le réseau attaqué dispose d'un mécanisme de journalisation, ce type d'attaque est détecté très rapidement. Cette technique reste cependant très répandue et réussit souvent.
- **Déni de service** (DoS, *Denial of Service*). Ce type d'agression est très répandu. Son objectif n'est pas de pénétrer dans un réseau, mais de rendre un serveur inutilisable. Il en existe plusieurs formes. La variante appelée "Inondation SYN" se base sur le message de type SYN qui est utilisé sur un réseau IP pour demander une connexion à un serveur. En utilisant la partie TCP du protocole, le flux SYN correspond dans le cas d'une attaque à un très grand nombre de demandes de connexion (qui proviennent généralement d'ordinateurs détournés), ce qui finit par saturer le serveur qui en est la victime. Les sites Web des grandes entreprises font souvent l'objet de ce genre d'attaques en guise de représailles. Cela a été récemment le cas des sites de Microsoft et de SCO. Une autre variante de l'attaque DoS consiste à envoyer un très grand nombre de messages électroniques à un serveur pour le saturer.

À noter

La commande nommée ping sert à tester la connexion entre deux machines en réseau (voir Chapitre 18). Sur Internet, elle permet de mesurer le temps de réponse d'une connexion. Les utilisateurs des services de messagerie instantanée IRC s'en servent pour évaluer la qualité de la connexion. Mais elle peut être détournée de son usage et lancée avec une taille de paquets de données supérieure à 65 536 octets, ce qui pouvait, par le passé, bloquer un ordinateur et le rendre inaccessible sur le réseau. Les nouvelles versions des systèmes d'exploitation ont tenu compte de cette faiblesse avec une pile TCP/IP modifiée qui interdit ce type d'attaque.

- **Relais de messagerie.** Un pirate peut, avec un simple script, un ver ou un virus, compromettre un serveur de messagerie en le forçant à assurer le rôle de retransmetteur des messages non sollicités émanant du pirate. Le courrier semble provenir du serveur détourné. Ce genre d'attaque peut ralentir toutes les connexions entre le réseau interne et Internet à cause de l'énorme volume de messages que le serveur de messagerie est forcé de retransmettre.

Ces attaques constituent un souci pour l'administrateur réseau, mais elles peuvent être contrées, notamment avec les pare-feu et les serveurs proxy. Il y a lieu également de mettre en place des analyseurs de protocole qui sécurisent la partie IP du protocole. Vous pouvez enfin envisager un cryptage des données que vous transmettez, notamment avec IPSec (IP *Security*).

16.4 La sécurité IP avec IPSec

Nous avons vu dans la section précédente que les crackers pouvaient extraire des informations d'un flux de données au moyen de renifleurs et d'analyseurs de protocole. En effet, chaque paquet de données IP contient de nombreuses informations. Dès qu'un cracker capture un paquet, il peut extraire les en-têtes d'adresses IP lui permettant de connaître l'émetteur et le destinataire.

Pour répondre à cette menace, l'IETF (*Internet Engineering Task Force*) a développé la technique nommée **IPSec**. Celle-ci dote un réseau TCP/IP d'un mécanisme de sécurité, le cryptage sur la machine émettrice, qui rend les données inexploitables pendant leur transport. Celui qui intercepte un paquet de données ne peut pas le lire, le réutiliser ni le modifier, que l'interception ait lieu sur le réseau interne ou *via* une connexion externe (telle celle d'un réseau privé virtuel VPN).

IPSec se fonde sur une clé de cryptographie qu'il faut posséder pour pouvoir lire les données après réception. Une somme de contrôle cryptographique (*checksum*) est associée à chaque paquet de données, ce qui permet au récepteur de voir si les données ont malgré tout été altérées pendant le transport.

IPSec est supporté par tous les systèmes d'exploitation actuels (Windows Server 2003, Sun Solaris, Linux). C'est tout à fait conseillé de le déployer sur votre réseau, notamment si vous utilisez la technique VPN pour permettre aux employés itinérants d'accéder aux ressources internes du réseau.

16.5 Conseils de sécurisation d'un réseau

Nous avons décrit en début de chapitre quelques techniques pour sécuriser votre réseau interne avec des mots de passe et des durées de connexion autorisées. Nous avons également parlé de la définition des droits d'accès de chacune des ressources.

À noter

Microsoft permet un raffinement supplémentaire concernant la protection des ressources se trouvant sur les disques du serveur s'ils ont été formatés en NTFS (*NT File System*). Ce format assure une protection au niveau de chaque fichier mais induit un effet sur vos permissions de partage dans le réseau Windows.

Voici quelques conseils utiles pour renforcer votre sécurité réseau :

- Gardez vos mots de passe secrets. Soyez très vigilant.
- Vérifiez que les utilisateurs se déconnectent en fin de journée.
- Analysez et conservez vos journaux de sécurité. Recherchez tout comportement bizarre. Est-il normal que l'assistant comptable soit connecté à 2 heures du matin ? Procédez comme lorsque vous analysez votre facture de téléphone détaillée. Notez les accès suspects.
- Equipez vos systèmes de logiciels antivirus. En théorie, il faut un type d'antivirus sur le pare-feu, un autre sur le serveur et encore un autre sur les stations.
- Concevez votre réseau pour lui garantir une sécurité maximale. Prévoyez toujours un serveur proxy et un pare-feu pour vous connecter à Internet.
- Vérifiez que vos systèmes sont protégés des attaques de type DoS TCP/IP et autres attaques de saturation de messagerie. Installez toujours les plus récentes mises à jour des systèmes d'exploitation sur le serveur et les clients. Une famille de virus a récemment infecté de nombreux réseaux sous Windows XP et Windows Server 2003. Il suffisait d'appliquer un correctif de Microsoft pour s'en débarrasser.
- Rappelez aux utilisateurs et aux administrateurs réseau qu'ils ne doivent pas fournir leurs mots de passe, leurs identifiants et autres informations relatives à la sécurité par téléphone, à moins de savoir exactement à qui ils parlent. Pour plus de sûreté, ils doivent rappeler la personne qui leur demande une information sensible.
- Sécurisez vos serveurs physiquement en les plaçant dans des lieux à accès contrôlé. Rendez difficile l'accès aux consoles d'administration en imposant la saisie d'un mot de passe et journalisez toutes les tentatives d'accès à ces consoles.
- Mettez en place une stratégie de sauvegarde et rangez les médias de sauvegarde en lieu sûr (voir Chapitre 17).

Pour résumer, tout réseau a besoin d'un plan de sécurité qui liste toutes les attaques envisageables avec les contre-mesures prévues. Vous devez donc vous tenir au courant au moins toutes les semaines des dernières attaques virales. Cela signifie qu'il faut beaucoup lire et visiter les sites dédiés à la sécurité informatique.

Dans votre plan de sécurité réseau, pensez à éduquer les utilisateurs afin d'augmenter les défenses naturelles du réseau. Quelle que soit la taille de l'entreprise concernée, le risque d'attaque est toujours présent, que ce soit *via* la messagerie ou par attaque directe de l'infrastructure technique.

16.6 Le radioreniflage (*wardriving*)

Nous verrons en détail les réseaux sans fil de type WiFi au Chapitre 19. Puisque nous parlons ici de sécurité, il semble logique de terminer ce chapitre par un aperçu des problèmes de sécurité nouveaux que soulève la mise en place, de plus en plus fréquente, des réseaux radioélectriques appelés réseaux sans fil.

Cette technologie pose de nouveaux défis. L'apparition d'un nouveau terme en est le signe le plus évident. Le **radioreniflage** (traduction que nous proposons pour *wardriving*) consiste, pour une personne, à se promener, généralement dans une camionnette, dans une zone urbaine avec un ordinateur portable doté d'un logiciel spécial pour détecter puis se connecter à des réseaux sans fil qui n'ont pas été sécurisés. Cela permet par exemple de se connecter gratuitement à Internet et d'essayer de pénétrer dans le réseau qui se trouve derrière la partie sans fil. En général, le véhicule est doté d'une antenne externe à haut gain pour faciliter la détection, ainsi que d'un système de localisation par satellite GPS afin de trouver précisément les limites de réception du point d'accès détecté, ce qui facilite son utilisation ultérieure comme point d'accès Internet.

Le radioreniflage est devenu un jeu. Les passionnés de réseaux sans fil aiment détecter les réseaux non sécurisés, souvent sans penser à mal. Certains d'entre eux cherchent à obtenir un accès à Internet, mais la plupart se contentent de s'échanger de nouvelles trouvailles avec d'autres radioreniflleurs *via* des sites Web spécifiques. Mais le simple fait d'annoncer publiquement qu'un réseau n'est pas sécurisé peut donner des idées à des personnes beaucoup plus malfaisantes.

À noter

Le radioreniflage n'est pas encore devenu un sport mondial, mais il existe sur le Web de nombreux outils pour détecter les connexions sans fil. (Lancez une recherche sur les mots "wardriving outils".) Il existe même des outils pour assistant personnel permettant de faire du radioreniflage à pied. Les standards sans fil actuels 802.11 rendent la sécurisation des réseaux assez ardue.

Comment procéder pour protéger son réseau sans fil ? Vous devez d'abord en connaître les principes et la configuration des points d'accès qui sont des équipements réseau servant à connecter plusieurs clients à un réseau filaire (voir Chapitre 19). Quel qu'en soit le constructeur, un point d'accès dispose d'une configuration par défaut, qui comprend le mot de passe d'administration, le masque de sous-réseau par défaut et les paramètres des options de sécurité des protocoles WEP (*Wired Equivalent Privacy*) et WPA (*WiFi Protected Access*).

Les renifleurs savent que la configuration de sécurité par défaut des points d'accès est très facile à passer. Les administrateurs réseau doivent le savoir aussi. Ne mettez jamais en exploitation un équipement de réseau sans fil sans modifier la configuration usine pour activer toutes les options de sécurité.

Mais cela ne suffit pas toujours. Par exemple, les réseaux sans fil utilisent des noms de réseau ou SSID (*Service Set IDentifier*) pour s'identifier. Les équipements mobiles s'en servent pour se connecter aux points d'accès. Tous les fabricants de points d'accès définissent des identifiants SSID par défaut. Par exemple, ceux de Linksys utilisent systématiquement le SSID "linksys".

Attention

Il existe des dizaines de sites Web qui donnent toutes les informations dont ont besoin les radiorenifleurs. Il ne s'agit pas de condamner cette activité, car elle est utile pour vérifier le niveau de sécurité d'un réseau sans fil. Voyez par exemple le site www.cirt.net. Vous y trouverez les identifiants par défaut SSID des points d'accès et les mots de passe par défaut pour chaque constructeur.

Il faut donc modifier les identifiants SSID initiaux, parce qu'ils sont connus de tous. Mais ce n'est pas une solution miracle. Ces identifiants, présents dans les paquets sans être cryptés, peuvent être détectés au moyen d'un renifleur de paquet.

En conclusion, la configuration la plus sécuritaire des points d'accès et des équipements sans fil ne suffit pas à protéger le réseau des radiorenifleurs. Nous verrons au Chapitre 19 les protocoles de sécurité adoptés par les équipements sans fil 802.11 et les améliorations à attendre des nouveaux standards. Dans tous les cas, vous devez activer les protocoles WEP et WPA des points d'accès pour tirer profit de leur sécurité supplémentaire.

Vous pouvez également considérer la mise en place d'un réseau privé virtuel VPN et ne pas vous contenter de ce que proposent les standards 802.11. Dotez-vous de logiciels complémentaires. La société Air Defense fournit par exemple un produit nommé RogueWatch. C'est un équipement matériel de surveillance qui permet de détecter les points d'accès fragiles et les réseaux sans fil voisins.

Les problèmes de sécurité des réseaux sans fil peuvent en interdire l'utilisation dans les contextes où des données confidentielles sont manipulées.

17

Administration d'un réseau

Au sommaire de ce chapitre

- Mise à jour d'un réseau
- Maîtrise des évolutions matérielles
- Maîtrise des évolutions logicielles
- Gestion des licences clients et systèmes
- Sauvegarde des données réseau
- Plan de secours réseau

Pour administrer un réseau, il faut réunir des compétences humaines, une bonne connaissance des matériels et des logiciels et une capacité à deviner l'avenir. En effet, les systèmes d'exploitation réseau peuvent présenter quelques aspects risquant de donner des soucis à l'administrateur. Nous verrons d'abord la mise à jour du matériel et la très importante stratégie de sauvegarde. Nous découvrirons les problèmes de licence et terminerons par des conseils pour mettre en place une stratégie de récupération en cas de catastrophe.

17.1 Mise à jour d'un réseau

Quand votre réseau a atteint sa vitesse de croisière, ne vous reposez pas sur vos lauriers en constatant à quel point il donne satisfaction à vos utilisateurs. Les matériels comme les logiciels évoluent à grande vitesse et vous devrez très rapidement préparer un cycle de mise à jour. Freinez les ardeurs de la direction qui veut toujours disposer de la version la plus récente. En effet, quelques tests vous permettront de maintenir le bon niveau fonctionnel du réseau sans procéder à toutes les mises à jour mineures, dont l'intérêt économique reste à prouver.

Endosser le rôle de celui qui dit non n'est pas simple mais c'est vous qui êtes responsable des mises à jour pertinentes pour que l'entreprise maintienne sa productivité et son retour sur investissement. Hélas, ce retour sur investissement n'est pas facile à calculer en ce qui concerne les équipements informatiques. La première raison est que leur utilisation ne peut pas être imputée de façon linéaire. Cela n'a aucun sens de chercher à calculer le coût de production d'une note de service sur un PC. L'administrateur doit en revanche prévoir les efforts budgétaires pour maintenir son réseau dans le meilleur état possible.

Vous devez donc décider de mettre à jour ou non en fonction de l'intérêt pour l'entreprise et pour les utilisateurs (en termes de coût et de gain de productivité). Vous aurez évidement à procéder à des mises à jour du matériel, des systèmes d'exploitation et des applications clientes.

Voyons d'abord ce qu'il est possible de faire pour maîtriser les évolutions des matériels. Nous verrons ensuite le côté logiciel.

17.2 Maîtrise des évolutions matérielles

Les matériels qui constituent le réseau (y compris les postes PC) devront être mis à jour, mais il faut également songer à l'ajout de nouveaux équipements suite à l'accroissement du réseau. Dans presque tous les secteurs, une entreprise qui réussit est une entreprise qui grandit. Il faut donc continuer à satisfaire les salariés actuels tout en planifiant la croissance de l'entreprise et donc du réseau.

Voici quelques conseils dans ce domaine :

- **Définissez des standards flottants pour le matériel.** Chaque année, définissez une configuration informatique standard en vous appuyant sur la classe technologique d'ordinateur la plus répandue. Tentez ensuite de faire correspondre le plus longtemps possible vos approvisionnements à ce standard. Cette approche offre deux avantages. Le premier est que votre parc informatique devient homogène : un problème matériel ou une incompatibilité sur une machine concernera toutes les autres machines. Le second est lié au coût. Le coût moyen d'une configuration type diminue nécessairement sur une période d'un an, ce qui allège d'autant votre budget en fin d'exercice.
- **Choisissez d'effectuer une mise à jour complète ou partielle.** La vitesse à laquelle apparaissent les équipements de plus en plus puissants a poussé certains intégrateurs OEM et à quelques autres fournisseurs à proposer des kits de mises à jour qui réunissent un processeur plus rapide s'insérant directement à la place de l'ancien et une extension mémoire. Souvent, le changement de processeur et l'ajout de mémoire permettent d'étendre la durée de vie effective d'un ordinateur en assurant des performances correctes à des prix imbattables (comparé à l'achat d'une nouvelle machine).

- **Tenez à jour un inventaire complet de la constitution de vos ordinateurs.** Si vous savez ce qui se trouve dans chacune de vos machines, vous pouvez plus aisément décider de mettre à jour ou de remplacer. Cette liste vous aidera aussi en cas de panne matérielle, une simple consultation de la base permettant de commander la pièce de rechange.
- **Réalisez fréquemment des audits matériels.** La plupart des logiciels d'administration réseau actuels possèdent un mécanisme d'audit. Si vous l'utilisez correctement, ce logiciel peut même vous permettre de faire des diagnostics système sans vous déplacer de machine en machine.

En conclusion, quelle que soit la taille de votre réseau, vous devez connaître les configurations matérielles qui y sont installées. Les nouveaux salariés recevront *a priori* de nouvelles machines (sauf s'ils prennent la place d'une personne qui est partie). Vous ne devez pas pour autant oublier les anciens : ne créez pas de jalousie et assurez de bonnes performances à leurs systèmes.

17.3 Maîtrise des évolutions logicielles

Par de nombreux aspects, les logiciels sont plus simples à administrer que les matériels. La plupart des entreprises les standardisent et, par ailleurs, ils ne peuvent être utilisés qu'en se conformant à des droits d'utilisation. Les entreprises doivent donc gérer le nombre de licences qu'elles exploitent de manière très pointilleuse. D'autre part, les durées d'amortissement sont différentes pour les matériels et pour les logiciels. Ces derniers s'amortissent beaucoup plus vite.

À la différence du matériel, le logiciel se prête à de très nombreuses tâches d'administration, de la définition d'un standard d'entreprise à l'audit des numéros de versions utilisées. Voici quelques conseils pour maîtriser les évolutions logiciel :

- **Choisissez une licence par site ou par quantité.** Même si une application ne concerne que quelques-uns de vos utilisateurs, choisissez d'acquérir une licence par site ou par quantité. Sinon, vérifiez que vous disposez d'assez de licences unitaires. Nous reparlons des licences un peu plus loin.
- **Cherchez à faire converger l'entreprise vers des standards logiciels.** Cela semble évident, mais il faut le rappeler. Supposez que votre entreprise ait choisi comme standard de traitement de texte Star Office, mais qu'un utilisateur persiste à utiliser Microsoft Word. Comme c'est beaucoup plus facile d'assurer le support technique et la gestion des licences d'un seul logiciel, tentez d'obtenir de la direction que tous les utilisateurs utilisent le même. Vous maîtriserez mieux la situation.
- **Un logiciel sans licence est un logiciel sans support.** Quelle que soit la taille du réseau, imposez la règle suivante : aucun utilisateur n'est autorisé à installer un logiciel sur le réseau. Si quelqu'un contrevient à cette règle, et que cette installation engendre des problèmes, vous devrez ramener l'ordinateur de l'utilisateur

dans l'état d'origine de la configuration approuvée. L'installation sauvage de logiciels pose des problèmes légaux (puisque le produit ne fait pas l'objet d'une licence en bonne et due forme) mais aussi matériels.

- **Créez une installation standard et propagez-la.** C'est très pratique d'installer un ensemble figé d'applications sur tous les disques durs pour qu'ils aient tous la même structure. La plupart des systèmes d'exploitation réseau permettent de propager une installation standard sur les postes clients. Dans Microsoft Server 2003, vous disposez de RIS (*Remote Installation Service*). Vous disposez également d'outils tels que Norton Ghost et Symantec Drive Image pour créer une configuration client standard, y compris les applications. Vous pourrez ensuite installer très facilement cette image sur tous les clients.
- **Choisissez un outil de gestion des licences.** Il vous garantit que vous ne serez jamais hors la loi face aux droits d'utilisation des logiciels. Les utilisateurs ne pourront pas lancer une application quand la limite du nombre des licences aura été atteinte. Les efforts des associations de lutte contre le piratage de logiciels sont tels qu'il est devenu très coûteux de jouer à ce jeu-là. Il n'est pas rare de nos jours de voir une entreprise traînée au tribunal pour avoir triché avec le nombre de licences d'utilisation.

Les mises à jour des logiciels sont souvent réalisées en même temps que les mises à jour matérielles, notamment parce que les nouveaux logiciels sont plus gourmands en mémoire ou en puissance de traitement.

À noter

Dès que votre réseau aura atteint une taille respectable, investissez dans un logiciel d'administration pour surveiller les installations des logiciels, les configurations matérielles et pour distribuer les installations logicielles. Certains produits disposent même de mécanismes pour surveiller l'utilisation des machines clientes. Parmi les nombreux produits disponibles, citons HP OpenView, SunNet Manager de Sun et Systems Management Server de Microsoft.

17.4 Gestion des licences clients et systèmes

À propos des licences, vous devez bien sûr vérifier que toutes les applications utilisées sur le réseau sont bien prises en compte, de même que les licences clients pour accéder au serveur. En effet, gérer les licences des applications est assez facile : il faut une licence par exemplaire utilisé sur le réseau, sans oublier les utilisateurs à distance. En revanche, les licences des clients relativement au système d'exploitation réseau posent un problème dans certains cas parce que plusieurs scénarios sont possibles.

Vous devez d'abord payer une licence pour le serveur (une par serveur) puis une série de licences pour chaque client. Cela ne correspond pas à une licence pour le système d'exploitation sur le poste client, mais à une licence pour accéder en tant que client au système d'exploitation du serveur. Si vous achetez par exemple le package de base de Novell NetWare 6.5, vous disposez d'une licence de serveur et de 5 connexions clients. Pour pouvoir utiliser plus de clients, il faut acheter une licence complémentaire de connexion. Cela permet de gérer de 5 à 500 utilisateurs.

Les conditions de licence varient d'un système d'exploitation à l'autre. Si vous adoptez des produits libres tels que Linux, vous n'aurez presque jamais à vous soucier des problèmes de licence. Dans les autres cas, vous devez vérifier les conditions d'utilisation légales de chaque client réseau.

Les licences Microsoft Windows offrent un vaste choix. Vous disposez de trois possibilités de base : la licence par utilisateur, par ordinateur et par serveur.

- **Par utilisateur** signifie que vous achetez une licence pour chaque utilisateur réseau, qui peut se connecter à un nombre illimité de serveurs du réseau.
- **Par ordinateur** signifie que vous achetez une licence pour un poste de travail ou un équipement tel qu'un assistant personnel sous Windows. Dans ce type de licence, l'équipement concerné peut se connecter à tous les serveurs du réseau.
- Enfin, la licence **par serveur** vous autorise un nombre maximal de connexions simultanées à un même serveur.

Vous pouvez faire des économies avec la licence par serveur si votre activité suppose un travail posté. Tous les employés n'utiliseront en effet pas le serveur en même temps. Dans le tertiaire, les horaires ne sont généralement pas postés et vous vous orienterez sans doute vraisemblablement vers une licence par utilisateur ou par ordinateur.

Tous les systèmes d'exploitation réseau sont dotés d'un outil permettant d'ajouter des licences client ou serveur. Par exemple, Microsoft Windows Server fournit un composant enfichable de gestion de licence (voir Figure 17.1).

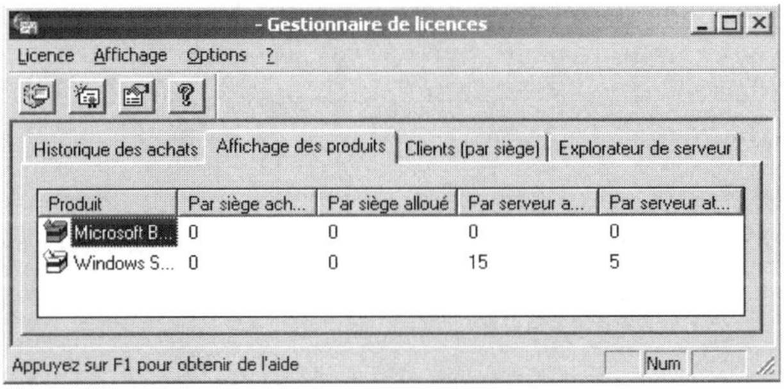

Figure 17.1 • Aspect général de l'outil d'ajout de licence sous Windows Server 2003.

Il est capital d'assurer un suivi précis des licences clients et serveurs. Prévoyez un système de classement qui permette de mettre la main rapidement sur la preuve matérielle de vos licences. Servez-vous des outils de gestion de licence disponibles, afin d'éviter la non-conformité de votre exploitation au niveau du nombre de licences.

17.5 Sauvegarde des données réseau

Nous avons présenté au Chapitre 4 les mécanismes RAID (*Redundant Arrays of Inexpensive Disks*, jeu de disques durs), qui permettent de créer de la redondance pour les serveurs réseau afin de protéger les données précieuses, mais ne vous dispensent pas de mettre en place et de gérer une stratégie de sauvegarde des données. Les sauvegardes sont une des responsabilités importantes des administrateurs réseau.

17.5.1 Principes des sauvegardes

Le but d'une stratégie de sauvegarde est de mettre à l'abri toutes les données importantes et, cela, de manière efficace. Des techniques existent pour réaliser des sauvegardes permettant de garantir la sécurité de toutes les données du réseau sans que cela soit long et fastidieux pour l'administrateur.

Quelques éléments sont à considérer pour mettre en place une stratégie de sauvegarde efficace :

- Le volume de données à sauvegarder.
- La périodicité des sauvegardes.
- Le fait que les sauvegardes doivent se dérouler pendant que des fichiers sont ouverts et tout en gérant des transactions cohérentes.
- Le type de support de stockage prévu et le lieu de remisage.
- La technique adoptée.

Les trois premiers éléments de cette liste déterminent le quatrième. Le dernier fait l'objet d'un paragraphe détaillé plus loin.

Voici les supports de sauvegarde magnétique les plus répandus :

- **Cassettes DAT** (*Digital Audio Tape*). Conçues à l'origine pour l'enregistrement audio, ces cassettes compactes à haute densité permettent de stocker 12 Go de données. La vitesse de transfert n'est pas très bonne, mais approche celle de la plupart des autres supports (bandes DLT et 8mm).
- **Bandes DLT.** Bandes magnétiques au format demi-pouce acceptant jusqu'à 70 Go de données et autorisant une vitesse de transfert de 5 Mo/seconde.

> **À noter**
>
> Un site Web donne une foule de détails concernant les bandes DLT à l'adresse www.dlttape.com.

- **Cassettes 8 mm.** Identiques aux cassettes 8 mm vidéo, elles acceptent jusqu'à 30 Go de données avec une vitesse de transfert de 3 Mo/seconde.

Vous disposez également des supports amovibles Zip et Jaz du constructeur Iomega et bien sûr des DVD qui deviennent le support de stockage le plus répandu de nos jours. Le choix du support se fera en fonction du volume à sauvegarder. Pour les gros volumes, rien ne peut rivaliser avec les bandes magnétiques.

Il existe plusieurs constructeurs de lecteurs de bande parmi lesquels Seagate, Hewlett Packard et Iomega. Certains des produits sont livrés avec des logiciels de sauvegarde corrects, mais pas tous. Vous serez donc peut-être obligé d'acheter ce logiciel à part. La plupart des systèmes d'exploitation disposent d'un outil de sauvegarde. Vous devez l'évaluer pour pouvoir si vous pouvez vous en contenter ou si vous devez acquérir un produit plus sophistiqué.

Une fois que vous avez choisi et mis en place le matériel et les logiciels de sauvegarde, vous devez choisir un type de sauvegarde pour pouvoir établir un planning.

17.5.2 Types de sauvegarde

Il existe trois types de sauvegarde : complète, différentielle et incrémentale. Ce choix est possible grâce à l'existence des **marqueurs de fichier**. Un marqueur est tout simplement un attribut associé à chaque fichier, indiquant s'il a été sauvegardé ou pas. Tous les systèmes d'exploitation permettent de gérer un tel marqueur. Dès qu'un fichier est modifié depuis la dernière sauvegarde, son attribut d'archivage est activé. Il suffit ensuite de lire les attributs de tous les fichiers pour savoir lesquels ont besoin d'être sauvegardés.

- **Sauvegarde complète.** Il s'agit de la sauvegarde telle que la conçoivent les non-spécialistes. Elle prend en compte tous les fichiers sélectionnés et en fait une copie fidèle quelle que soit la valeur de l'attribut de sauvegarde. Celui-ci est ensuite modifié pour témoigner du fait que le fichier a été sauvegardé. À chaque modification, le marqueur change d'état.
- **Sauvegarde différentielle.** Seuls les fichiers qui ont changé depuis la dernière sauvegarde sont sauvegardés. La sauvegarde différentielle ne touche pas à l'attribut de sauvegarde. Autrement dit, après la sauvegarde, le système croira toujours que le fichier n'a pas encore été sauvegardé.
- **Sauvegarde incrémentale.** Cette sauvegarde se distingue de la précédente par le fait qu'elle modifie le marqueur de sauvegarde.

Le type de sauvegarde dépend de la stratégie adoptée. Vous devez d'abord choisir des moments particuliers dans la semaine pour faire une sauvegarde complète (souvent en fin de semaine ou le week-end). Vous complétez cette sauvegarde complète par des sauvegardes différentielles ou incrémentales (qui prennent beaucoup moins de temps) pour garantir la sauvegarde des fichiers modifiés pendant la semaine de travail.

17.5.3 La stratégie grand-père/père/fils

Le mécanisme que nous présentons est très répandu. Il se fonde sur une famille de supports (en général des bandes) utilisés en rotation.

Vous devez d'abord préparer vos supports. Pour une semaine de travail de quatre jours, étiquetez quatre bandes (ou jeu de bandes si votre sauvegarde ne tient pas sur une seule) pour chacun des jours ouvrés : lundi, mardi, mercredi et jeudi. Prenez quatre autres bandes que vous étiquetez vendredi1, vendredi2, vendredi3 et vendredi4 et, enfin, une dernière bande que vous étiquetez vendredi5. Vous en prendrez une nouvelle toutes les cinq semaines. Elle sera utilisée en fin de cycle et archivée dans un autre endroit géographique que les sauvegardes intermédiaires. Toutes les cinq semaines, vous disposez ainsi d'une archive complète.

Configurez ensuite le logiciel de sauvegarde et choisissez la sauvegarde différentielle. Rappelons qu'il s'agit de tout sauvegarder le vendredi en n'incluant que les fichiers modifiés du lundi au jeudi. La restauration d'un serveur ne réclame ainsi que deux bandes : celle du dernier vendredi et celle de la veille. La plupart des logiciels de sauvegarde du commerce savent faire des sauvegardes différentielles et mettre en place le mécanisme grand-père/père/fils.

Une fois le logiciel configuré pour la sauvegarde différentielle (c'est en général très simple), vous pouvez commencer à utiliser les bandes en rotation comme le montre l'exemple du Tableau 17.1.

Tableau 17.1 • L'approche de sauvegarde grand-père/père/fils

	LUNDI	MARDI	MERCREDI	JEUDI	VENDREDI
Première semaine :					
Nom de la bande	Lundi	Mardi	Mercredi	Jeudi	Vendredi1
Deuxième semaine :					
Nom de la bande	Lundi	Mardi	Mercredi	Jeudi	Vendredi2
Troisième semaine :					
Nom de la bande	Lundi	Mardi	Mercredi	Jeudi	Vendredi3
Quatrième semaine :					
Nom de la bande	Lundi	Mardi	Mercredi	Jeudi	Vendredi4
Cinquième semaine :					
Nom de la bande	Lundi	Mardi	Mercredi	Jeudi	Vendredi5

La bande du vendredi5 est le grand-père. Les bandes vendredi1 à vendredi4 sont les pères et les bandes du lundi au jeudi sont les fils. Chaque bande du vendredi, sauf celle du vendredi5, est réutilisée à la fin du cycle de cinq semaines. Les bandes du lundi au jeudi sont réutilisées chaque semaine.

C'est donc très simple. Il suffit de consacrer un peu de temps pour comprendre le principe. Pendant l'exploitation, ne mélangez pas les bandes. Dans le cas contraire, vous risqueriez d'aboutir à des sauvegardes incomplètes. Pensez aussi à stocker votre bande d'archive vendredi5 ailleurs que l'endroit habituel pour éviter toute catastrophe.

Pensez enfin à inspecter périodiquement l'état physique de vos supports. Les bandes magnétiques ont une durée de vie limitée. Il est conseillé de les réformer au bout de quelques mois pour garantir la relecture des données, qui est le but même de la sauvegarde.

17.6 Plan de secours réseau

La mise en place d'une stratégie de sauvegarde n'est qu'une partie du plan de récupération. Il est impossible de prédire, par nature, quand arrivera une catastrophe. C'est suite aux attentats du 11 septembre que les entreprises américaines ont cessé d'être négligentes. Elles ont pris le temps nécessaire pour se préparer et ont affecté des ressources à leur protection.

En tant qu'administrateur réseau, vous devez définir un plan, selon plusieurs niveaux de sévérité, pour que les informations essentielles puissent être restaurées. Ne vous focalisez pas sur un seul type de désastre tel qu'un tremblement de terre ou un incendie. Supposez par exemple une violente tempête de neige. Les salariés ne peuvent pas venir travailler. Votre entreprise doit pourtant continuer à fonctionner. Le plan de secours définira dans ce cas l'activation de canaux VPN ou d'accès à distance qui permettront aux salariés de travailler depuis chez eux. Dans le cas d'un incendie qui détruit le siège de l'entreprise, vous devrez utiliser vos données de sauvegarde pour reconstruire les serveurs du réseau dans un nouvel endroit et redonner accès aux données.

Les différentes sortes de risques supposent des réponses différenciées. Votre plan de secours doit donc prévoir plusieurs scénarios et comprendre plusieurs étapes. Les personnes chargées de le définir doivent accumuler des connaissances : inventaire complet de l'infrastructure de l'informatique, impact d'une avarie sur l'entreprise, faiblesse éventuelle de cette infrastructure.

17.6.1 Inventaire de l'infrastructure informatique

Pour pouvoir planifier les situations de crise, il faut bien sûr disposer d'un inventaire complet de l'environnement informatique concerné (nombre de postes de travail, de serveurs et d'équipements réseau). Un tel inventaire peut-être créé dans un tableur puis stocké en lieu sûr sur un autre site, mais, en général, il existe déjà pour suivre les immobilisations et assurer le matériel.

Il faut également avoir le plan détaillé du réseau, réalisé lors de la conception. Ajoutez-y toute documentation utile à la compréhension de la nature du réseau et de son fonctionnement. L'équipe chargée de créer le plan de secours doit parfaitement connaître l'infrastructure informatique concernée.

Vous pouvez créer des plans du réseau dans des programmes tels que Microsoft Visio. Pensez aussi à dresser la liste des personnes responsables du support technique du réseau. La direction doit savoir quelles sont les personnes désignées pour maintenir le réseau en état au quotidien. Il faut que cette liste du personnel technique soit jointe au plan de secours.

Vous devez donc disposer d'une liste détaillée de la structure technique et du personnel requis, mais aussi indiquer les évolutions futures de l'environnement, car le plan de secours sera mis à jour en fonction de ces évolutions.

17.6.2 Évaluation de l'impact sur l'entreprise

La phase suivante du processus de création du plan de secours consiste à évaluer l'impact d'une avarie majeure des fonctions stratégiques et des systèmes sensibles sur le fonctionnement de la société.

Supposons par exemple que vous travaillez dans une université. Si la foudre s'abat sur les équipements d'accès à Internet, vous serez face à des centaines d'étudiants voulant accéder au Web. Cependant, l'impact de cette avarie sur le cœur de métier de l'université n'est pas énorme, en tout cas pas autant que la destruction du système de gestion de base de données qui contient les enregistrements de tous les étudiants et la comptabilité.

Pour vous aider à identifier quelles sont les fonctions et les systèmes stratégiques du réseau, vous pouvez évaluer combien de temps l'institution peut continuer à fonctionner sans l'élément stratégique concerné.

17.6.3 Détection des faiblesses de l'environnement informatique

Un autre aspect de la préparation du plan de secours consiste à détecter les points faibles de l'environnement. Dans le cas de l'université, nous pouvons considérer comme point faible l'énorme quantité de données que les étudiants téléchargent depuis Internet. Reprenons l'exemple de la tempête de neige. Les étudiants ne vont plus en cours.

Tous les internes restent dans leur chambre et passent le temps à télécharger plus que jamais. Cela provoque une saturation de la bande passante et le personnel d'administration ne peut plus accéder au réseau.

Vous venez d'identifier un problème d'infrastructure. Cet exemple ne correspond pas à une avarie majeure, mais montre que la détection des points faibles d'un réseau permet de trouver des solutions préventives.

Un autre point faible peut résulter de la dépendance de l'entreprise par rapport à une ressource stratégique, telle qu'une institution financière, *via* une connexion de réseau global unique. Pour réduire cette dépendance, vous pouvez mettre en place une connexion doublée. La recherche des points faibles équivaut en fait à du dépannage réseau préventif (nous en reparlons au Chapitre 18).

Certains points faibles que vous allez détecter pendant la préparation du plan de secours peuvent être supprimés immédiatement, ou bien y être décrits de façon détaillée. La phase de préparation et d'évaluation peut être une expérience très enrichissante, et offrir un nouveau point de vue sur la manière dont l'infrastructure réseau a été conçue et mise place à l'origine.

17.6.4 Établissement du plan de secours

Une fois que vous avez défini l'environnement informatique, l'impact des avaries et les points faibles, vous pouvez rédiger le plan de secours. Les points faibles, les mesures d'urgence et les moyens pour le mettre en œuvre doivent être définis en fonction de chaque type de catastrophe (sans oublier toutes les informations d'inventaire déjà abordées).

Les plans de secours vont être différents selon le secteur d'activité. Nous pouvons cependant donner quelques éléments qui doivent apparaître dans tous les cas :

- **Les informations pour contacter les salariés.** Liste des coordonnées des personnes indispensables à contacter.
- **Les informations pour contacter les fournisseurs et les clients.** Dans certains secteurs d'activité, liste des coordonnées des principaux fournisseurs et les clients.
- **La désignation du lieu de stockage des sauvegardes.** Le lieu où sont stockées les sauvegardes de données et d'autres informations réseau.
- **Une liste confidentielle des informations sensibles** (identifiants, mots de passe...), notamment celles des administrateurs. Si l'administrateur principal d'un réseau devient indisponible, cette information est essentielle. L'inclusion de ces données rend le plan de secours hautement confidentiel.
- **Les modalités de regroupement en cas de catastrophe.** Le plan doit indiquer où les salariés doivent se réunir en cas de catastrophe, si le bâtiment habituel n'est plus accessible (une filiale ou un autre lieu prédéfini comme une salle de conférence dans un hôtel du voisinage par exemple). Rappelons que lors du désastre du World Trade Center, il a été très difficile de savoir quels salariés avaient réussi à échapper au carnage.

- **Les modalités de déclaration du sinistre.** Le plan doit nommer la personne officiellement responsable de la déclaration de la catastrophe auprès des assurances et des autorités. Les informations détaillées doivent permettre de prévenir toutes les personnes qui ne sont pas sur le site au moment de la catastrophe pour les en prévenir.
- **La procédure de remplacement des personnes clés.** Le plan doit désigner les personnes qui prennent officiellement les responsabilités principales. Si c'est le P.-D.G. de l'entreprise qui disparaît brutalement, il faut savoir qui devient son remplaçant. Rappelons que lors de l'attentat perpétré par John Hinckley contre le président Ronald Reagan, le secrétaire Alexander Haig avait déclaré lors d'une conférence de presse qu'il assurait l'intérim. Pourtant, l'ordre de succession présidentielle place ce secrétaire en quatrième derrière le vice-président, le porte-parole de la Maison Blanche et le président du Sénat. Il faut donc indiquer clairement qui prend la relève. Il est inutile d'ajouter de la confusion à une situation confuse.

Cette liste est loin d'être exhaustive. La création d'un plan de secours est une opération très importante, qui réclame beaucoup d'études et de recherche auprès de personnes à l'intérieur et à l'extérieur de l'entreprise. Ce plan doit évaluer des éléments tangibles (ordinateurs, logiciels) et des éléments intangibles (le comportement des utilisateurs dans une situation critique). Vous devez donc faire une étude soignée avant de le rédiger. Les anglophones peuvent s'inspirer des informations données par le site **www.sans.org**. L'organisme SANS (*SysAdmin, Audit, Network, Security*) est un institut dédié à ce genre de problèmes. Une recherche sur "plan de secours" ou "plan de continuité d'entreprise" permet de trouver de nombreux articles donnant des conseils pour gérer les situations critiques dans un environnement informatique.

Rappelons que le but d'un plan de secours est de permettre à l'entreprise qui est victime d'une catastrophe d'y survivre et de reprendre ses activités normales le plus vite possible.

18

Dépannage réseau

Au sommaire de ce chapitre

- Surveillance du matériel des serveurs
- Exploitation des journaux d'événements
- Outils sur ligne de commande TCP/IP

Le réseau local le mieux conçu et le mieux configuré peut souffrir d'anomalies : problèmes de connexion causés par une carte réseau défectueuse ou un commutateur qui tombe en panne ou problèmes de services réseau survenant suite à une avarie sur un serveur stratégique. Nous allons voir dans ce chapitre quelques-uns des outils et des concepts liés au dépannage. Nous verrons également quels outils permettent de diagnostiquer des problèmes de connectivité réseau, avant qu'ils n'atteignent des proportions trop importantes.

18.1 Surveillance du matériel des serveurs

Un vieux proverbe prétend que la meilleure défense est l'attaque. En terme de réseaux locaux, cela suppose que l'administrateur soit préventif et cherche à anticiper les problèmes avant qu'ils n'affectent les services fournis. Par définition, les serveurs des réseaux ont un rôle stratégique et il faut donc surveiller en permanence leurs performances. Grâce aux outils adéquats, vous pouvez détecter un composant qui commence à provoquer des problèmes, par exemple de chute des performances notamment en cas de fort trafic réseau. Les goulets d'étranglement sont à redouter, car ils provoquent un ralentissement des services.

Avant de voir quelques outils disponibles pour les différents services d'exploitation réseau, il faut d'abord nous intéresser à la notion de mesure du **régime nominal** (*baseline*). Un tel régime se mesure lors de la première mise en place du réseau, puis lors du déploiement d'un nouveau serveur. Le régime nominal correspond à une série de mesures permettant par la suite de comparer les performances actuelles d'un serveur à celles qu'il avait à l'origine. Vous surveillerez notamment le sous-système disque et la quantité de mémoire virtuelle (il faut surveiller ce dernier point attentivement pour les serveurs sous Windows Server 2003).

Les outils varient d'un système de surveillance à l'autre. Dans tous les cas, ils offrent des possibilités de surveillance des trois composants matériels essentiels (vos mesures doivent être comparées au régime nominal).

18.1.1 Performances du processeur

En général, les serveurs sont équipés de processeurs rapides. De nombreux fabricants de serveurs proposent des processeurs spécifiques Xeon d'Intel à une vitesse d'horloge supérieure à 3 GHz. De nombreux serveurs sont dotés d'une carte mère qui permet d'installer plusieurs processeurs.

> ***À noter***
>
> Lorsque vous établissez le profil du serveur que vous comptez acquérir, la puissance du processeur n'est pas le seul critère. Il faut également tenir compte du nombre et de la taille unitaire des disques durs et de la quantité de mémoire vive. Les serveurs basés sur des processeurs Intel sont équipés de Pentium 4 et de Xeon. Un tout petit réseau local peut se contenter d'un serveur élémentaire doté d'un processeur classique. Dans une entreprise de plus grande taille, il faut avoir au minimum des serveurs équipés de Pentium 4 et capables de fonctionner avec plusieurs processeurs (*clustering* ou SMP).

Au niveau des performances du processeur, un goulet d'étranglement se forme lorsque le processeur ne parvient plus à servir les appels système émanant des différents processus logiciel qui s'exécutent sur le serveur. Pour en avoir le cœur net, vous devez surveiller plusieurs paramètres, et notamment le nombre d'événements dans la file d'attente ou le temps passé dans chaque exétron (un **exétron**, traduction de l'anglais *thread*, est un sous-programme qui s'exécute indépendamment).

Tous les systèmes d'exploitation réseau permettent de visualiser des témoins numériques (souvent sous forme graphique) qui montrent les performances du processeur. Sous Novell NetWare 6.5, vous disposez du tableau Server Health accessible *via* le Web par le gestionnaire Netware Remote Manager (cela vous permet de surveiller le serveur de n'importe où). La Figure 18.1 montre ce tableau de santé pour un serveur NetWare. Vous pouvez rapidement voir quel est le niveau d'occupation des processeurs (taux d'utilisation des processeurs, nombre d'échecs de connexion) et ainsi facilement détecter les problèmes éventuels, qui sont affichés par une icône rouge dans la colonne Status.

Un affichage graphique du taux d'utilisation du processeur est également très utile. Dans le tableau de l'exemple précédent, vous obtenez un tel diagramme graphique en cliquant sur le lien Utilisation du CPU (voir Figure 18.2).

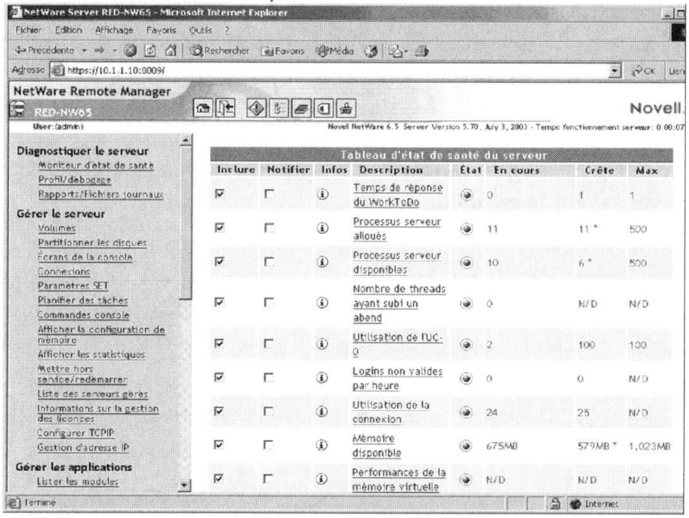

Figure 18.1 • Le tableau de santé d'un serveur sous NetWare.

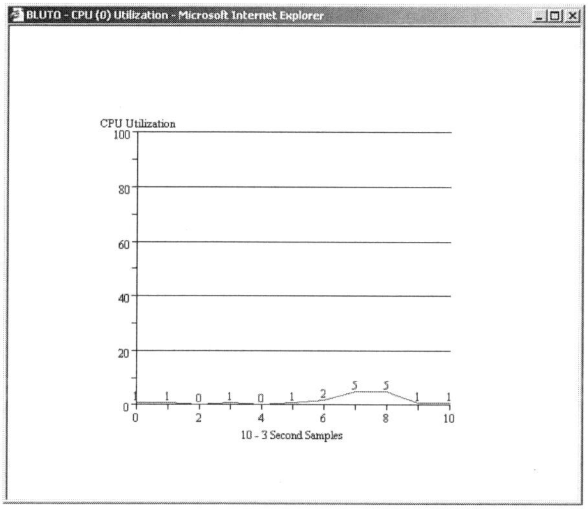

Figure 18.2 • Affichage graphique des performances d'un serveur.

Sous Windows Server 2003, vous disposez de compteurs pour surveiller les performances du processeur (et d'une fonction pour définir votre régime nominal). Vous affichez ces compteurs grâce à l'outil de surveillance des performances :

- **%Temps processeur.** Lorsque ce compteur (objet *Processeur*), qui mesure le temps passé par le processeur pour exécuter des exétrons dans l'état non endormi (*non-idle*), reste autour de 75 à 80 %, c'est le signe qu'il faut procéder à une mise à jour du processeur du serveur (ou ajouter un second processeur si la carte mère le permet).

- **Pages/s.** Si ce compteur (catégorie *Processeur*) va au-delà de 3 500 (cela correspond au nombre moyen d'appels d'interruptions reçus par le processeur depuis les périphériques matériels tels que les cartes réseau et les modems) et si le compteur *%Temps processeur* n'atteint pas une valeur critique, c'est que le problème est lié à un périphérique qui envoie des interruptions de manière aléatoire (signe d'une carte réseau ou d'une carte SCSI qui va tomber en panne). La cause réelle peut être l'équipement lui-même ou le pilote de l'équipement.
- **DPC mis en file d'attente/s.** Si ce compteur (catégorie *Processeur*, mesurant le nombre d'exétrons en attente de traitement) atteint ou dépasse 10, cela signifie que le tracas est lié au processeur. Vous devez songer à acquérir un processeur plus rapide ou à augmenter la puissance du serveur d'une manière ou d'une autre.

La Figure 18.3 montre la vue graphique de l'outil de surveillance des performances Windows. Vous pouvez installer plusieurs compteurs dans la fenêtre de suivi afin de surveiller plusieurs éléments de contrôle des performances matérielles dans la même vue.

À noter

Il peut arriver qu'une ligne de code ou un logiciel défectueux monopolise la totalité du temps de traitement d'un serveur, ce qui en réduit les performances. Parfois, c'est un périphérique tel qu'une carte réseau qui envoie trop d'interruptions. La plupart des outils de surveillance des performances permettent de mesurer les interactions entre le processeur et chaque exétron, ce qui aide à localiser le coupable, qu'il soit au niveau logiciel ou matériel. Ce n'est pas toujours le processeur qui est en cause.

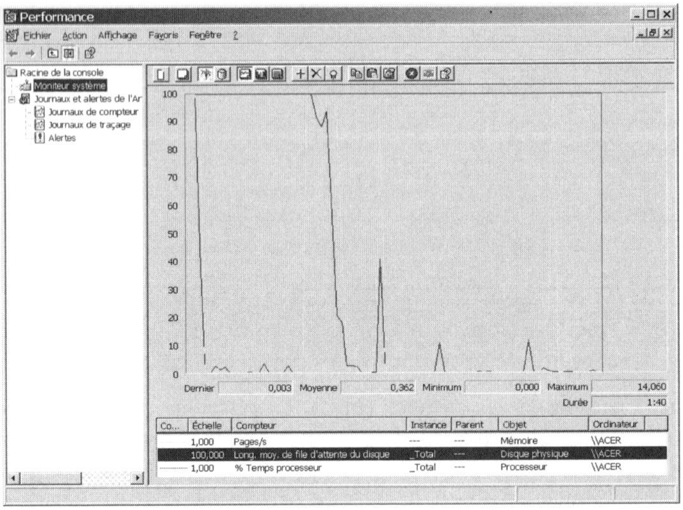

Figure 18.3 • Affichage graphique des performances du processeur et du serveur.

Si vous constatez qu'un serveur est trop lent et que le problème semble lié au processeur, vous avez plusieurs possibilités : remplacer ce processeur ou en ajouter un, mettre à jour le serveur ou lui en ajouter un. Lorsqu'un serveur fournit plusieurs services, par exemple DNS (*Domain Name Server*), DHCP (*Dynamic Host Configuration Protocol*) et les services de partage, vous pouvez réduire leur nombre en mettant en place un serveur secondaire pour le soulager. C'est à ce moment que vous constatez qu'il est important de bien planifier vos serveurs. Si vous avez tenu compte des besoins d'évolution du réseau, vous avez sans doute acquis des serveurs supplémentaires permettant de soutenir la montée en charge du réseau.

18.1.2 Performances et espace des disques durs

Le deuxième domaine ayant un impact important sur les performances d'un serveur de réseau est le sous-système disques (car il peut y avoir plusieurs disques durs). Les performances des disques sont importantes, mais la quantité d'espace libre est un autre souci, notamment dans le cas des serveurs de messagerie et de fichiers qui permettent aux utilisateurs de stocker un gros volume de données.

Les disques durs existent en différentes tailles et vitesses, choisissez toujours les disques les plus performants. Tout serveur soumis à une forte charge doit disposer de plusieurs disques durs SCSI pouvant être configurés sous forme d'une batterie RAID (*Redundant Arrays of Inexpensive Disks*) [voir Chapitre 4].

Les critères à surveiller sont le temps passé par le disque en lectures et écritures, la taille de la file d'attente et la quantité d'espace libre.

Lorsque le disque passe tout son temps à lire et à écrire, la probabilité de problème s'accroît. Dans certains systèmes, vous pouvez le défragmenter. Souvent, il est préférable d'échanger le disque pour un modèle plus rapide ou de mettre en place un jeu RAID par bandes qui augmente la vitesse de lecture et d'écriture.

Un autre paramètre est la file d'attente. Si de nombreuses demandes d'accès aux disques s'accumulent dans la file d'attente, vos utilisateurs vont subir un allongement des temps de réponse lors des lectures et des écritures. Comme pour le cas précédent, le mieux est de remplacer les disques ou de mettre en place une batterie RAID. Si nous revenons à la Figure 18.3, nous pouvons voir la longueur de la file d'attente dans l'outil de suivi des performances (regardez dans la fenêtre du bas à droite).

Le troisième critère est évidemment la quantité d'espace libre. Si vous constatez qu'un disque de serveur se remplit vite, soit vous en ajoutez un autre, soit vous posez des conditions et des plafonds d'espace de stockage pour les utilisateurs (les quotas disque).

À noter

La plupart des serveurs actuels sont dotés d'une capacité d'échange de disque sans arrêter le serveur. Ces disques sont présentés sur la face avant du boîtier pour en permettre l'échange facilement. Ce genre d'évolution technologique est une bénédiction pour les administrateurs.

La Figure 18.4 montre un exemple d'outil sous Linux appelé **Kdiskfree** qui permet d'obtenir des statistiques d'utilisation des disques et la quantité d'espace libre.

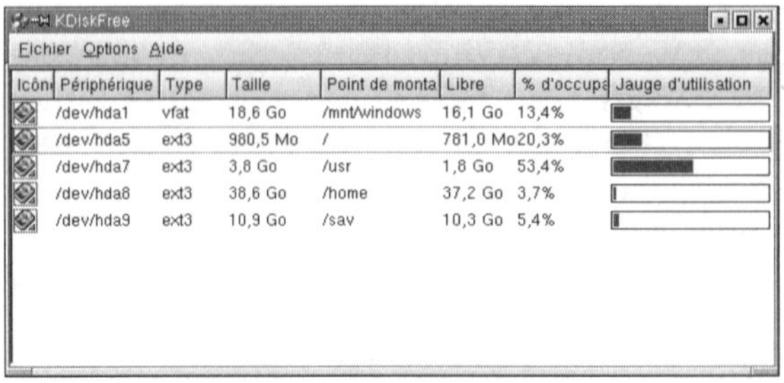

Figure 18.4 • Exemple d'outil sous Linux pour surveiller l'utilisation des disques.

18.1.3 Utilisation de la mémoire

Le troisième indice clé des performances d'un serveur est sa mémoire vive. N'hésitez jamais à doter vos machines de plus de mémoire que nécessaire. En général, la valeur permettant un fonctionnement optimal est largement supérieure à la valeur minimale indiquée.

Lorsque les programmes qui fonctionnent sur un serveur ont épuisé toute la mémoire vive disponible, un mécanisme appelé **pagination** se met en place pour stocker l'image mémoire de certains processus dans une zone spéciale d'un disque dur. Sous Windows, il s'appelle **mémoire virtuelle**. Si un serveur utilise intensivement le fichier de pagination, c'est qu'il est à court de mémoire vive. Dans ce cas, les performances ralentissent et risquent de constituer un goulet d'étranglement sur le réseau. Un remède simple à ce problème consiste à augmenter la quantité de mémoire vive.

Les principaux critères de mesure du fonctionnement de la mémoire d'un serveur sont le nombre d'octets disponibles pour l'exécution des processus et le nombre d'opérations de pagination. Les statistiques mémoire diffèrent d'un système à l'autre. Par exemple, sous Windows Server 2003, nous disposons des compteurs suivants :

- **Octets disponibles.** Si ce compteur (qui mesure la quantité d'espace mémoire libre) descend souvent sous 4 Mo, il faut ajouter de la mémoire.
- **Pages/s.** Ce compteur mesure la fréquence d'utilisation du fichier de pagination (transfert sur disque de certains blocs mémoire). Chaque événement correspond à une faute de page. Si la valeur atteint souvent 20, il faut ajouter de la mémoire. Un trop grand nombre de fautes de page entraîne une dégradation des temps de réponse du serveur.
- **Octets dédiés.** Ce troisième compteur montre la quantité de mémoire vive utilisée et la quantité qui serait nécessaire pour le fichier de pagination si les données devaient être remisées sur disque. La valeur affichée doit être inférieure à la quantité de mémoire vive installée. Si elle est supérieure, cela signifie que vous utilisez trop souvent le fichier de pagination. Ajoutez dans ce cas de la mémoire.

Le nombre de pages/s est visualisé Figure 18.3. Sous Unix ou Linux, nous disposons de l'outil sur la ligne de commande appelé **vmstat** qui fournit la quantité de mémoire vive et des statistiques relatives au fichier de remisage (*swap file*).

Le système Linux propose par ailleurs un moniteur système qui offre une interface graphique (voir Figure 18.5).

Astuce

La plupart des systèmes réseau permettent de configurer des alertes de performances ou d'événements. Vous définissez par exemple une valeur seuil pour un paramètre tel que le taux d'utilisation du processeur ou la quantité d'espace libre sur disque. Dès que le seuil est atteint, l'outil déclenche une alerte pour vous prévenir.

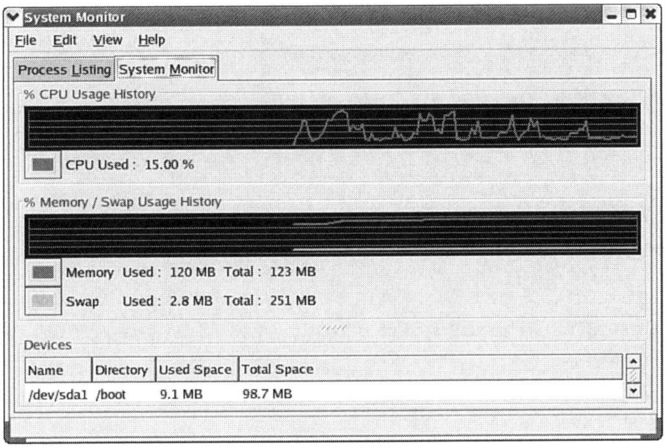

Figure 18.5 • L'outil System Monitor de Linux.

18.2 Exploitation des journaux d'événements

Un autre outil permettant de dépister les problèmes serveur est le mécanisme de journalisation. Tous les systèmes d'exploitation réseau le fournissent. Il faut consulter périodiquement les journaux même quand tout va bien. Cela vous permet d'éliminer un problème alors qu'il vient à peine d'apparaître.

Les journaux sont également très utiles lorsqu'un processus a échoué. Vous pouvez souvent les configurer pour recueillir le maximum d'informations concernant un critère particulier du serveur. Les journaux système recueillent tous les événements relatifs aux services et aux ressources système. Les journaux d'application enregistrent les événements concernant les applications exécutées sur le serveur. Les journaux de sécurité s'intéressent aux événements relatifs aux connexions des utilisateurs (échecs de connexion) et des événements configurés par l'administrateur (comme le suivi des accès utilisateurs à une ressource particulière).

Les journaux d'événements sont aussi accessibles *via* la ligne de commande, mais plus souvent *via* l'interface graphique. Sous Linux, vous disposez de l'outil graphique *System Logs* (voir Figure 18.6).

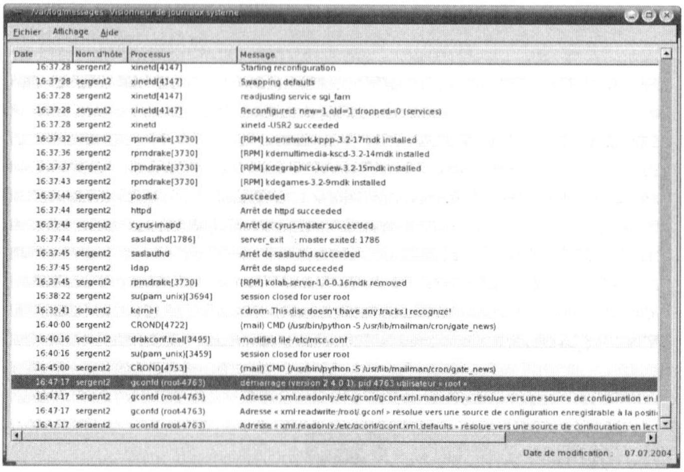

Figure 18.6 • Outil Linux pour consulter les journaux système.

L'outil de gestion des journaux permet d'accéder à tous les journaux générés sur le système. Vous pouvez filtrer les entrées et vider chaque journal.

Dans un journal système, il faut d'abord chercher les drapeaux rouges. Cela vous permet de déterminer si c'est un processus qui a échoué ou si c'est un service du serveur qui souffre d'un problème.

À noter

Pour pouvoir exploiter les journaux système en tant qu'outils de diagnostic des performances d'un serveur, vous devez comprendre leur contenu. Les formats des journaux variant d'un système d'exploitation à l'autre, prenez le temps d'étudier la documentation du vôtre.

Sous Windows Server 2003, vous disposez de l'Observateur d'événements qui permet de connaître tous les événements d'un journal d'application, de sécurité ou système. L'outil utilise trois icônes pour faciliter la détection des événements critiques.

- **Informations.** Elle indique un événement système ou un autre processus qui s'est bien déroulé.
- **Avertissement.** Elle rappelle une erreur non critique.
- **Erreur.** Elle témoigne de l'échec d'une fonction stratégique (par exemple une erreur au niveau d'un pilote).

La Figure 18.7 montre le journal système sous Windows.

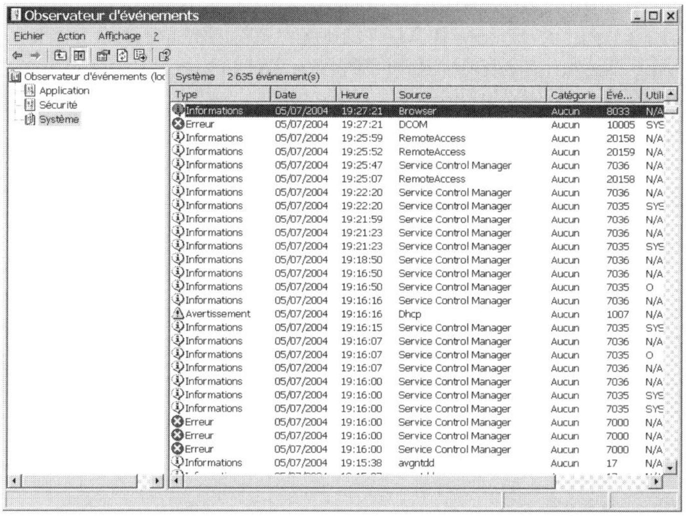

Figure 18.7 • L'Observateur d'événements sous Windows utilise des icônes pour classer les événements dans les journaux.

Les journaux d'événements permettent de lancer une enquête lorsqu'un problème est survenu. Exploitez le plus possible leurs informations, notamment pour optimiser les réglages de configuration du serveur afin de prévenir les problèmes futurs. En combinant les journaux d'événements avec votre suivi de performances, vous maintiendrez vos serveurs dans le meilleur état de fonctionnement possible.

18.3 Outils sur ligne de commande TCP/IP

La plupart des outils vus jusqu'ici pour le suivi des performances et l'aide au dépannage s'intéressaient au matériel du serveur et aux logiciels. Il faut également savoir dépanner les problèmes de connexion, qui peuvent être causés par un équipement réseau, un câble défectueux ou une erreur de configuration logicielle. La plupart des réseaux utilisant dorénavant TCP/IP (*Transmission Control Protocol/ Internet Protocol*), nous allons voir quelques outils sur ligne de commande utilisables pour ce protocole.

L'avantage de cette série d'outils (FTP, ping ou traceroute) est d'être disponible dans tous les systèmes d'exploitation réseau. Chaque système offre d'autres outils de diagnostic spécifiques, mais avec les outils de diagnostic de base que vous allez découvrir ici, vous disposerez de suffisamment d'éléments pour commencer à constituer une boîte à outils adéquate pour résoudre vos problèmes de connexion.

18.3.1 Ping

La commande `ping` est très utile pour tester une connexion entre un ordinateur et un serveur distant. Ping se fonde sur le protocole ICMP (*Internet Control Message Protocol*) qui est un des mécanismes fondamentaux de TCP/IP. Elle permet de savoir si la machine visée est bien accessible sur le réseau.

Elle s'utilise ainsi :

```
~ ping une.adresse.ip.distante
```

Voici un exemple concret :

```
~ ping 172.16.0.12
```

La commande peut renvoyer plusieurs valeurs.

Si votre machine parvient à se connecter au destinataire, la réponse à la commande suivante :

```
~ C:\>ping 172.16.0.12
```

fait afficher les quatre lignes suivantes :

```
~ Reply from 172.16.0.12: bytes=32 time<10ms TTL=255
~ Reply from 172.16.0.12: bytes=32 time<10ms TTL=255
~ Reply from 172.16.0.12: bytes=32 time<10ms TTL=255
~ Reply from 172.16.0.12: bytes=32 time<10ms TTL=255
```

Voici un exemple de statistiques pour la même adresse `172.16.0.12` :

```
~     Packets: Sent = 4, Received = 4, Lost = 0 (0% loss),
```

La commande affiche également la durée de boucle en millisecondes :

```
~     Minimum = 0ms, Maximum =  0ms, Average =  0ms
```

Cette série de mesures permet d'apprendre que l'ordinateur peut envoyer des paquets de 32 caractères à son destinataire. L'envoi et le retour d'un paquet durent 255 millisecondes. Les statistiques permettent de savoir s'il y a eu des erreurs ou des pertes de paquets.

Si vous ne parvenez pas à vous connecter à la machine, le message de la commande suivante :

```
~ C:\>ping 172.16.0.13
```

correspond à un dépassement de temps :

```
~ Request timed out.
~ Request timed out.
~ Request timed out.
~ Request timed out.
```

Voici dans ce cas les statistiques pour l'adresse `172.16.0.13` :

```
~     Packets: Sent = 4, Received = 0, Lost = 4 (100% loss),
```

Et voici le temps de boucle, qui est évidemment égal à zéro :

```
    Minimum = 0ms, Maximum =  0ms, Average =  0ms
```

Dans ce cas d'erreur, les paquets que vous envoyez ne reviennent pas. Ils ont tous été perdus. Soit l'ordinateur visé n'est pas accessible sur le réseau, soit c'est le vôtre qui n'y est pas connecté.

`ping` permet aussi de savoir si un réseau est accessible :

```
C:\>ping 156.234.84.95
```

Voici la réponse lorsque vous interrogez l'adresse `156.234.84.95` avec `32` octets de données :

```
Reply from 12.126.207.17: Destination host unreachable.
Reply from 12.126.207.17: Destination host unreachable.
Reply from 12.126.207.17: Destination host unreachable.
Reply from 12.126.207.17: Destination host unreachable.
```

Voici les statistiques pour l'adresse `156.234.84.95 :`

```
    Packets: Sent = 4, Received = 4, Lost = 0 (0% loss),
```

Et voici le temps de boucle en millisecondes :

```
    Minimum = 0ms, Maximum =  0ms, Average =  0ms
```

Le message `Destination Host Unreachable` (machine hôte inaccessible) signifie que la passerelle par défaut de votre machine ne parvient pas à dialoguer avec son correspondant. Contrôlez votre routeur.

Vous pouvez aussi utiliser `ping` localement pour vérifier si une machine possède une carte réseau en état de marche ou une configuration TCP/IP correcte. Dans ce cas, interrogez la machine émettrice au moyen de la boucle locale **loopback** qui correspond à l'adresse spécifique `127.0.0.1`. La Figure 18.8 montre cette interrogation locale sur une machine Windows.

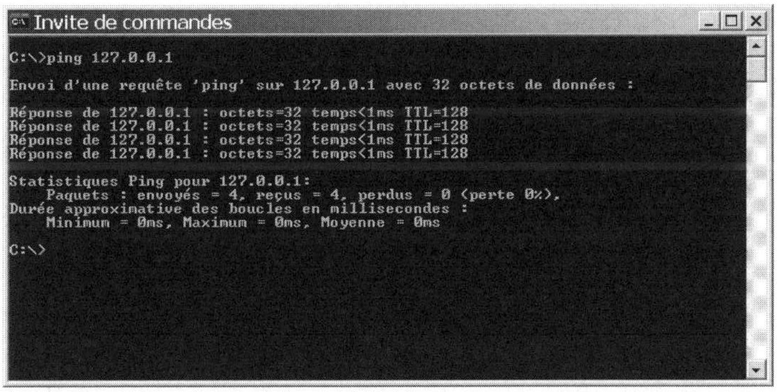

Figure 18.8 • Utilisation de ping pour tester la carte réseau d'une machine.

À noter

Sur les machines serveur et client Windows, vous disposez de la commande ipconfig qui permet de tester la configuration TCP/IP ainsi que de libérer (ipconfig/ release) ou de renouveler (ipconfig/renew) la configuration TCP/IP en fonction des données émises par le serveur DHCP du réseau.

18.3.2 FTP

FTP (*File Transfer Protocol*) est un protocole de transfert de fichiers, qui fait partie de la suite de protocoles TCP/IP, mais il est d'une utilisation secondaire pour les administrateurs système. Pendant les transferts de fichiers, l'outil mesure le débit réseau. Si vous effectuez un ping d'une autre machine et que vous constatez que les performances sont mauvaises, poussez votre investigation en essayant avec FTP d'envoyer un fichier à cette machine.

Commencez par un fichier d'environ 1 Mo. Le volume est suffisant pour permettre une mesure précise sans entraîner de saturation réseau. Essayez d'émettre le fichier depuis une autre machine serveur FTP ou de l'y recevoir. Un serveur FTP est un système qui contient des fichiers que d'autres utilisateurs du réseau peuvent télécharger *via* un logiciel client FTP. Un tel client est disponible dans tous les systèmes d'exploitation réseau.

Pour faire ce test, vous devez vous placer au niveau de la ligne de commande de l'outil. Tapez la commande `FTP` et validez par **Entrée**. Vous accédez alors à l'invite suivante. Vous pouvez lancer la commande `get` pour essayer de télécharger un fichier.

```
~ ftp> get telnet
~ 200 PORT command successful.
~ 150 Opening data connection for telnet (512338 bytes).
~ 226 Transfer complete.
~ ftp: 512338 bytes received in 0.57Seconds 897.26Kbytes/sec.
```

Dans cet exemple, nous recevons un fichier de 512 Ko en environ une demi-seconde et le système indique le débit effectif. Notez que ce débit est exprimé en octets, c'est-à-dire en multiples de 8 bits. Pour avoir le débit en bits/s, il faut multiplier cette vitesse par 8 : 897.26 x 8 = soit 7178,08 bits par seconde, ce qui est très correct sur un réseau 10BASE-T.

Cette utilisation dérivée de FTP est rarement mentionnée dans les livres, mais elle est très intéressante. Lorsqu'un réseau ralentit, cette technique permet de quantifier ce ralentissement.

18.3.3 Traceroute

Il arrive que les réseaux deviennent de plus en plus complexes sans que personne s'en aperçoive. Certains paquets peuvent nécessiter dix fois le temps habituel pour aller d'un point A à un point B du même réseau.

L'outil `traceroute` (qui s'appelle `tracert` chez Microsoft) permet de voir quel est le chemin pris par chaque paquet entre les extrémités. Grâce à lui, vous voyez pourquoi les paquets arrivent en limite de temps, à cause de trop nombreuses redirections d'un routeur à l'autre.

La syntaxe formelle de cet outil est la suivante :

```
traceroute adresse.IP ou nom.hôte

```

Voici un exemple :

```
C:\>tracert sams.com

Tracing route to mcp.com [63.69.110.193]
over a maximum of 30 hops:

  1   <10 ms  <10 ms  <10 ms  routerfrelan.anonymouscom [172.16.0.1]
  2   <10 ms  <10 ms   10 ms  12.126.207.17
  3   <10 ms  <10 ms   11 ms  gbr2-a31s1.sffca.ip.att.net [12.127.1.146]
  4   <10 ms  <10 ms   10 ms  gbr4-p70.sffca.ip.att.net [12.122.1.189]
  5    10 ms   11 ms   10 ms  gbr3-p20.la2ca.ip.att.net [12.122.2.70]
  6    10 ms   10 ms   10 ms  ggr1-p360.la2ca.ip.att.net [12.123.28.129]
  7    20 ms   20 ms   30 ms  att-gw.la.uu.net [192.205.32.126]
  8    20 ms   20 ms   30 ms  503.at-6-0-0.XR2.SAC1.ALTER.NET [152.63.53.6]
  9    20 ms   20 ms   30 ms  184.at-1-1-0.TR2.SAC1.ALTER.NET [152.63.50.142]

 10    71 ms   80 ms   80 ms  127.at-6-1-0.TR2.NYC8.ALTER.NET [152.63.6.13]
 11    70 ms   80 ms   81 ms  184.ATM7-0.XR2.EWR1.ALTER.NET [152.63.20.241]
 12    70 ms   80 ms   80 ms  192.ATM7-0.GW7.EWR1.ALTER.NET [152.63.24.209]
 13   290 ms  231 ms  230 ms  headland-media-gw.customer.ALTER
                                                    .NET_?[157.130.19.94]
 14    71 ms   80 ms   80 ms  63.69.110.193

Trace complete.
```

Dans cet exemple, la trace s'est terminée et nous pouvons voir les adresses de tous les nœuds intermédiaires correspondant aux routeurs entre le réseau local et l'adresse `sams.com`. En cas de dépassement de temps ou de redémarrage *start* à la place de l'indication de temps, vous pouvez chercher aux endroits correspondants. `traceroute` permet notamment d'apporter des informations précises en cas de litige avec un fournisseur d'accès concernant la qualité de service qu'il prétend fournir.

18.3.4 Nslookup

Il vous faut parfois connaître une adresse IP au lieu du nom d'un serveur (le nom d'hôte DNS). Dans d'autres cas, vous connaissez le nom mais pas l'adresse IP. Nslookup (abréviation de *Name Server Lookup*) permet de trouver les adresses IP associées à un nom. Voici un exemple :

```
~ /$ nslookup www.microsoft.com
~ Server:    rayban.tibinc.com
~ Address:   172.16.0.10
~
~ Non-authoritative answer:
~ Name:        microsoft.com
~ Addresses:   207.46.230.219, 207.46.130.45, 207.46.230.218
~ Aliases:     www.microsoft.com
```

Les quatre outils que nous venons de voir ne forment pas une boîte à outils complète de diagnostic, mais ils sont disponibles dans tous les systèmes d'exploitation et constituent une bonne base de départ en cas de problème réseau. Vous devez apprendre à maîtriser `ping`, FTP et les deux autres outils, mais aussi découvrir les outils sur ligne de commande spécifiques au système d'exploitation que vous utilisez.

19

Réseaux sans fil (WiFi et autres)

Au sommaire de ce chapitre

- Principes des réseaux sans fil
- Avantages des technologies sans fil WiFi
- Mise en place d'un réseau local sans fil
- Les réseaux sans fil et la sécurité

Nous avons jusqu'à présent beaucoup parlé de planification, de mise en place et de maintenance des réseaux locaux en nous focalisant sur les réseaux traditionnels ou réseaux filaires, notamment sur ceux de type Ethernet. Depuis 2003, une nouvelle technologie se répand à grande vitesse : les réseaux sans fil.

19.1 Principes des réseaux sans fil

L'adoption à grande échelle de la nouvelle technologie des réseaux sans fil est un événement très récent. Il peut s'agir de liaisons radioélectriques (comme la TSF et la télévision hertzienne) ou de liaisons optiques à lumière infrarouge. Les liaisons à plus grande distance (de l'ordre du kilomètre et plus) sont déjà en place sous la forme des réseaux GSM des téléphones portables. De portée intermédiaire, nous assistons aux premiers essais de réseaux urbains Wi-Max. Nous nous intéressons ici aux réseaux locaux sans fil.

La connexion radio constitue le moyen le plus simple pour étendre le périmètre d'un réseau local classique. Les évolutions du standard vont permettre une utilisation en mouvement par relais entre émetteurs (*roaming*) avec adaptation du débit. Les équipements exploitent une bande de fréquences dûment définie par l'ART (Autorité de régulation des télécommunications) à partir de 2,4 GHz.

À noter

En France, c'est l'ART qui est responsable de l'attribution des ressources de l'espace radioélectrique (aux États-Unis, c'est la FCC). La première bande de fréquences qui a été autorisée pour les réseaux locaux radioélectriques est celle située entre 2 400 MHz et 2483,5 MHz.

Les réseaux locaux sans fil WLAN (*Wireless Local Area Network*) ne constituent nullement une remise en cause des principes des réseaux Ethernet filaires. Seule la méthode d'échange des données est différente. Le réseau sans fil suppose une autre manière pour les PC et les PDA (assistants personnels) de se connecter au réseau. Voyons le cas des réseaux radioélectriques. Chaque ordinateur participant doit être équipé d'une carte réseau sans fil pour émettre et recevoir des ondes radio et le réseau doit avoir une plaque tournante assurant l'accueil des terminaux. Dans un réseau filaire, ce point central est un concentrateur ou un commutateur. Dans un réseau sans fil, cela s'appelle un **point d'accès**. Cet équipement sert aussi à relier un réseau local filaire au réseau sans fil. Normalement, le point d'accès est relié *via* un port spécial du commutateur ou du concentrateur au réseau filaire.

À noter

Le terme anglais a été traduit un peu rapidement en "point d'accès", alors qu'un autre terme anglais, "hot spot", aurait mérité une traduction en point d'accès. L'équipement *access point* peut se comprendre comme une borne d'accès.

Un réseau local qui exploite simultanément des connexions filaires et sans fil (radioélectriques, *wireless*) est appelé un **réseau hybride**. La Figure 19.1 en donne un aperçu.

19.1.1 La famille de réseaux informatiques sans fil

Les réseaux radioélectriques sont répartis en quatre classes qui correspondent à quatre cercles concentriques :

- **les réseaux personnels PLAN** (*Personal Local Area Network*), d'une portée de quelques mètres. Exemple : Bluetooth.
- **les réseaux locaux WLAN** (*Wireless Local Area Network*), d'une portée de quelques centaines de mètres. Exemple : WiFi.
- **les réseaux urbains WMAN** (*Wireless Metropol Access Network*), d'une portée de quelques kilomètres. Exemple : Wi-Max.
- **les réseaux globaux WWAN** (*Wireless Wide Area Network*), d'une portée nationale ou continentale. Exemple : téléphones portables GSM, GPRS et UMTS.

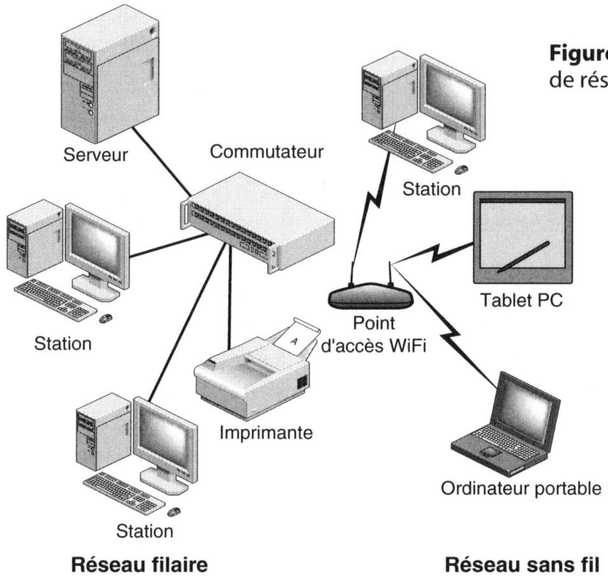

Figure 19.1 • Exemple de réseau local hybride.

19.1.2 La famille de normes radio Ethernet 802.11

Le standard 802.11 qui concerne les connexions Ethernet par liaisons radioélectriques a été conçu par l'organisme IEEE (*Institute of Electrical and Electronics Engineers*). Il définit les spécifications de connexion des périphériques sans fil, et notamment des points d'accès et des cartes réseau.

Cette norme englobe toute une série de variantes de standard de réseaux sans fil dont les trois plus importantes sont les suivantes :

- 802.11a : fournit un débit théorique de 54 Mbit/s en opérant dans la bande de fréquences des 5 GHz.
- 802.11b : fournit un débit théorique de 11 Mbit/s en opérant dans la bande de fréquences des 2,4 GHz en utilisant le mécanisme DSSS.
- 802.11g : fournit un débit théorique supérieur à 20 Mbit/s dans la bande des 2,4 GHz. C'est actuellement la variante la plus rapide de la norme 802.11 qui ait fait l'objet de réalisations commercialisées pour les réseaux locaux des PME et des particuliers.

À noter

Les bandes de fréquences utilisables sans autorisation préalable (dites publiques) souffrent d'un problème croissant de saturation et d'interférences. La bande choisie pour les spécifications WiFi 802.11b et 802.11g est aussi celle qu'utilisent les téléphones sans fil DECT et les fours à micro-ondes.

Le terme WiFi (*Wireless Fidelity*) englobe toutes les variantes de la norme 802.11. L'organisation à but non lucratif Wi-Fi Alliance (qui réunit d'importants acteurs de ce créneau) se charge de promouvoir le standard 802.11 face aux autres propositions.

WiFi se fonde sur une technologie à étalement de spectre appelée SS (*Spread Spectrum*) et conçue à l'origine pour les communications militaires qui ne devaient pas pouvoir être interceptées ni brouillées. Le signal est réparti parmi plusieurs fréquences dans les bandes de fréquences autorisées au public. Il existe plusieurs variantes d'étalement de spectre :

- **Étalement de spectre par saut de fréquence FHSS** (*Frequency Hopping Spread Spectrum*). Dans cette première technique, le signal est transmis bloc par bloc en changeant de fréquence (de canal) à peu près toutes les demi-secondes. L'ordre des sauts doit être connu de toutes les stations qui doivent pouvoir recevoir le signal (cet ordre correspond à l'algorithme de saut). Selon les règles de la FCC, aucun émetteur ne doit rester sur le même canal plus de quatre cents millisecondes sur une période de vingt secondes dans la bande des 902 MHz (et trente secondes pour la bande des 2,4 GHz). Chaque émetteur doit en outre balayer les bandes radio de 50 à 75 avant de redémarrer son algorithme de sauts.
- **Étalement de spectre à séquence directe DSSS** (*Direct Sequence Spread Spectrum*). Dans ce mode, l'émetteur modifie les données en ajoutant des bits (au moins 10) dans le flux de données. Le récepteur est seul à connaître l'algorithme permettant de supprimer les bits de codage. L'ajout de ces bits limite le débit de DSSS à 2 Mbit/s dans la bande des 902 MHz et à 11 Mbit/s (ce qui devient suffisant) dans la bande des 2,4 GHz.

Les normes WiFi 802.11b et 802.11g s'appuient respectivement sur DSSS et sur DSSS/OFDM alors que Bluetooth (décrit dans la section suivante) utilise FHSS.

Qu'en est-il du 802.11a ? Cette version de WiFi n'utilise ni FHSS, ni DSS, mais un schéma multiplexé appelé **multiplexage à division de fréquence orthogonale (OFDM)**. OFDM répartit le signal radio en plusieurs sous-signaux transmis simultanément sur plusieurs fréquences, ce qui permet de diviser de larges blocs de données en petites portions avant transmission.

Les réseaux WiFi Ethernet sont établis sur les mêmes mécanismes que les réseaux Ethernet filaires : gestion de collisions avec attente de libération du réseau pour réémettre (voir Chapitre 3). Le dépannage de ces réseaux est similaire, hormis le fait que les problèmes de connexions physiques sont remplacés par des soucis de réception de signal depuis les points d'accès.

À noter

De nouvelles spécifications sont en cours dans la famille 802.11. Une équipe se charge de 802.11f pour résoudre les problèmes de compatibilité entre les points d'accès et différents équipements WiFi quel que soit le constructeur. Le groupe 802.11i vise à régler les problèmes de sécurité des standards 802.11a, 802.11b et 802.11g. Sans oublier le 802.16a ou Wi-Max dont nous parlons plus loin.

19.1.3 Bluetooth et les réseaux personnels

Une autre spécification utilise la bande de fréquences des 2,4 Ghz, mais elle a un objectif différent de la famille 802.11, puisqu'elle vise à permettre d'interconnecter des équipements de proximité. Appelée Bluetooth, elle a été créée en 1998 comme standard de connexion de périphériques informatiques, notamment pour connecter un assistant personnel PDA à un ordinateur fixe et pour supprimer tous les fils qui finissent par créer une jungle autour d'un ordinateur personnel. Plusieurs entreprises actives dans le secteur des matériels concernés se sont réunies pour définir ce standard, parmi lesquelles IBM, Nokia et Toshiba. Bluetooth entre dans la catégorie des réseaux personnels (WPAN). Tout le monde a entendu parler de l'utilisation de Bluetooth pour relier sans fil votre téléphone portable au kit mains libres lorsque vous montez dans votre voiture. *A priori,* cette norme peut servir à connecter sans fil toutes sortes d'équipements, y compris une cafetière ou un réfrigérateur.

Bluetooth est un standard ouvert comme 802.11, ce qui rend aisée son intégration avec d'autres technologies et l'émergence de nouveaux standards. Elle fournit toute une gamme de fonctions de communication entre des équipements portables (assistant personnel, téléphone, etc.) et des périphériques plus traditionnels (kit piéton, clavier, etc.). Certains parlent même de transformer Bluetooth en un réseau local LAN (ce qui en ferait un concurrent de 802.11).

Le risque existe de voir des équipements Bluetooth entrer en conflit avec des équipements en 802.11, puisque la bande de fréquences est la même. L'organisme IEEE travaille actuellement avec les fabricants Bluetooth pour éliminer tout risque d'interférences.

> ***À noter***
>
> Bluetooth tire son nom d'un roi viking du xe siècle, Harald "Bluetooth", qui adorait les mûres ou les myrtilles (les versions diffèrent)... d'où la couleur de ses dents.

19.2 Avantages des technologies sans fil WiFi

La technologie WiFi se répand à très grande vitesse pour les raisons suivantes :

- **Simplification des reconfigurations matérielles**, puisqu'il n'y a pas de câblage à réaliser, contrairement à un réseau filaire dans lequel tout changement suppose des efforts de recâblage ou l'acquisition de matériels coûteux.
- **Déploiement rapide.** Pour la même raison, elle permet la mise en place d'un réseau de façon temporaire. Il faut seulement prévoir de régler les antennes des points d'accès pour obtenir le meilleur signal possible en jouant aussi sur le positionnement de chaque point d'accès.
- **Solution pour les salariés se déplaçant dans l'entreprise.** C'est une excellente solution dans les établissements hospitaliers : les personnels soignants restent en contact avec les patients où qu'ils soient. Les médecins adoptent en masse les assistants personnels Palm ou Windows CE pour accéder aux dossiers des patients.

Les avantages des réseaux locaux radio intéressent aussi le particulier ou la micro-entreprise. Le coût est par ailleurs très raisonnable. On trouve des points d'accès 802.11g avec les fonctions routeur et commutateur pour moins de 150 euros. Les cartes réseau WiFi sont très bon marché, et les nouvelles cartes mères des PC sont dotées en standard de la fonction WiFi.

La mise en place d'un petit réseau local WiFi peut être achevée en moins de deux heures. Vous pouvez immédiatement profiter des services de partage de fichiers, d'imprimante et de connexion Internet, puisque ces fonctions sont standard dans les systèmes d'exploitation de bureau (Windows, Linux).

À noter

Les grandes entreprises et institutions ont été plus lentes à adopter le WiFi que les PME et les commerces tels que les restaurants, certains cafés et les centres d'accueil d'entreprises qui offraient ainsi un service supplémentaire à leurs clients. Les points d'accès mis en place dans de plus en plus d'espaces publics (aérogares, gares, centre de congrès) permettent aux visiteurs d'utiliser leur PC portable pour se connecter à Internet pour une courte période.

19.3 Mise en place d'un réseau local sans fil

Les grandes lignes de la mise en place d'un réseau sans fil ne sont pas très différentes de celles d'un réseau filaire. Il faut planifier puis réunir le matériel requis, sans oublier de considérer les besoins d'évolution, la sécurité et les autres aspects habituels.

Pour ce qui concerne la taille du réseau sans fil, la norme WiFi 802.11b est peu coûteuse et simple à installer mais la bande passante théorique est limitée à 11 Mbit/s, soit à peu près ce qu'offre un vieux réseau 10BASE-T. Plus vous invitez d'utilisateurs, plus les performances vont se dégrader, puisque la bande passante est partagée. En conclusion, le 802.11b est très bon marché mais ne s'applique qu'à un petit groupe de machines, par exemple dans une petite entreprise, ou en extension de site filaire.

Un réseau plus important réclame plus de bande passante. C'est la variante WiFi 802.11g qui répond à ce besoin tout en restant compatible avec les cartes réseau et les points d'accès au standard 802.11b.

Le nombre de points d'accès à déployer dépendra de celui des utilisateurs, chaque point d'accès acceptant un maximum de connexions permettant de maintenir des performances optimales.

Pendant la planification de votre réseau WiFi, pensez à la portée réelle du signal. En intérieur, escomptez une portée de 50 à 100 mètres (entre le client le plus éloigné et le point d'accès). Les matériaux de construction atténuent le signal. Procédez à des tests avec des équipements de mesures hyperfréquences avant de doter vos utilisateurs de matériels WiFi flambant neufs. Faites des mesures de bande passante *in situ* pour savoir combien de points d'accès il faut installer, en prévoyant un chevauchement des zones de couverture afin de permettre aux utilisateurs de se déplacer sans subir de déconnexions. L'affaiblissement du signal n'entraîne pas une brusque déconnexion, mais une chute du débit réel.

En extérieur, les portées sont bien plus grandes : vous pouvez espérer de l'ordre de 300 mètres. Cela dit, une bonne portée en champ libre ne signifie pas qu'un matériel offrira une bonne portée en intérieur. Ne confondez pas portée en champ libre et portée entre deux bâtiments. Enfin, si les utilisateurs peuvent apprécier de travailler sur la pelouse devant leur bâtiment par une belle journée, ce n'est pas une fonction aussi importante que l'optimisation des portées en intérieur.

Le choix des matériels WiFi s'est considérablement étoffé en quelques mois à peine. Pour un réseau de petite entreprise ou domestique, des fabricants tels que Linksys et D-Link offrent des cartes réseau et des points d'accès, et ces derniers sont pour la plupart dotés d'une fonction pare-feu et certains intègrent même un système de contrôle parental.

À noter

Il existe dorénavant des cartes WiFi externes sur port USB.

Pour les grands réseaux, les constructeurs tels que 3Com et Cisco proposent des points d'accès haut de gamme. Cisco propose ainsi la gamme Aironet 1200 Series Access Point, qui supporte les standards WiFi 802.11a, 802.11b et 802.11g en parallèle.

Pensez à tester vos matériels WiFi avec autant de soin que vos matériels de réseau filaire. N'hésitez pas à visiter le site de la Wi-Fi Alliance à l'adresse **http://www.wi-fi.org**. Cette organisation regroupant de nombreux fabricants donne des informations au sujet des standards WiFi et assure la certification des produits WiFi.

19.4 Les réseaux sans fil et la sécurité

La sécurité des réseaux sans fil fait trembler certains professionnels. Il est vrai que les données sont dispersées dans la nature, ce qui constitue une occasion formidable pour les pirates. Parallèlement, la confidentialité des données personnelles est devenue un critère stratégique, la CNIL (Commission nationale informatique et libertés) veillant au grain. Si des données personnelles (et tous les services comptables des entreprises en regorgent) risquent d'être semées à tout vent des mesures de précaution drastiques sont obligatoires. Il existe pour cela des techniques de sécurisation des réseaux sans fil. Les standards 802.11 en possèdent deux, nommées WEP (*Wired Equivalent Privacy*) et WPA (*WiFi Protected Access*).

WEP est un protocole qui fonctionne au niveau de la sous-couche MAC (*Media Access Control*) de la couche de données du modèle OSI (*Open Systems Interconnect*) [voir Chapitre 3]. Il effectue un cryptage des données par clé partagée secrète avant toute émission sur le réseau sans fil. Les données entre un client sans fil et un point d'accès sont donc *a priori* protégées. En revanche, les données provenant d'un réseau filaire lié au réseau sans fil ne sont pas traitées par le mécanisme WEP.

Le problème de la protection WEP est son manque de robustesse, les clés partagées étant sur 24 bits. Il en résulte que plus le nombre de paquets émis augmente, plus il y a de risques que les clés de cryptage et de décryptage soient identiques. Un pirate qui se met à l'écoute radio peut ainsi réussir à capturer assez de cadres pour deviner la valeur partagée dans le flux de clés. Il dispose alors d'assez d'informations pour trouver la clé et décrypter les données sensibles.

À l'origine, WEP avait été prévu comme mesure de sécurité pour le 802.11b. Son manque de robustesse a donné naissance à **WPA**, compatible avec les équipements sans fil existants, qui peuvent être mis à jour par logiciel. Il exploite un protocole temporel d'intégrité de clé appelé TKIP (*Temporal Key Integrity Protocol*) pour coder les clés calculées par WEP. Il est par ailleurs doté d'un mécanisme de contrôle de l'intégrité des clés. Enfin, un des apports majeurs de WPA est l'authentification des utilisateurs grâce à EAP (*Extensible Authentication Protocol*) et à 802.1x (authentification établie sur le numéro de port).

EAP est en fait une extension du protocole PPP (point à point), enrichi de techniques d'authentification comme l'authentification par clé publique, les mots de passe volatils (valables une seule fois) et les certificats d'authentification. Lorsqu'un utilisateur de réseau sans fil cherche à se connecter à un réseau filaire, EAP permet de l'identifier par rapport à un serveur d'authentification sur le réseau filaire.

L'équipe de conception de 802.11 étudie actuellement de nouvelles stratégies de fiabilisation des réseaux radio. En attendant le fruit de leurs travaux, vous pouvez prendre quelques mesures pour sécuriser votre réseau local sans fil. Vous disposez de deux stratégies très robustes : IPSec et le VPN (*Virtual Private Networking*), présenté Chapitre 6.

IPSec (IP *Security*) est une suite de services de protection fondés sur un système de cryptage et de protocoles de sécurité. Il est utilisable pour sécuriser un réseau local, un réseau avec accès WAN ou un réseau avec accès distant de type VPN. Il propose un modèle de sécurisation de bout en bout : seuls l'émetteur et le récepteur sont informés que les données sont sécurisées. Tous les systèmes d'exploitation réseau actuels permettent d'activer IPSec. Par exemple, sous Windows Server 2003, sa maintenance est assurée par un contrôleur de domaine Windows (qui se charge des bases d'authentification et d'annuaire réseau) *via* l'outil Gestionnaire de stratégies de groupe. La Figure 19.2 donne un aperçu des règles IPSec d'un serveur sous Windows.

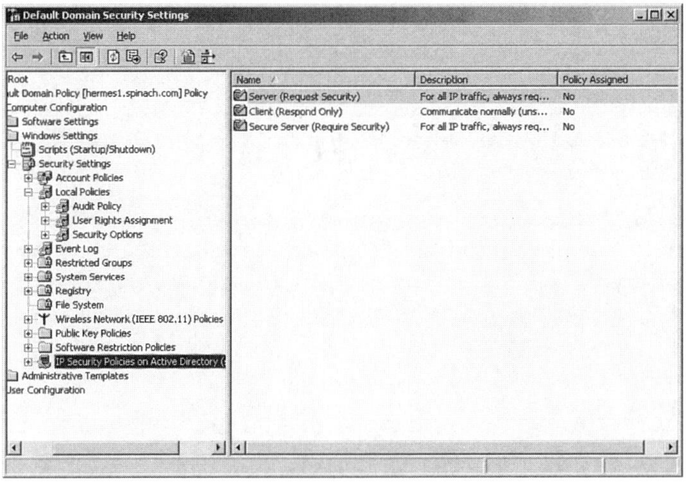

Figure 19.2 • Les règles IPSec peuvent être activées sur un serveur sous Windows.

À noter

Sur un client Windows XP, vous pouvez configurer IPSec localement *via* le gestionnaire de règles locales dans les Outils d'administration du Panneau de configuration.

Pour sécuriser votre réseau sans fil, il est conseillé d'utiliser WEP malgré ses faiblesses. Activez aussi WPA si le matériel réseau le supporte (si possible, procédez à la mise à jour du matériel en conséquence).

Si vos données sont sensibles, songez à créer des canaux VPN entre les clients et les points d'accès et activez IPSec. D'autres techniques de sécurisation vont apparaître pendant la phase de maturation des technologies sans fil. Restez à l'affût des nouveautés pour en profiter le plus tôt possible.

À noter

Pour en apprendre plus sur les réseaux radioélectriques et le WiFi en particulier, nous vous invitons à lire l'ouvrage d'Olivier Pavie chez Campus Press : *WiFi* (collection Tout en poche).

20

L'avenir des réseaux

Au sommaire de ce chapitre

- Linux : un logiciel libre dans le prétoire
- Internet et les instances de régulation
- L'avènement de l'IPv6
- Les technologies sans fil se répandent

Nous voici parvenus à la fin du livre. Vous connaissez les standards et les techniques de mise en place des réseaux pour plusieurs systèmes d'exploitation. Vous avez découvert les interactions entre un réseau local et Internet.

Concluons en regardant vers l'avenir. Nous vous proposons quelques lignes d'évolution probables pour les réseaux informatiques tels qu'ils seront dans cinq à dix années. Les tendances de fond sont les réseaux sans fil et le système d'exploitation Linux utilisé sur les serveurs, mais aussi sur les postes de travail.

20.1 Linux : un logiciel libre dans le prétoire

Linux a éveillé l'intérêt des professionnels des réseaux en proposant un système sécurisé et très adaptable avec un environnement de développement complet (voir Chapitre 14).

> **À noter**
>
> La société Microsoft a consacré beaucoup d'efforts marketing à prouver que le coût total de possession (TCO, *total cost of ownership*) d'une machine sous Windows était en réalité inférieur à celui d'une machine sous Linux et que son environnement de développement .NET était plus efficace que *Java 2 Platform Enterprise Edition* de Sun Microsystems (qui fonctionne sur les systèmes Sun et sous Linux). Il semble en outre que Microsoft se positionne du côté de SCO dans la bataille juridique que ce dernier a déclenché en signant un accord de licence des brevets et du code source de SCO. Il sera passionnant de voir l'issue de ce combat contre Linux.

Courant 2003, la communauté Linux a été choquée par la société SCO (Santa Cruz Operation) qui prétend que Linux contiendrait du code source Unix lui appartenant. SCO a ensuite lancé un procès contre IBM, qu'elle accuse d'utilisation fallacieuse de secrets commerciaux, de pratiques déloyales et autres actions répréhensibles. Le plaignant réclame plus de dix millions de dollars. SCO a même menacé certains des clients d'IBM de poursuites.

L'éditeur Linux Red Hat a réagi en intentant à son tour un procès contre SCO, puisque Red n'a violé aucun droit intellectuel de SCO dans la mesure où il a développé seul sa version de Linux. Red Hat est allé plus loin en mettant en place un contrat d'assurance pour logiciels libres au bénéfice de ses clients Linux en entreprise, ce contrat stipulant que Red Hat remplacera sur-le-champ tout logiciel qui se révélerait faire l'objet de droits de propriété intellectuelle.

Cette passe d'armes juridique et ce bruit médiatique semblent n'avoir eu aucun effet sur l'intérêt porté à Linux par les entreprises. IBM a, depuis, lancé une campagne de promotion mondiale pour ses solutions fondées sur Linux, et Novell vient d'acquérir la très populaire distribution allemande SuSE Linux.

À noter

C'est la société Microsoft qui a été la principale cible de la plupart des attaques par messagerie. Une fois n'est pas coutume, un nouveau ver appelé WORM_MYDOOM.A (et ses variantes) a récemment infecté les messageries sous Windows sans faire de dégâts. En fait, la cible réelle était le site Web de la société SCO (www.sco.com) que le ver saturait par déni de service. Fruit du mécontentement de quelques anonymes, ce comportement a été réprouvé publiquement par les porte-parole du mouvement Linux.

Quel est l'avenir de Linux suite à ces procès ? Novell (SuSE Linux), IBM (Blue Linux), Red Hat, Mandrake et d'autres éditeurs de distribution Linux ont consacré de lourds efforts à mettre en place des solutions clés en main de haut niveau pour entreprises. Rappelons que Linux fonctionne sur toutes les familles de processeurs un tant soit peu connues (Intel/AMD, RISC, grands systèmes IBM, etc.).

Les entreprises (y compris certaines des plus grandes) et les organisations dépendant des Etats s'intéressent de plus en plus au phénomène Linux qui propose une alternative crédible aux produits propriétaires qui régnaient sans partage depuis les débuts de l'informatique. Linux offre un standard ouvert pour le développement et pour l'exploitation. Nous avons mentionné quelques-uns des avantages des logiciels libres (*open source*). Les arguments en faveur de l'adoption de Linux sont convaincants : une plate-forme ouverte, non liée à des matériels spécifiques et fondée sur des algorithmes publics, vérifiables par tous (il existe bien sûr des variantes de Linux adaptées pour certains matériels spécifiques).

La révolution Linux a donné lieu à des alliances étonnantes. Des poids lourds comme IBM et Novell se sont mis à vanter les avantages des origines Open Source de Linux, alors qu'avec leurs milliers de brevets, ils maintenaient sous leur contrôle l'industrie du logiciel depuis trois décennies.

Le mouvement de propagation de Linux dans les entreprises et les établissements publics est maintenant confirmé. Qu'en est-il des très petites structures et des particuliers ? Les petites structures recherchent avant tout des solutions faciles à installer, à configurer et à exploiter. Souvent le maître mot est "Si cela marche, n'y touchons pas". Nombreuses sont les petites entreprises qui conservent un ancien système, datant de leur début d'informatisation. Il suffit de compter le nombre de réseaux NetWare en exploitation. Microsoft a beaucoup travaillé à la promotion de ses multiples versions de systèmes Windows pour serveurs et a établi des certifications officielles pour attirer les professionnels qui désiraient augmenter leur salaire. Un ingénieur gagne plus s'il possède la certification MCNE (*Microsoft Certified Network Engineer.*)

Certaines grandes entreprises n'ont pas encore achevé leur saut vers le PC comme poste de travail et utilisent toujours des terminaux de grands systèmes des années 1980. Elles n'ont pas trouvé de raisons suffisantes pour déclencher une réorganisation de fond pour des avantages minimes sur leur outil de production.

Le coût de la partie matérielle a énormément chuté en vingt ans. L'enthousiasme que l'on constate dans l'univers Linux laisse supposer que son adoption pour les services Web, la gestion des bases de données et même le poste de travail, va s'amplifier et en tout cas être difficile à ignorer dans les années à venir. Cela ne signifie pas que Microsoft va voir sa domination réduite sans mot dire. La compétition entre la communauté du libre et les plates-formes propriétaires va s'exacerber.

Sur le marché des particuliers, les critères d'adoption majeurs d'un système d'exploitation sont le prix, la facilité d'emploi, et la présence de ce système préinstallé lors de l'achat. Les distributions Linux pour utilisation familiale sont gagnantes au niveau du coût. La préinstallation de Linux commence à apparaître aux États-Unis (la distribution Lycoris est vendue avec le PC chez Wal-Mart). Plusieurs interfaces graphiques sont disponibles, parmi lesquelles KDE et GNOME. Les distributions Linux récentes, telles que Mandrake 10, Lycoris et LindowsOS, sont devenues très simples à configurer et offrent un aspect très proche de Windows au point que de nombreux utilisateurs s'y méprennent. La Figure 20.1 montre l'interface utilisateur de la distribution Mandrake 10. Comme toutes les distributions Lycoris, elle exploite le mécanisme Samba pour partager les fichiers et imprimantes avec un réseau local Microsoft Windows. La détection des nouveaux matériels est devenue excellente et la configuration d'un accès partagé à Internet n'a jamais été aussi simple.

À noter

Quelques revendeurs commencent à fournir des PC de bureau et des portables dotés de Linux. Il existe même des Tablet PC avec la distribution Lycoris LX préinstallée.

Figure 20.1 • Aspect général de Linux Mandrake dans un contexte familial.

Pour conclure, Linux ne va pas plus sortir du champ que Microsoft, Sun (et une poignée d'autres fournisseurs de solutions de système pour réseaux). Nous pensons que si les démêlés judiciaires entre Linux et SCO se résolvent, les installations Linux vont se multiplier dans la prochaine décennie et faire de Linux un élément quasi obligatoire des solutions d'infrastructure réseau à venir.

20.2 Internet et les instances de régulation

Ce serait un grave oubli dans un chapitre sur les évolutions des réseaux informatiques d'omettre les changements des instances de régulation et des Etats. L'augmentation incessante des pourriels (*spams*), des fraudes sur Internet et l'accès non contrôlé à des sites pornographiques entraînent l'ire des surfeurs et donnent des arguments à ceux qui veulent verrouiller l'autoroute mondiale de l'information.

Les États-Unis, l'Union européenne et de nombreux pays émergents ont engagé de vastes débats concernant la régulation d'Internet, y compris les conditions de fourniture de contenu. Certains pays ont déjà légiféré, comme l'Arabie Saoudite, qui contrôle les accès et les contenus publiables, ou la Chine, qui contrôle les conditions de connexion des fournisseurs d'accès aux dorsales Internet.

Internet ne s'est pas développé sans définition des orientations par les instances gouvernementales. La naissance puis la croissance du réseau des réseaux correspondent à des successions d'initiatives étatiques.

> ***À noter***
>
> En France, c'est le groupement d'intérêt public RENATER qui est chargé d'autoriser l'établissement des connexions à sa dorsale Internet *via* SFINX.

Les puristes d'Internet redoutent toute régulation parce qu'ils craignent une limitation de la liberté d'expression et la censure. Plusieurs pays ont déjà édicté des lois leur permettant de poursuivre des individus qui rendent publics des contenus déclarés illégaux. Autrement dit, la censure sur Internet est déjà là (voyez la Chine, le Vietnam et la Tunisie, parmi d'autres). Les arrestations sont en général motivées par la présence sur les sites Web incriminés de propos critiquant le gouvernement en place.

Les citoyens des pays riches (Europe, Amérique du Nord) sont convaincus qu'Internet est un espace ouvert et libre, mais les tentatives de régulation des contenus se multiplient. En 1996, le président Clinton a par exemple signé l'acte *Federal Communications Decency Act* pour tenter d'empêcher les contenus obscènes ou indécents d'être vus par des mineurs. Mais ce projet de loi a immédiatement été contesté par les organisations de défense des libertés des citoyens (notamment l'*American Civil Liberties Union*).

L'année suivante, la Cour suprême aux États-Unis a déclaré la loi anticonstitutionnelle. Il va être intéressant de voir si les prochaines tentatives de régulation des contenus par le Congrès vont réussir.

Il a été question d'une liste noire de messagerie listant les sites Web qui ont été convaincus d'avoir été émetteurs de pourriels. Hélas, les possibilités d'usurpation d'adresse (*spoofing*) et d'altération des en-têtes des messages ont rendu l'identification de l'émetteur réel d'un pourriel presque impossible, ce qui empêche l'établissement d'une telle liste.

En conclusion, nous pensons que les désirs de régulation d'Internet vont de temps en temps refaire surface, d'abord pour tenter de protéger les mineurs. Quant aux entreprises et aux particuliers, ils doivent définir leurs propres règles et mettre en place des outils pour bloquer l'accès et contrôler les modalités d'utilisation d'Internet. Tous les outils nécessaires existent. Un effort de prévention permanent des utilisateurs est sans doute une meilleure solution que des lois inapplicables.

20.3 L'avènement de IPv6

Nous avons dit dans un chapitre antérieur que l'espace d'adressage Internet approche de la saturation, les concepteurs d'Internet n'ayant pas pu imaginer qu'il y aurait, trente ans plus tard, des centaines de millions d'ordinateurs personnels et que les 4 294 967 296 d'adresses sur 32 bits ne suffiraient bientôt plus à accueillir de nouveaux nœuds réseau.

Ces pionniers n'avaient pas songé un instant à la possibilité pour le commun des mortels d'avoir à se frotter aux protocoles Internet et à devoir configurer de chez soi des adresses IP, des masques de sous-réseau et autres configurations DNS. Ils ne pouvaient pas penser que des millions d'ordinateurs de poches et téléphones portables allaient vouloir entrer dans la ronde et réclamer chacun leur adresse IP. L'heure est vraiment venue de réagir.

À l'origine, Internet n'avait aucun but commercial ; rien n'avait été prévu pour sécuriser des transactions commerciales (règlement, preuve de commande ferme, etc.). Le réseau semblait rapide, mais sa croissance exponentielle en quelques années a entraîné l'épuisement rapide de la bande passante. Pour la même raison, les protocoles Internet n'ont pas été conçus pour gérer et garantir une qualité de service et créer des priorités entre les flux.

Les insuffisances du protocole IP actuel (IPv4) ont poussé l'organisme IETF fin 1993 à publier la RFC 1550 portant un titre prometteur : "*IP: Next Generation (IPng) White Paper Solicitation*". L'objectif était de rassembler les idées qui circulaient alors à propos de la prochaine génération de protocoles Internet.

Un autre document, la RFC 1726 "*Technical Criteria for Choosing IP: The Next Generation (IPng)*", a donné les grandes lignes de ce protocole IP amélioré. En janvier 1995 est parue la RFC 1752, "*The Recommendation for the IP Next Generation Protocol*". Le Tableau 20.1 compare IPv6 à IPv4. Le document RFC 1883 a ensuite décrit la spécification officielle d'IPv6. Les RFC sont disponibles en français sur le site **http://abcdrfc.free.fr/**.

Tableau 20.1 • Différences entre IPv4 et IPv6

Critère	**IPv4**	**IPv6**
Espace d'adressage en bits	32	128
Plage d'adresses possible	2^{32} soit 4 294 967 296	2^{128} soit $3{,}402823669209 \times 10^{38}$ Le nouvel espace d'adressage sur 128 bits est énorme. Il est des millions de millions de fois plus vaste que celui d'IPv4.
Longueur d'en-tête en octets	20 octets	40 octets Bien que les adresses soient quatre fois plus longues (de 32 à 128 bits), la taille de l'en-tête ne fait que doubler, ce qui utilise la bande passante de façon optimale.
Extensible	Non	Oui Dans ce contexte, cela signifie que les options qui ne doivent pas nécessairement être lues à chaque étape du paquet sont renvoyées dans des en-têtes d'extension après l'en-tête principal. Cela participe à l'optimisation de bande passante.

Tableau 20.1 • Différences entre IPv4 et IPv6 *(Suite)*

Critère	**IPv4**	**IPv6**
Cryptage, authentification et confidentialité	Non	Oui IPv6 est doté d'office d'un mécanisme d'authentification d'émetteur et de cryptage de chaque paquet de données.
Autoconfiguration	Non	Oui IPv6 possède des fonctions de configuration automatique d'une adresse IP et sait coopérer avec les réseaux pour obtenir des adresses réseau uniques.
Fonctions de qualité de service	Non	Oui

Par ailleurs, IPv6 prévoit de simplifier la transition depuis IPv4. Les contraintes édictées dans les RFC 1752 et 1883 à ce niveau sont au nombre de quatre :

- Il doit être possible de faire migrer un réseau IPv4 vers IPv6 par étapes. IPv6 doit donc être compatible avec IPv4.
- Les périphériques compatibles IPv6 doivent s'intégrer dans un réseau sans influer sur les ordinateurs fonctionnant encore sous IPv4.
- Lors de la migration d'une machine IPv4 vers IPv6, les adresses IPv4 doivent pouvoir être utilisées dans le contexte IPv6 sans aucune adaptation préalable.
- Le coût de déploiement d'IPv6 doit rester raisonnable ; les efforts de préparation à la migration IPv4 vers IPv6 doivent être minimes.

IPv6 répond à toutes les insuffisances d'IPv4. Les premières implémentations d'IBM Corporation, de Digital Equipment Corporation et de FTP Software ont validé le concept. Dans la prochaine décennie, IPv6 va commencer à remplacer IPv4, d'autant que sa compatibilité IPv4 native permet un passage progressif sans rupture de service. Les administrateurs système et concepteurs de réseaux peuvent se rassurer : la fonction d'autoconfiguration d'IPv6 incorpore l'adresse MAC des cartes réseau dans l'adresse IPv6, ce qui garantit l'absence de conflit d'adresses. Combinée à la fonction d'autodétection, cela permet en outre aux stations dotées en logiciels et matériels IPv6 de s'autoconfigurer en fonction du réseau auquel on les connecte.

Un autre avantage est la simplification des connexions si les protocoles sont standard, ce qui privilégie l'émergence d'un standard ouvert que peuvent adopter les utilisateurs réguliers. Une fois IPv6 bien implanté, de nombreux soucis quotidiens de l'administration réseau vont disparaître.

Les mécanismes d'authentification et de cryptage intégrés à IPv6 vont satisfaire les utilisateurs encore réticents à passer commande sur Internet, car cela sécurisera le commerce électronique et marquera une étape essentielle dans son acceptation à vaste échelle.

Les plus récentes versions des systèmes d'exploitation réseau et poste de travail sont modifiées pour permettre l'utilisation d'IPv6.

À noter

Pour en savoir plus sur IPv6, visitez d'abord le forum IPv6 à l'adresse www.ipv6forum.com. Voyez ensuite les sites des éditeurs de systèmes d'exploitation concernés par cette évolution en faisant une recherche sur le mot clé IPv6.

Il sera intéressant de voir dans quelles conditions se fera la migration IPv4 vers IPv6. De nombreux professionnels des réseaux attendent les nouvelles possibilités d'adressage avec impatience, mais tout n'est pas clair dans les modalités de déploiement et de support d'IPv6. Cela ne se fera pas en un jour, mais les administrateurs réseau doivent se préparer dès maintenant à IPv6 pour ne pas être pris au dépourvu.

À noter

Certains se demanderont ce qu'il en est d'IPv5. Cette norme existe, mais n'a qu'un lien indirect avec IPv4 et PIv6. Elle concerne les protocoles de flux de données ST pour transmettre des données multimédias sans rupture de flux.

20.4 Les technologies sans fil se répandent

Les connexions réseau radioélectriques vont de plus en plus remplacer les connexions filaires, malgré les problèmes de sécurité et la bande passante inférieure. De nouvelles normes en préparation visent à corriger ces deux points.

Au Chapitre 19, nous avons présenté les deux standards 802.11b et 802.11g actuellement disponibles, mais nous pouvons prévoir une montée en charge du 802.11a dans les mois à venir, plus rapide et plus sûr.

Surveillez aussi les évolutions du standard 802.11i. C'est de ce groupe de travail qu'est issu le mécanisme de sécurisation WPA intégré aux produits WiFi pour remédier aux faiblesses de WEP (voir Chapitre 19). La norme 802.11i apportera d'autres améliorations de sécurité pour parvenir à des réseaux sûrs. La série de standards appelée *Robust Security Network* vise à faire adopter des protocoles d'authentification et des méthodes de cryptage sophistiquées pour garantir les réseaux radioélectriques.

À propos des équipements d'accès sans fil à Internet et à la messagerie, plusieurs propositions concurrentes ont émergé. La première, Bluetooth, a été présentée au Chapitre 19. Mentionnons une autre technologie liée aux assistants personnels dotés de fonctions de messagerie : BlackBerry.

20.4.1 BlackBerry

BlackBerry n'est pas une nouveauté, mais son adoption par les entreprises pour équiper les salariés se fait à un rythme soutenu. Conçu par la société *Research in Motion* (RIM pour les intimes), ce système propose un environnement sans fil sécurisé pour accéder à sa messagerie, au Web et à d'autres services de communication depuis un assistant personnel. La plupart des opérateurs téléphoniques de portables proposent des possibilités d'interconnexion avec ces terminaux. Une entreprise peut même implanter son propre serveur BlackBerry, et disposer ainsi d'un réseau sans fil complet d'entreprise.

Les terminaux BlackBerry accèdent aux plates-formes de communication principales (Lotus Domino, Microsoft Exchange, etc.), permettant à un utilisateur de se connecter directement aux services du logiciel de messagerie et de travail collaboratif de son entreprise. Ils accèdent aussi au Web et les derniers modèles sont également des téléphones portables.

Il est impossible pour l'instant de savoir si BlackBerry va devenir le standard des assistants personnels. Il faut tenir compte des propositions concurrentes comme le HandSpring Treo et les téléphones portables de nouvelle génération qui offrent la même palette de fonctions que BlackBerry. Dans tous les cas, les assistants personnels non connectés (hormis pour échanger des données avec un PC de base) vont rapidement disparaître, l'ouverture au monde extérieur *via* un réseau sans fil devenant une condition minimale.

20.4.2 Wi-Max (norme 802.16a)

Wi-Max signifie *Worldwide Interoperability for Microwave Access.* C'est l'incarnation de la nouvelle norme IEEE 802.16 pour les réseaux urbains sans fil (MAN). Nous ne sommes donc plus strictement dans les portées des réseaux locaux. La spécification définit la couche de contrôle d'accès MAC (*Media Access Control*) et la couche physique (PHY) dans le cadre d'une architecture point-vers-multipoint (PMP) entre 2 GHz et 66 GHz.

La portée théorique de Wi-Max est de l'ordre de 50 km sans obstacle, à comparer aux quelques centaines de mètres de WiFi. Les débits théoriques vont jusqu'à 70 Mbit/sec (le WiFI le plus performant, le 802.11g, va jusqu'à 54 Mbit/sec). Comme le Wi-Fi, le Wi-Max est divisé en deux bandes de fréquences : 2-11 GHz et 10-66 GHz. La couche MAC de Wi-Max accepte les protocoles de transport les plus usités (Ethernet, IP et ATM).

La technologie Wi-Max est une solution pour désenclaver les régions rurales non desservies par l'ADSL ; elles pourront ainsi être connectées à Internet *via* une liaison à haut débit.

Index

Numériques

A

B

C

D

E

F

G

H

I

J

K

L

M

N

O

P

Q

R

T

U

V

W

X

Dépôt légal : juillet 2007
IMPRIMÉ EN FRANCE

IMPRIM'VERT

Achevé d'imprimer le 6 juillet 2007
sur les presses de l'imprimerie «La Source d'Or»
63200 Marsat
Imprimeur n° 10138